Além da Felicidade

JENN LIM
CEO e cofundadora da
Delivering Happiness

Além da Felicidade

Como
Líderes **Autênticos**
Priorizam o
Propósito e **as Pessoas**
para o
Crescimento
e o Impacto

ALTA BOOKS
GRUPO EDITORIAL
Rio de Janeiro, 2022

Além da Felicidade

Copyright © 2022 da Starlin Alta Editora e Consultoria Eireli.
ISBN: 978-65-5520-818-4

Translated from original Beyond Happiness. Copyright © 2012 by Jennifer Lim. ISBN 9781538736883. This translation is published and sold by permission of Hachette Book Group, Inc, the owner of all rights to publish and sell the same. PORTUGUESE language edition published by Starlin Alta Editora e Consultoria Eireli, Copyright © 2022 by Starlin Alta Editora e Consultoria Eireli.

Impresso no Brasil — 1ª Edição, 2022 — Edição revisada conforme o Acordo Ortográfico da Língua Portuguesa de 2009.

Dados Internacionais de Catalogação na Publicação (CIP) de acordo com ISBD

L732a   Lim, Jenn
       Além da felicidade: como os líderes autênticos priorizam o propósito e as pessoas para o crescimento e o impacto / Jenn Lim ; traduzido por Isis Rezende. – Rio de Janeiro : Alta Books, 2022.
       288 p. ; 16cm x 23cm.

       Tradução de: Beyond Happiness
       Inclui índice.
       ISBN: 978-65-5520-818-4

       1. Administração. 2. Gestão de pessoas. I. Rezende, Isis. II. Título.

2022-1270   CDD 658.3
                             CDU 658.3

Elaborado por Odílio Hilario Moreira Junior - CRB-8/9949

Índice para catálogo sistemático:
1. Administração : recursos humanos 658.3
2. Administração : recursos humanos 658.3

Todos os direitos estão reservados e protegidos por Lei. Nenhuma parte deste livro, sem autorização prévia por escrito da editora, poderá ser reproduzida ou transmitida. A violação dos Direitos Autorais é crime estabelecido na Lei nº 9.610/98 e com punição de acordo com o artigo 184 do Código Penal.

A editora não se responsabiliza pelo conteúdo da obra, formulada exclusivamente pelo(s) autor(es).

Marcas Registradas: Todos os termos mencionados e reconhecidos como Marca Registrada e/ou Comercial são de responsabilidade de seus proprietários. A editora informa não estar associada a nenhum produto e/ou fornecedor apresentado no livro.

Erratas e arquivos de apoio: No site da editora relatamos, com a devida correção, qualquer erro encontrado em nossos livros, bem como disponibilizamos arquivos de apoio se aplicáveis à obra em questão.

Acesse o site www.altabooks.com.br e procure pelo título do livro desejado para ter acesso às erratas, aos arquivos de apoio e/ou a outros conteúdos aplicáveis à obra.

Suporte Técnico: A obra é comercializada na forma em que está, sem direito a suporte técnico ou orientação pessoal/exclusiva ao leitor.

A editora não se responsabiliza pela manutenção, atualização e idioma dos sites referidos pelos autores nesta obra.

Produção Editorial
Editora Alta Books

Diretor Editorial
Anderson Vieira
anderson.vieira@altabooks.com.br

Editor
José Ruggeri
j.ruggeri@altabooks.com.br

Gerência Comercial
Claudio Lima
claudio@altabooks.com.br

Gerência Marketing
Andréa Guatiello
andrea@altabooks.com.br

Coordenação Comercial
Thiago Biaggi

Coordenação de Eventos
Viviane Paiva
comercial@altabooks.com.br

Coordenação ADM/Finc.
Solange Souza

Direitos Autorais
Raquel Porto
rights@altabooks.com.br

Assistente Editorial
Mariana Portugal

Produtores Editoriais
Illysabelle Trajano
Maria de Lourdes Borges
Paulo Gomes
Thales Silva
Thiê Alves

Equipe Comercial
Adriana Baricelli
Ana Carolina Marinho
Daiana Costa
Fillipe Amorim
Heber Garcia
Kaique Luiz
Maira Conceição

Equipe Editorial
Beatriz de Assis
Betânia Santos
Brenda Rodrigues
Caroline David
Gabriela Paiva
Henrique Waldez
Kelry Oliveira
Marcelli Ferreira
Matheus Mello

Marketing Editorial
Jessica Nogueira
Livia Carvalho
Marcelo Santos
Pedro Guimarães
Thiago Brito

Atuaram na edição desta obra:

Tradução
Isis Rezende

Copidesque
Luciere Souza

Revisão Gramatical
Michela Korytowski
Carolina Palha

Diagramação
Joyce Matos

Capa
Marcelli Ferreira

Editora afiliada à: ASSOCIADO

Rua Viúva Cláudio, 291 — Bairro Industrial do Jacaré
CEP: 20.970-031 — Rio de Janeiro (RJ)
Tels.: (21) 3278-8069 / 3278-8419
www.altabooks.com.br — altabooks@altabooks.com.br
Ouvidoria: ouvidoria@altabooks.com.br

Pai, Tony, Travis e todos os que amei que faleceram — onde quer que estejam agora —, espero que estejam com ainda mais paz e felicidade, sabendo que estamos todos em caminhos mais brilhantes de plenitude nas estufas que vocês ajudaram a planejar. Até a próxima...
Amo e sinto demais a falta de vocês.

Agradecimentos

Escrever um livro pode ser uma das coisas mais solitárias a se fazer, mas na verdade é preciso uma aldeia. Trabalhar neste livro me fez perceber quão profunda e grande é a minha aldeia. Não é fácil agradecer a todos que impactaram um projeto tão imersivo como este, e isso me faz sentir empatia pelos vencedores do Oscar, que devem agradecer a todos em 45 segundos e depois são interrompidos no meio da fala pela orquestra. Felizmente para mim, os livros não têm a mesma restrição. Há muitas pessoas às quais sou profundamente grata, e, mesmo que você não seja mencionado aqui, espero ter vivido meu objetivo diário de compartilhar minha gratidão diretamente com você ao longo do caminho!

Para a minha equipe de apoio — Jennie Nash (em parte coach de livros, em parte terapeuta) e Lotus Wong (em parte coachsultora DH®, em parte doula do livro) —, agradeço por sua resistência suprema e apoio obstinado em uma jornada que nunca esqueceremos. Para minha agente Lisa Queen e o encantador de livros Will Schwalbe, se não fosse por sua sabedoria e crença em mim, não teria havido um novo pico. À minha editora executiva Gretchen Young e à editora assistente Haley Weaver, agradeço por seu apoio durante um dos meus momentos mais desafiadores e pela consideração sincera em deixar este livro tão certo quanto possível no tempo que tivemos. Para Euge, Sitos, AJ, Snd, Ana, JMan, Karissa, M&M (Mat e Mark) e suas equipes, agradeço por entrar na etapa seguinte de uma turnê do livro sem hesitar ou saber o destino.

Como compartilhei, o objetivo deste livro era trazer os holofotes para todas as empresas, organizações e pessoas que continuam a ser pioneiras com autoconsciência e propósito. Este é o trabalho que minha

viii AGRADECIMENTOS

equipe na Delivering Happiness (DH) — minha família de trabalho — faz todos os dias. Um imenso obrigada a *todos* os que fazem parte da DH desde que nascemos; por sua dedicação em fazer a empresa crescer e ser os Sherpas que continuam espalhando felicidade, humanidade e integridade ao redor do mundo. Nós resistimos a muito, e, sem o seu suor, apoio e sorrisos, isso não teria sido possível.

Aos nossos clientes e parceiros da DH — minha gratidão vai primeiro para a confiança que vocês continuam a nos dar ao enfrentar uma montanha de cada vez, sabendo que continuaremos chegando ao topo juntos, e por me permitir compartilhar suas histórias inspiradoras.

Aos meus queridos amigos — obrigada por compartilhar suas histórias mais pessoais com a confiança e a certeza de que eu as passaria da maneira certa, para o objetivo maior de servir aos outros.

Este livro também não teria sido o mesmo sem as amizades duradouras e boas lembranças que tenho com a família Hsieh, Zappos e Downtown Project. Vocês fizeram e sempre farão parte da DH e de mim.

Fui abençoada por essa aldeia estendida, e mal consigo acreditar na sorte que tenho por ter, tão próximo a mim, meu irmão James, que foi a primeira pessoa a semear a ideia de que posso ser verdadeira comigo mesma e fazer coisas simples, mas lendárias. Desde a época em que éramos pequenos até a última página deste livro, você foi meu apoiador, meu exemplo de guia e minha fortaleza. Queria que todos pudessem ter um James em sua aldeia. Agradeço também ao meu irmão mais velho, Ken, por me apresentar às raves quando elas ainda eram *underground* e por me inspirar ao ser um filósofo da vida. A Jo e Olivia por manter meus irmãos na linha com base no que acreditam que a vida deveria ser. À minha tia Avery, por me ensinar a ler quando me sentia inapta porque não conseguia me virar. Para minhas afilhadas, meus sobrinhos e minhas sobrinhas, obrigada por me ensinar sendo seus autênticos EUs todos os dias. À minha mãe, por continuar a pavimentar o caminho batido, mas bonito, de como todos podemos amar, tirar uns aos outros do lugar e aprender com graça e beleza.

AGRADECIMENTOS ix

Para a minha dupla de amigas, Eleen e Clara, obrigada por fazer nosso trio sentir que pode pular qualquer barreira no mundo, não importa quão grande ou quantas surjam em nossa direção. Aos Cinco, obrigada por me apoiar e lembrar-me do que é possível sem me preocupar. A Patrice, Clara e Vahn, obrigada por estarem presentes durante a Covid-19, pela sanidade e comida incrivelmente deliciosa durante tantas sextas-feiras. A Bruce, meu melhor amigo holandês e inglês, obrigada por ser meu parceiro em saber quando "está na hora de cair fora". A Molly e Kelly, obrigada por inspirar e ampliar minha compreensão da vida.

Tenho certeza de que a música instrumental do Oscar começou há um tempo e tenho certeza de que deixei muitos nomes de fora — pessoas pelas quais fui inspirada e que amo profundamente. Minha última gota de gratidão vai para cada pessoa que conheci (e ainda não) que contribuiu para o presente e futuro de suas aldeias e nossa humanidade.

Sumário

Por que Escrevi Este Livro   xiii

Parte I
POR QUE ISSO IMPORTA?

2020: O Reset da Humanidade (E de Nós Mesmos)   3

Estamos Vivendo na Era Adaptável   9

Prepare Seu Trabalho/Vida à Prova do Futuro   25

O ROI Duplo   33

O Modelo de Estufa   47

Parte II
COMECE PELO EU

Faça o Trabalho Mais Importante da Sua Vida   65

A Coisa Fácil Mais Difícil que Você Fará   77

Parte III
PASSE DO EU PARA O NÓS

Construa um Ecossistema de Pessoas   115

As Condições de Estufa para Se Adaptar e Prosperar   119

Alinhamento do EU para o NÓS: A Starbucks   151

xii SUMÁRIO

Parte IV

REPERCUTA PARA SUA COMUNIDADE

Repense Suas Partes Interessadas	167
Integre Trabalho e Vida para Criar Totalidade	173
Alinhamento do EU/NÓS com a COMUNIDADE: DMG e Automattic	179

Parte V

AS NOVAS REPERCUSSÕES: SOCIEDADE + PLANETA

Construa Estufas na Sociedade	191
Repercuta com Diversidade, Equidade, Inclusão e Pertencimento (DEIP)	195
Repercuta para a SOCIEDADE	215
Repercutir para o PLANETA	223
Traga de Volta para o EU	233
O Que Vem Depois?	241
O (Não Tão) Fim	245
Adendo	253
Notas	255
Índice	263

Por que Escrevi Este Livro

Não tema a morte, mas, sim, a vida não vivida.
— TUCK EVERLASTING

Eu estava a cinco semanas do prazo final deste livro quando meu telefone começou a tocar sem parar, como se algo extraordinário tivesse acabado de acontecer, ou o oposto disso. Do jeito que tocava, sem parar, indicava uma certa urgência, então tive um pressentimento terrível.

Tony Hsieh havia morrido.

O mundo havia perdido um idealizador e empreendedor bondoso, e eu, uma de minhas almas gêmeas e um parceiro na positividade. Tendo sofrido a morte de alguém anteriormente, que foi a mais dolorosa, a perda do meu pai, há dezessete anos, eu já conhecia aqueles sentimentos e os cinco estágios do luto, mas isso era bem diferente.

Seu falecimento me causou uma crise violenta, que eu nunca tinha vivenciado. A única coisa que trazia um alívio ocasional era a efusão de amor, o apoio e a tristeza compartilhada com tantas outras pessoas que foram afetadas e inspiradas pela vida de Tony também. Não podíamos estar fisicamente juntos por causa da pandemia, mas, enquanto sua família, seus amigos e o mundo lamentavam sua perda, fiquei impressionada com os sentimentos de consolo e amor que ainda podem ser sentidos na era digital, quando a tecnologia é vista como o inimigo. Nesse caso, tornou-se um amigo de confiança.

Serei eternamente grata a todos os que compartilharam sua humanidade comigo e entre si. Meus amigos e minha família, que se esforçaram para se certificar de que eu estava comendo e dormindo; minha segunda família no trabalho na Delivering Happiness (DH), que me deu todo o tempo de que eu precisava para chorar; e pessoas de todos os lugares que enviaram mensagens sinceras que me ajudaram a sobreviver, um momento de cada vez.

Mas ainda havia um livro para escrever. Um que nos assegurasse do profundo significado do trabalho que fazemos e que pudesse inspirar os líderes a compreender a felicidade científica no local de trabalho e o que está além dela. Às vezes, eu tinha dúvidas de que conseguiria. Mas, a cada dia que eu passava de uma névoa para um leve sorriso fruto de uma memória calorosa, lembrava-me de como as luzes acabam brilhando novamente e percebi a ironia de tudo isso. A morte de Tony — com a manifestação violenta da mídia e perguntas céticas, às vezes cruéis — estava testando *todas* as lições que aprendi sobre altos e baixos, felicidade e muito mais.

Em alguns dias, era impossível eu me concentrar, porque seu falecimento era público. Em outros, olhava para a minha foto com Tony no Monte Kilimanjaro e ouvia suas palavras: "Tudo é possível." Não tinha certeza de como as coisas acabariam, mas eu sabia que a Delivering Happiness era uma parte de Tony. Da noite para o dia, ela se transformou, de uma empresa que havíamos fundado dez anos antes, em uma das maneiras de seu legado continuar vivendo. Fiquei novamente animada para viver o propósito de nossa empresa com ainda mais impacto no mundo.

Conforme as coisas clareavam em minha cabeça, eu sabia que as mensagens fundamentais deste livro — as relações entre propósito, pessoas e lucros para crescimento e impacto — ainda eram as mesmas de antes de sua morte. Mesmo que o mundo sem um Tony físico nunca mais fosse ser o mesmo, o "porquê" por trás deste livro e as razões pelas quais ele teve que ser escrito se fortaleceram.

Como os budistas acreditam, e o jornalista político norte-americano Norman Cousins escreveu: "A morte não é a maior perda na vida. A maior perda é o que morre dentro de nós enquanto vivemos." Não temos como saber que formas nossos corpos e almas assumirão na próxima transição, assim, temos que viver totalmente no aqui e agora, ou, como Tony gostava de dizer, assumidamente fiéis a nosso estranho eu.

POR QUE ESCREVI ESTE LIVRO   xv

Aprendi isso quando meu pai morreu, e, agora que Tony faleceu, não poderia ser uma verdade maior para mim. Todos nós um dia vamos perder as coisas que amamos, incluindo a nós mesmos, mas, se pudermos aceitar essa verdade, a razão de nossa existência ficará clara: ter espaço para nós mesmos e para os outros sermos verdadeiramente quem somos, enquanto nos sentimos amados e parte de um todo. Se há algo no mundo que pode retardar a metástase da discordância, é a celebração do que nos une. Todos nós queremos amar e ser amados enquanto somos fiéis ao nosso (estranho) eu autêntico, seja no trabalho, seja na vida em geral.

Este livro aborda como compreender o eu autêntico em nossas jornadas de trabalho/vida. Ele revela como podemos voltar ao âmago de quem somos e viver a vida significativa que desejamos por meio do *trabalho que fazemos todos os dias*. Mostra como podemos nos adaptar às incógnitas aplicando Propósito + Valores para rumar ao futuro. Ele chama atenção para algumas das questões definidoras de nosso tempo: Como os indivíduos podem obter um resultado melhor no crescimento e sucesso dos negócios? Como as empresas podem modernizar o design organizacional, para que cada um de nós possa fazer seu melhor trabalho, porque o amamos? Como podemos encontrar sentido e criar um impacto positivo em nosso trabalho e em nossas comunidades — independentemente dos desafios que o mundo lança em nosso caminho?

Durante nossa divulgação do livro *Satisfação Garantida*, em 2010, Tony e eu tivemos uma de nossas muitas conversas aleatórias que acabavam não sendo tão aleatórias. As coisas ainda pareciam surreais, enquanto estávamos viajando pelo país com nossa equipe em um ônibus que tínhamos comprado da Dave Matthews Band, e o nosso objetivo era compartilhar a mensagem e um de nossos valores fundamentais: inspirar e ser inspirado (e se divertir enquanto o fazemos). Estávamos animados, porque o livro estava indo bem, mas também foi um dos momentos mais estressantes de nossas vidas. Estar na estrada, tentando levar felicidade aos outros, afetou a todos naquele ônibus.

Naquela conversa em particular, Tony e eu reconhecemos que faltava algo no livro. Este falava muito sobre os altos e baixos pelos quais ele e a Zappos tiveram que passar, mas era focado no nível da empresa. O livro mostra que a felicidade como modelo de negócios sustenta uma empresa, mas não destaca que o modelo de negócios tem que começar com a felicidade sustentável do indivíduo. Era óbvio para nós que as empresas saudáveis priorizam a cultura e o propósito, mas, para chegar lá, as pessoas precisam primeiro conhecer seu propósito pessoal e, em seguida, relacioná-lo ao motivo pelo qual aparecem no trabalho todos os dias.

Embora Tony e eu não prevíssemos que *cultura* e *propósito* acabariam se tornando palavras comuns em salas de reuniões e refeitórios, aquela conversa semeou um dos maiores aprendizados da DH desde então: que os elementos básicos do sucesso sustentável de uma empresa começam com o Propósito de cada membro *individual* + Valores alinhados aos da empresa.

Nos dez anos seguintes, em empresas ao redor do mundo, a equipe da DH e eu adquirimos uma compreensão mais profunda de como a verdadeira mudança sistêmica se resume aos elementos básicos que lhes permitem crescer. Criar essa ponte entre o nível corporativo e o individual tem sido um dos nossos principais focos na DH há anos. Isso significa que os líderes de *todos os níveis* precisam ser verdadeiros consigo mesmos primeiro. Quer você comande uma empresa da lista da *Fortune*, gerencie várias equipes, seja proprietário de uma pequena empresa ou esteja na linha de frente como recepcionista, todos nós podemos ser os líderes de nossas próprias vidas no trabalho. Se escolhermos o ser.

Para ilustrar esse ponto, adoro compartilhar a história de Rachel. Ela é recepcionista de um consultório médico em Manhattan. Genuinamente atenciosa, com um sorriso autêntico para saudar até o mais mal-humorado nova-iorquino que está tendo um dia ruim, ela é o ponto alto da visita de cada paciente. As pessoas perguntam-se como alguém pode amar tanto seu trabalho e não ser afetado pelo humor de outras pessoas e pelas inevitáveis dificuldades inerentes. Os motivos são muitos, mas um deles é o título que ela opta por imprimir no cartão de visita: diretora de primeiras impressões. Ela sabe como seu trabalho é importante para a organização e assume completamente sua função, e fica claro para todos que ela ama o que faz. Ela é a líder de sua vida no trabalho.

As empresas passarão por seus altos e baixos naturais, mas também precisamos assumir nossos altos e baixos pessoais, lados claros e som-

POR QUE ESCREVI ESTE LIVRO xvii

brios, pontos fortes e pontos cegos. Como líderes, precisamos trabalhar tanto na empresa, como em nós mesmos. Quando tudo está alinhado, vemos a beleza de um efeito cascata que começa no indivíduo e se espalha primeiro para a equipe e a empresa, depois para a comunidade de clientes, parceiros e fornecedores. E, como um bônus, quando fazemos isso direito, a sociedade e o planeta em que vivemos também se beneficiam.

Este livro teve início em uma conversa que tive com Tony em 2010. Eu sempre disse que Tony era tenazmente fiel a si mesmo, o que provavelmente era a razão de nos conectarmos tão bem. Nós dois sempre consideramos que autenticidade para nós mesmos e para os outros é um dos valores mais importantes para se viver. Isso fundamentou nosso relacionamento na maior parte do tempo e nos irritava muito quando não era assim. Mas nosso respeito e confiança mútuos vieram desse valor compartilhado. Quando estava tentando entender o que pensar, o que escrever e o que processar depois que ele faleceu, percebi qual seria o propósito do livro.

Tony trazia à tona o conceito de "estufas" de vez em quando. Ele acreditava que os verdadeiros líderes estavam construindo estufas para os outros crescerem, em vez de tentando ser "a planta mais alta". Ele será para sempre um dos melhores arquitetos de estufas que o mundo já viu — um dos muitos legados que viveu e deixou para trás.

Tony provou ser o arquiteto especialista para os outros, mas o que significa construir estufas para nós também? Como podemos ser nós mesmos no trabalho e na vida, cultivar nossa estufa *e* a dos outros? Como criamos ambientes sustentáveis em que todos podemos nos conectar de forma significativa e ter um sentimento de pertencimento? Que ecossistemas de pessoas podemos cultivar para trazer felicidade, aceitar a totalidade e criar novas maneiras de nos sentirmos mais humanos no trabalho?

O trabalho da DH sempre girou em torno da integração trabalho/vida, e agora é hora de realinhar nossa vida pessoal e profissional de modo ainda mais profundo e objetivo.

O que você encontrará nestas páginas é uma explicação de por que focar as pessoas é a maneira de preparar seu trabalho e sua organização para o futuro. Isso inclui uma visão geral de nosso modelo mais recente, nossas estatísticas e histórias (porque você precisa de ambas), como o modelo afeta o resultado final e como o novo RSI é sua "onda de impacto" (não apenas seu retorno sobre o investimento). Essa é a Parte I. As próximas três seções explicam como criar ecossistemas de pessoas, não importa qual papel de liderança você tenha — se você lidera toda a empresa, sua equipe ou sua própria vida. A Parte II enfoca o EU, ou o indivíduo; a Parte III, o NÓS, ou a equipe e a organização; e a Parte IV, a COMUNIDADE imediata; com repercussões que se estendem até nossa SOCIEDADE e nosso PLANETA na Parte V.

Há lições que aprendi ao longo do caminho, exercícios práticos para ajudar você a levar inspiração e propósito para o trabalho e para a vida, e histórias de marcas mundialmente reconhecidas, como Starbucks, Toyota e WordPress, transformando seus negócios durante uma pandemia, bem como de outras pessoas em todo o mundo encontrando seu propósito em empresas de diversos tamanhos e setores. Também conto histórias que destacam altos e baixos pessoais, na esperança de que você se sinta inspirado a viver uma vida mais gratificante, tanto no trabalho quanto fora dele.

Sei que todos nós testemunhamos o quanto a vida pode ser extremamente difícil. Às vezes, de maneiras implacáveis, que nos fazem pensar se as ondas pararão de se quebrar. Às vezes, questionamos se ainda resta força suficiente para que nossas pernas não cedam sob nós, quem dirá o suficiente para nos mantermos firmes e focados. Mas também sei que, se fizermos o trabalho, para nós e para os outros, estaremos mais do que bem. Saberemos o que significa viver verdadeiramente e não temer a vida não vivida.

Espero que este livro inspire e apoie você na construção de sua própria estufa e lhe permita ajudar outras pessoas a construir as delas. Espero que ele ajude as pessoas, equipes e empresas a realizarem o trabalho reflexivo necessário para entender os altos e baixos, e que consigamos chegar a um lugar em que possamos mostrar o nosso verdadeiro eu. Mantendo-nos curiosos, com coragem e calma, espero mostrar como podemos crescer e amar a nós mesmos e uns aos outros, e o trabalho que fazemos todos os dias.

Parte I

POR QUE ISSO IMPORTA?

Todo mundo tem um plano até levar um soco na boca.
— MIKE TYSON

2020: O Reset da Humanidade (E de Nós Mesmos)

Quando o contexto mundial mudou de uma hora para outra, em 2020, e todos nós tivemos que nos adaptar rapidamente, era óbvio que as mudanças estavam acontecendo no trabalho e em casa como nunca antes.

Todos nós nos mudamos para a Zoomlândia do dia para a noite, nossas casas se tornaram salas de conferência, e os pais perceberam que o TikTok não era um aplicativo para contar as horas. Sem sequer um *lampejo* de luz no final do túnel, parecia que 2020 seria eterno, e todos os dias eram exatamente iguais.

Ao longo de um ano, o botão que reinicia a humanidade foi pressionado algumas vezes, e não havia como voltar atrás. A disparidade de renda aumentou, milhões de pessoas em todo o mundo perderam seus empregos e suas casas, e perderam cada vez mais entes queridos à medida que o vírus implacável continuava se espalhando. O mundo viu as realidades assustadoras do racismo e da injustiça social, da mudança climática e das eleições, que revelaram como nossos países e seus cidadãos realmente estavam divididos. E parecia que todos nós tínhamos sido deixados para nos defendermos sozinhos.

Historicamente, compartilhar um inimigo em comum é uma das melhores maneiras de aproximar as pessoas. Antes de 2020, eu teria considerado "pandemia global" uma aposta bastante segura para ser esse inimigo. Em vez disso, ela apenas revelou como estávamos fragmentados. À medida que 2020 avançava, o mundo nos mostrava muitos inimigos

POR QUE ISSO IMPORTA?

diferentes para escolher, e as pessoas lutavam para chegar a um acordo sobre qual era o verdadeiro "inimigo". Notícias reais ou falsas. Ciência ou superstição. Populistas ou elites. Esquerda ou direita. Fomos confrontados com um espectro de decisões difíceis em uma sociedade cada vez mais incerta e complexa. Perguntas como: "O que eu defendo? Pelo que eu morreria?" (não resisti à grande fã de *Hamilton* em mim) fizeram-nos, enfim, perceber que as respostas não eram binárias. O volume de opiniões ficava cada vez mais alto, e a força até mesmo dos melhores relacionamentos entre amigos, família e vizinhos estava sendo testada — quanto mais os relacionamentos entre inimigos.

Mas também encontramos coisas que nos uniram — gentilezas simples, o poder da comunidade e uma era de ouro de memes criativamente hilários. O botão de reset nos ajudou a fazer uma pausa, mesmo enquanto a vida continuava. Os pais que costumavam viajar a maior parte do tempo conseguiram ouvir as primeiras palavras dos filhos ou participar da formatura do ensino médio pessoalmente, provavelmente no luxo de sua própria sala de estar. Muitos de nós redescobrimos a natureza e passamos a entender visceralmente por que um abraço ou um aperto de mão é diferente de uma batida de cotovelo ou abraço no ar. Porém, a maior pausa foi encontrada na seriedade das perguntas que estávamos fazendo a nós mesmos.

Pare um segundo para refletir... onde você estava em 2020 a.C. (Antes da Covid-19)? Que perguntas você se fez depois que isso entrou na sua vida? Talvez elas soassem mais ou menos assim:

- Quais são as coisas mais importantes para mim, e por que faço qualquer coisa menos me concentrar nelas?

- Estou vivendo uma vida autêntica que é verdadeira para mim e não o que os outros esperam de mim?

- Como posso saber se estou gastando os minutos do meu dia de maneira significativa?

Ou talvez você estivesse pensando nos termos rígidos que Steve Jobs usou quando as enfatizou tão bem. Em seu famoso discurso de formatura de 2005 na Universidade de Stanford, Jobs disse que se olhava no espelho todas as manhãs e se perguntava: "Se hoje fosse o último dia da minha vida, eu gostaria de fazer o que estou prestes a fazer hoje?"[1]

Pessoas estavam morrendo, e questões de vida ou morte entraram em nossas mentes de uma forma ou de outra. Estar trancado ou abrigado nos deu bastante tempo para refletir sobre o que clareza significaria em meio ao caos. E ficou mais claro para muitas pessoas com o que valia a pena gastar energia e o que deveria ser jogado na lata de lixo.

SURPRESA... ERA PREVISÍVEL

Algumas pessoas ficaram chocadas com o estado do mundo revelado pela Covid-19, duvidando de que ainda soubessem o que era a realidade, mas outros previram que um conjunto de mudanças massivas estava por vir. Elas podem não ter imaginado que a enormidade de tudo isso seria acumulada em um ano extraordinário, porém, sabiam que algo era iminente. Futuristas como Vernor Vinge previram isso décadas antes. Em seu artigo de 1993, "A Vindoura Singularidade Tecnológica", ele escreveu sobre como o mundo estava mudando mais rápido do que nunca: "Estamos à beira de uma mudança comparável ao surgimento da vida humana na Terra."[2] Sem nenhuma surpresa, os futuristas já estavam fazendo projeções sobre o que essa nova coisa da internet faria, como os recursos em nosso planeta realmente eram limitados e como nossa demografia mudando em escala global afetaria a todos nós.

O Fórum Econômico Mundial chama o período que estamos vivendo de Quarta Revolução Industrial.[3] Vimos uma evolução da Era Industrial aproximadamente a cada cem anos — da mecanização e energia a vapor no século XIX, para as linhas de montagem de produção em massa no início do século XX, à automação e computadores no final da década de 1990, o que levou à Internet de Tudo e às redes distribuídas hoje. A única diferença entre as revoluções anteriores e a atual é que a mudança que estamos vendo agora é *exponencial*, com índices e frequências mais rápidos nunca vistos. Demorou 75 anos para que o telefone alcançasse 50 milhões de pessoas no mundo. Adivinhe o que levou apenas 19 dias para atingir o mesmo número de pessoas em 2016?

O Pokémon Go.

Embora grandes mudanças estivessem se aproximando, isso não significava que devíamos esperar desgraça e tristeza. Peter H. Diamandis, outro futurista e autor de *Abundância: O Futuro É Melhor do que Você Imagina*, acreditava que a tecnologia nos libertaria de tal forma, que os recursos poderiam ir de escassos a abundantes, e que a abundância não apenas forneceria ao mundo vidas de luxo, mas também de possibilidades.[4]

Por "possibilidades", esses futuristas não estavam se referindo apenas a encontrar soluções para a pobreza e mudança climática para ajudar um bilhão de pessoas de uma vez; eles também estavam pensando sobre aquelas questões existenciais que mencionei. Quer seja em nossas revistas científicas ou nas últimas histórias de ficção científica, há uma crença cada vez maior de que chegará um momento em que a IA permitirá que nossas consciências vivam mesmo depois que nossos corpos pararem. Se você também acredita na hipótese, apenas não se esqueça de atualizar suas contas de armazenamento iCloud e Google para o Pacote Eternidade antes que seja tarde demais.

Porém, para alcançar esse estado de possibilidade, os seres humanos também precisam evoluir exponencialmente? Muitos diriam que, por si só, isso é impossível. A raça humana tem evoluído em um ritmo bastante constante desde que aparecemos na Terra; simplesmente é impossível acordarmos em uma manhã e começarmos a evoluir tão rapidamente quanto a tecnologia está se desenvolvendo.

O documentário (ou, alguns podem argumentar, filme de terror muito realista) *O Dilema das Redes Sociais* mostra o que nossa incapacidade fisiológica de evoluir tão rapidamente quanto a tecnologia significa para nosso cotidiano hoje. O que esse documentário nos lembra é de que não estamos recebendo nada de graça, e que o que estamos pagando é muito mais importante e valioso do que dinheiro — são dados sobre nós, nossos filhos e até mesmo nossos animais de estimação que estão alimentando algo que foge ao nosso controle. Ao mesmo tempo, a tecnologia permite que nos reconectemos com amigos, encontremos o amor da nossa vida ou nos expressemos. Os dilemas que enfrentamos pesando esses riscos são reais e estão conosco todos os dias.

Portanto, se a tecnologia está nos ultrapassando, o que nos resta fazer? Seja em casa ou no trabalho, não temos escolha a não ser redobrar os esforços naquilo que os computadores talvez nunca sejam capazes de fazer.

Coisas como ser empático. Exercitar a criatividade. Agir com ética, inclusão e equidade. Continuar resolvendo problemas através das lentes da humanidade à medida que as situações se tornam mais imprevisíveis e desconhecidas. Sentir felicidade e tristeza, e cada emoção que possamos experimentar, sabendo que elas passarão. Como seres humanos, vamos fazer o que os seres humanos fazem de melhor. Ser humanos.

Agora, esperamos que a IA e a automação continuem a alterar a maneira como vivemos e trabalhamos para sempre. A perspectiva é um pouco assustadora, dado como os filmes plantaram as sementes da ideia de que é apenas uma questão de tempo até que o papel de quem manda vire. Em vez de Alexa e Siri responderem com suas vozes melodiosas, será HAL 9000 de *2001: Uma Odisseia no Espaço* com a persona de Hannibal Lecter dizendo: "Sinto muito, mas não posso fazer isso por você agora. Estou recebendo um velho amigo para jantar virtualmente." Embora possa parecer que a tecnologia está lentamente tomando conta de nossas vidas, quanto mais automatizados ficamos, mais devemos ser lembrados de que temos uma escolha naquilo em que acreditamos e para o qual oramos — talvez seja a natureza, alguma forma de espiritualidade para que possamos compreender melhor este mundo e o que pode vir depois, ou a nossa voz interior que fala conosco. Ou, mais provavelmente, uma combinação de todos eles.

Às vezes, esquecemos que as forças motrizes por trás da IA e da automação *também são as pessoas*. Pessoas que querem amar, ser amadas e podem aparecer como vilões no próximo filme sensacionalista sobre a IA dominando o mundo. Porém, se fizermos o que temos feito até agora — permanecendo inteligentes com empatia, intencionalidade e ética vigilante à medida que o mundo progride —, não teremos que nos preocupar tanto com Alexa, Siri ou ficar à disposição de HAL.

8   POR QUE ISSO IMPORTA?

Mesmo que seja assustador acompanhar as mudanças imprevisíveis e exponenciais ao nosso redor (coisas que não podemos controlar), isso apenas destaca que nunca foi tão importante controlar o que está *dentro* de nós — nossas crenças, nosso propósito, nossos valores e nossa capacidade de adaptação.

Estamos Vivendo na Era Adaptável

Dizem que otimismo é saber que a vida é incerta.

Com a incerteza que experimentamos no mundo, nosso nível de otimismo deve estar no maior pico de todos os tempos. Mas, é claro, nossas realidades pintam um quadro diferente.

Aceitar que a vida é incerta pode ser a coisa mais difícil de fazer, embora seja a mais sábia. As pessoas podem passar a vida tentando encontrar paz em cada evento não planejado que acontece com elas, — divórcio, doença, perda de entes queridos —, mas sem conseguir de fato. E, com o mundo mudando em um ritmo exponencial ao nosso redor, podemos esperar que o nível de VICA (volatilidade, incerteza, complexidade, ambiguidade) continue aumentando também.

É impossível ignorar como as coisas parecem mais instáveis a cada frase de efeito que ouvimos nas notícias e nas redes sociais. Todos queriam acreditar que o fim de um ano implacável faria todos os eventos inimagináveis do mundo irem embora. Mas, dias após o início de 2021, assistir a uma invasão de uma multidão em solo sagrado no Capitólio dos Estados Unidos fez o mundo ficar de queixo caído e lembrou-nos de que a virada de um ano não tem nada a ver com o que pode vir a seguir.

Ainda somos abalados por marcas que pensávamos que seriam elementos permanentes em nossas vidas, desaparecendo ou entrando em processo de falência: JCPenney,[5] Cirque du Soleil, 24 Hour Fitness e Sizzler (desculpe, pai, vou sentir falta de nossas lembranças das torradas de queijo também), apenas para citar algumas.

10   POR QUE ISSO IMPORTA?

Depois, tem a notícia mais comovente: amigos e parentes que ficaram doentes ou perderam seus empregos e negócios ou, pior, a vida. Enquanto escrevo isto, mais de meio milhão de pessoas morreu de Covid-19 só nos EUA (o número de soldados norte-americanos que morreram na Segunda Guerra Mundial, na da Coreia e na do Vietnã juntas), e mais de dois milhões morreram em todo o mundo (quase igual à população da Eslovênia). Nossas comunidades parecem e se sentem diferentes — não podemos entrar em nossos restaurantes e bares locais favoritos, sabendo que seremos reconhecidos por alguém. Mais de cem mil pequenas empresas norte-americanas tiveram que fechar apenas nos primeiros seis meses da pandemia. Isso é especialmente perturbador se você sabe que as pequenas empresas representam 44% da economia dos EUA, criam dois terços dos empregos no país, impulsionam a inovação para manter as grandes corporações em alerta e manter a concorrência viva e em alta. Dói que os maiores golpes estejam atingindo as pessoas apaixonadas que estão tentando ganhar a vida e correndo os riscos de sonhar.

Todas as previsões sobre o futuro do trabalho — o aumento do trabalho remoto, automação e IA "eliminando" e substituindo centenas de milhões de empregos (também conhecidos como pessoas) na força de trabalho global — não são mais uma especulação. O botão de reset acelerou o futuro para aparecer na nossa porta agora.

Com o surgimento da VICA, também vimos o surgimento do MID — medo, incerteza e dúvida — nas formas de estresse e ansiedade, depressão, suicídio e vícios. E é inevitável que o que está acontecendo em nossas vidas seja levado para nossos locais de trabalho.

O MID nos deixa abaixo de nossa margem de segurança e estabilidade psicológica. Sentimo-nos oprimidos e exaustos, lutando para sobreviver ao dia a dia. O MID é pior em ambientes de trabalho que carecem de confiança, onde não existe comunicação aberta e honesta e que não promovem a liberdade necessária para fazermos nosso trabalho. Isso nos torna inseguros, menos resilientes e menos produtivos à medida que ele aumenta, e sentimos nossa energia e felicidade diminuindo. É uma sensação terrível. Você começa a se perguntar por que outra pessoa recebeu um bônus maior do que o seu. Começa a ouvir rumores sobre outra rodada de demissões, mas é um jogo de adivinhação sobre quem será o próximo. Você acorda todos os dias se perguntando por que deveria ir trabalhar se não fosse pela necessidade de pagar as contas.

Com tantos eventos incontroláveis, como alguém pode planejar o futuro de sua carreira com confiança? Como podemos pensar em projetar um emprego dos sonhos e amar o trabalho que fazemos quando ele pode acabar no dia seguinte? Onde vamos encontrar respostas para perguntas em um mundo cada vez mais imprevisível?

Como acontece com a maioria das perguntas desafiadoras, a resposta é simples. Não recorremos a ninguém, porque ela está dentro de nós. E, embora isso soe rebuscado para um livro de negócios — ou lhe lembre de uma música da Mariah Carey sobre ser seu próprio herói —, compartilharei na Parte II exatamente por que isso faz tanto sentido e como iniciar essa jornada. Por enquanto, as coisas mais importantes a fazer quando tudo parece horrível e sombrio no mundo são estas:

Controlar e mudar o que podemos.
Abraçar e nos adaptarmos ao que não podemos.

É por isso que digo que as empresas estão na Idade Adaptável.

ORIGENS ADAPTÁVEIS

A noção da Idade Adaptável é inspirada, em muitos aspectos, por Charles Darwin. Seu trabalho é muitas vezes resumido na afirmação: "Não são as espécies mais fortes que sobrevivem, nem as mais inteligentes, mas aquelas que mais respondem às mudanças." Como alguém que se inspira no quanto podemos aprender com a natureza, perguntei-me como podemos aplicar o conceito de adaptabilidade para que as organizações e (mais importante) as pessoas dentro delas sejam mais resilientes — em um nível em que não tenham apenas mais chances de sobreviver aos tempos, mas também sejam capazes de encontrar meios de se desenvolver.

Dez mil anos atrás, a Mãe Natureza decidiu nos dar um pouco de descanso, ao mudar os padrões climáticos do nosso mundo para serem mais consistentes e previsíveis. Sem a necessidade de continuar vagando pela terra para caçar e colher, fomos capazes de plantar sementes e nos tornarmos agricultores, na Era Agrária. Avançando milhares de anos, com o advento do vapor e do carvão, os capitalistas nos empregaram para trabalharmos na Era Industrial. Então, com o nascimento do microchip, do computador e das interwebs, mudamos nosso meio de subsistência para a Era Tecnológica e, por fim, para a Era da Informação.

Era Agrária ➔ Era Industrial ➔ Era Tecnológica/da informação ➔ ERA ADAPTÁVEL

O que nos traz para onde estamos hoje — a Era Adaptável.

No capítulo anterior, mencionei que o Fórum Econômico Mundial chama nossa era atual de Quarta Revolução Industrial. Mas para mim isso é olhar do ponto de vista econômico. Observar-nos como engrenagens da máquina econômica global não responde realmente às questões existenciais que parecem ficar mais barulhentas em nossa cabeça a cada dia. "Estou gastando minhas horas no trabalho com sentido e propósito? Ou estou apenas ouvindo a tagarelice em minha mente dizendo-me o que se espera de mim para que eu possa sobreviver?"

Uma das coisas que aprendi nas últimas décadas trabalhando com organizações ao redor do mundo é que os clichês da humanidade são verdadeiros. Todos nós geralmente desejamos as mesmas coisas básicas — dar o nosso melhor, viver da melhor maneira possível, estar com as pessoas que amamos, contribuir com o mundo para ajudar os outros e ir *além* da felicidade, sendo fiéis a *nós mesmos*.

Mesmo nos dias mais sombrios da desunião que vimos nos últimos anos, mantive a fé, porque vi o outro lado. Além de todas as divergências que temos em geografia, sociedade e cultura, vi a beleza de uma essência compartilhada. Nossa vontade de fazer o que é certo. Não apenas para nós, mas também para os outros. Testemunhei o que significa ter humanidade e humildade no trabalho. Claro, cada pessoa, empresa e país tem suas nuances, mas eles são como diferentes tipos de pudim — baunilha, tapioca, pandan, Yorkshire, malva, kheer, [insira seu pudim internacional favorito aqui]. Os ingredientes básicos são praticamente os mesmos.

As pesquisas mostram que há universalidade no que mais significa para nós. A verdade incontestável é que o que mais importa não são os momentos de felicidade passageira e "estrelato", como conseguir o máximo de curtidas no Instagram, empanturrar-se de outra série na Netflix ou ganhar um grande bônus para comprar um novo brinquedo adulto (sinta-se à vontade para interpretar como quiser). Essas doses de dopamina são divertidas e podem parecer a coisa mais importante naquele momento, porém, infelizmente, não duram. São as ondas de oxitocina e serotonina do que nos move intrinsecamente (propósito, valores, amor, bem-estar e pertencimento) que consideramos mais importantes do que o que nos motiva *extrinsecamente* (elogio, fama e dinheiro).

Se não parece fácil obter essas necessidades básicas universais, é porque não é. As forças externas de ganância, poder e injustiças sempre ficarão de guarda para nos impedir de alcançá-las.

Porém, se enxergarmos isso como a Era Adaptável, veremos as respostas dentro de nós, estando presentes e observando em vez de supor; usando nosso pensamento analítico e nossos instintos confiáveis em vez de emoções turbulentas para guiar nossas decisões; cientes de nossos pensamentos e de nosso coração — as razões e emoções se manifestam dentro de nós. Então, nos perguntamos: "Quais dessas coisas estão sob meu controle e quais estão fora dele?" Somente focando as coisas que podem ser influenciadas por nossas ações, mudando o que podemos e aceitando o que não podemos, estaremos efetivamente adaptados.

Ser adaptável é algo mais fácil de falar que de fazer, é claro. Nem sempre é intuitivo; às vezes é desconfortável, se não aterrorizante.

Temos a tendência de tentar consertar as coisas quando nem mesmo temos certeza do que precisa ser consertado, de ser emocionalmente reativos a situações além do nosso controle. Ou de nos agarrarmos ao passado e resistir à mudança, esperando que possamos voltar aos "bons e velhos tempos".

Mas, em uma era adaptável, devemos aceitar que fatores incontroláveis como IA, desastres naturais e recessões globais continuarão. No entanto, seu impacto só pode ir tão longe se reformularmos e desenvolvermos nossa própria forma de IA — inteligência adaptável. É um tipo alternativo de IA baseado em fortalecer o que está sob nosso controle e é mais significativo para nós (nossas crenças e nossos valores) enquanto supera o medo do fracasso e da experimentação. Implica deixar de lado o orgulho fazendo o que os outros (ou mesmo você) considerem "indigno" de você e adotar uma mentalidade de iniciante, voltando sua atenção para tudo o que ainda há para aprender. Com essa forma de IA, nós nos tornamos mais resilientes e seguros de que, com determinação e um pouco de sorte, superaremos os reveses para alcançar uma nova vitória.

Adaptabilidade e Humanidade no Trabalho

Enquanto a maioria das empresas estava perdendo dinheiro ou fechando durante a pandemia, outras, como Amazon, Netflix, Domino's e Ace Hardware, eram exemplos de empresas que podiam se adaptar. É claro que ter bilhões no banco é uma vantagem, mas elas ainda merecem crédito — grandes empresas tomando providências não é muito diferente de lutadores de sumô lidando com oponentes menores.

Houve também empreendedores e pequenas empresas que recomeçaram seus negócios, se reinventaram e se adaptaram. O restaurante dinamarquês Noma, com estrela do guia Michelin, mudou seu formato para fazer hambúrgueres. The Talent Shack, uma escola de teatro no País de Gales, recorreu ao TikTok para colocar suas aulas online; produtores em Hollywood e na Broadway começaram a contatá-la para obter conselhos. A Namevents, em LA, da produção de desfiles de moda e arrecadação de fundos para grupos de dez mil pessoas, passou a organizar retiros de ioga para grupos de oito mulheres por vez, uma atividade inspirada pela paixão da proprietária, que ela adaptou a um modo de vida despojado até que a pandemia passasse.

No nível dos indivíduos dentro das empresas, tenho sido inspirada repetidamente por quão resilientes e adaptáveis nós, seres humanos, podemos ser. Há alguns anos, a Turquia vivenciou uma série de atentados terroristas, uma tentativa de golpe e uma recessão econômica... tudo em um ano. A VICA estava em um ponto alto quando Murat Özcan, o VP da Canpa (uma empresa de materiais de construção) decidiu controlar o que podia e se adaptar ao que não podia. As vendas estavam despencando, a rotatividade era alta, e, além da necessidade de demitir, fechar escritórios e eliminar departamentos, a direção nem tinha certeza se a empresa de trinta anos sobreviveria.

Além de tudo, era uma empresa familiar, e, inclusive, ele não queria mais aparecer para trabalhar. Então fugiu para São Francisco para assistir à master class da DH sobre cultura. Ele não estava fugindo por causa do governo; era porque sua equipe de liderança poderia considerar um programa de felicidade como uma perda de tempo durante um período de agitação civil e crise financeira. Porém, ele tinha que fazer algo — não apenas pela Canpa, mas por si mesmo também.

Oito meses depois, fui checar meus e-mails e encontrei o mais longo que já recebi na minha vida. Era de Murat, detalhando cada projeto que ele havia lançado e todos os resultados positivos que tinha visto em um momento de extremo MID em seu país. Ele dizia que parte da liderança ainda estava cética, mas tinha evidências suficientes para seguir. E ele continuou a compartilhar o progresso da Canpa após aquele e-mail. Sua rotatividade caiu de 30% para uma porcentagem negativa, porque os funcionários de fato voltaram para a empresa depois de ver sua nova prioridade nas pessoas. Ele percebeu um aumento de sete vezes na receita e, ainda mais impressionante, otimizou os custos operacionais e melhorou as margens para quadruplicar os lucros. A cereja do bolo foi outro e-mail que recebi alguns anos depois: Murat estava radiante de orgulho porque a organização Great Place to Work concedeu à Canpa o primeiro lugar em sua categoria, dividindo a posição com empresas maiores, grandes marcas como eBay, Vodafone e Hilton.

Não é preciso dizer que o restante de sua equipe de liderança agora está 100% empenhada em priorizar a felicidade e a cultura.

POR QUE ISSO IMPORTA?

Então, por que algumas empresas se adaptam e prosperam mais do que outras? Mesmo quando os fatores externos de instabilidade e caos giram em torno delas, as empresas mais bem-sucedidas *e respeitadas* pela adaptabilidade são aquelas que optam por apostar em seu pessoal.

Quando a vida nos dá limões, empresas em modo de sobrevivência simplesmente distribuem os limões até que acabem. Se elas estão pensando um pouco mais a longo prazo, construirão uma barraca de limonada. Mas, se estão se adaptando e prosperando, elas usarão as sementes para plantar mais limoeiros, para que todos possam ter sua própria barraca. Mesmo nos tempos mais difíceis do MID, os líderes não pensam apenas no que está em jogo para os executivos ou acionistas, eles pensam em todas as partes interessadas no ecossistema.

Em abril de 2020, Brian Chesky, CEO do Airbnb, escreveu uma carta sincera às suas equipes, dizendo-lhes que a empresa havia finalmente chegado a um ponto em que precisava demitir pessoas. O que mais me impressionou na carta foi que ela não apenas parecia sincera e transparente, mas também abordava o MID de todos. Para as pessoas que foram cortadas, ele disse que não era culpa delas, elas ainda eram altamente qualificadas e apreciadas por tudo o que haviam feito. E ele apresentou os recursos que o Airbnb estava fornecendo para ajudá-las a encontrar seus próximos empregos. Para as que ficariam, ele compartilhou detalhes sobre o que a empresa faria para se adaptar enquanto o MID e a VICA ainda estavam à solta.

Depois dessa carta, o Airbnb foi uma das empresas mais eficazes em se adaptar e se recuperar rapidamente, mesmo enquanto as infecções por Covid-19 ainda estavam aumentando. Suas vendas não foram afetadas entre 2019 e 2020, um feito notável para uma empresa do setor de hospitalidade (ao contrário de cadeias de hotéis conhecidas, que caíram bem abaixo de suas vendas de 2019). Ir da beira da extinção para uma avaliação de US$106 bilhões não é ruim para um dos piores anos financeiros desde a Segunda Guerra Mundial.

Na Gravity Payments, uma empresa de serviços financeiros, as receitas caíram 55% quando o Covid-19 chegou. Ela estava em uma trajetória para encerrar as atividades dentro de quatro a cinco meses. Decisões tinham que ser tomadas. Felizmente, o CEO Dan Price já havia estabelecido um precedente para fazer grandes mudanças alguns anos antes.

Você deve se lembrar do que Dan fez, porque ele ganhou as manchetes em publicações como *Forbes* e *Inc.* depois de anunciar um salário mínimo de US$70 mil para todos na empresa.[6] Isso causou todos os tipos de reações. Alguns choraram de alegria, porque já era hora de as pessoas receberem um pagamento justo. Outros, incluindo alguns que trabalhavam na empresa, protestaram, porque o aumento não era baseado no mérito. Era uma questão de por que a grama de outra pessoa de repente ficou mais verde, embora eles estivessem na mesma situação. Foi uma jogada ousada da parte de Dan reestruturar as finanças, reduzir seu salário e mostrar seu compromisso em priorizar pessoas.

O risco valeu a pena, com a receita e o lucro dobrando apenas seis meses após o anúncio, em 2015. No final, apenas dois funcionários se demitiram, o que significou que a Gravity Payments teve um aumento em suas taxas de retenção, de 91% para 95%. De acordo com Dan, o resultado não significa que as pessoas são simplesmente motivadas pelo pagamento: "Na realidade, remover o dinheiro como um fator de estresse permitiu que elas se empenhassem plenamente no trabalho. CEOs não precisam de um milhão a mais. Trabalhadores de baixa remuneração precisam ser valorizados." A equipe, em agradecimento, surpreendeu Dan presenteando-o com um Tesla. No final das contas, ele ganhou menos dinheiro, mas, entre o prazer de seus funcionários em presenteá-lo e os lucros para a empresa, não foi um mau negócio.

Cinco anos depois, na pandemia, a receita da Gravity Payments caiu mais de 50%, e Dan se deparou com um dilema diferente: aumentar os preços, demitir pessoas ou ambos. Pouco antes de tomar a decisão por conta própria, ele decidiu compartilhar sua aflição com toda a empresa. Ao final dessa reunião geral, 98% dos funcionários se ofereceram para cortar temporariamente seus salários entre 5% e 100%. "Em vez de ver nossos funcionários como despesas, reconhecemos sua humanidade e o papel vital que desempenham em nossos negócios", explicou Dan.

Como resultado, as pessoas ficaram mais produtivas do que nunca. As vendas aumentaram 31% em relação ao ano anterior, apesar de não

POR QUE ISSO IMPORTA?

ter havido nenhum aumento no número de funcionários e de um ambiente econômico desconhecido, e o salário de todos foi 100% restaurado. A crença de Dan em priorizar as pessoas foi reforçada: "CEOs não tiram você de uma crise. Os funcionários, sim. Confie neles."

As empresas que investiram tempo, dinheiro e recursos significativos para construir uma cultura empresarial sólida — incluindo nossos clientes da DH — tiveram o mesmo desafio em se adaptar. Em tempos de VICA, os líderes com mentalidade cultural não podem deixar de se fazer a pergunta difícil e honesta de se ainda são capazes de priorizar as pessoas. É difícil fazer essa escolha, porque não existe cultura para pensar se a empresa não consegue resistir à instabilidade e deixa de existir.

Ainda assim, por mais difícil que tenha sido, foram as empresas que priorizaram as pessoas que foram capazes de se adaptar (e se recuperar) mais rapidamente (e sustentavelmente) do que aquelas que não o fizeram. A DMG, um cliente imobiliário e de construção do Egito, decidiu abrir mão das oportunidades de receita quando precisava delas, porque queria cuidar de seu pessoal primeiro. Imediatamente ordenou que toda a construção parasse, até que houvesse mais informações sobre quais deveriam ser os protocolos de segurança. Rasha El Gama, a CPO (diretora de pessoal), ficou grata por sua equipe de liderança ter levado a sério sua decisão. Seu lema era "Mantenha nosso pessoal seguro". A DMG conseguiu evitar demissões depois que a empresa concordou em fazer cortes em todas as áreas para manter a equipe unida até que as pessoas se sentissem seguras e os projetos fossem retomados. No final do ano, tornou-se uma das empresas de crescimento mais rápido do setor.

O Vietnã foi um dos primeiros países a entrar em lockdown, e nosso cliente/parceiro I Can Read, uma rede de escolas de idiomas, reagiu rapidamente se comprometendo com uma comunicação clara e oportuna, enquanto as coisas pareciam estar mudando a cada dia. Quando a empresa relutantemente anunciou que teria de fechar suas portas por tempo indeterminado, o diretor executivo Ha Van Phan me enviou um e-mail: "[É cedo, então não] sabemos exatamente como cada um está emocionalmente, mas estamos felizes e prontos para lidar com o que vier." Enquanto a pandemia ainda estava atormentando por todos os lados, um ano depois, I Can Read conseguiu manter todos os seus centros abertos (enquanto instituições semelhantes estavam fechando) e lançou a DH Vietnam, um novo empreendimento para ajudar outras empresas a estimularem uma cultura de felicidade também.

As empresas tiveram que pensar muito sobre se (e como) priorizariam as pessoas em tempos de crise. Não acho que seriam empresas bem equilibradas e bem lideradas se não o fizessem. Mas, ao dedicar um tempo extra para realmente considerar as pessoas um ativo (em vez de uma despesa) *e tratá-las com humanidade* em tempos de VICA, elas foram capazes de se recuperar e reconstruir mais rápido com sua cultura intacta do que de outra maneira.

Por Trás de Cada Marca, as Pessoas Estão Se Adaptando

Quando lemos essas histórias sobre empresas, esquecemos que manchetes vêm de pessoas — indivíduos e equipes que se emocionam e tomam decisões. Espero que trazer a história de uma das marcas mais onipresentes do mundo ajude a ilustrar o tanto de coisas que acontece nos bastidores da vida das pessoas quando você tomar seu próximo gole de café.

Conhecemos a Starbucks graças a Howard Schultz — um visionário que transformou a paixão da cultura italiana dos cafés em um luxo norte-americano conveniente e acessível que se tornou um hábito no nosso cotidiano. A Starbucks frequentemente consta nas listas de "melhores empresas para se trabalhar" e se orgulha de seu lema: "Inspirar e nutrir o espírito humano — uma pessoa, uma xícara e um bairro de cada vez."

A Starbucks foi pioneira em priorizar seus empregados — concedeu benefícios completos aos funcionários qualificados (a quem chama de parceiros), independentemente de trabalharem em meio período ou integral, desde 1988,[7] além de fornecer treinamentos para dar aos funcionários mais acesso ao ensino superior e dar suporte aos veteranos. Mas, como acontece com todas as empresas, mesmo com as mais voltadas para o propósito, a Starbucks também passou por desafios.

Quando Schultz anunciou a sua demissão do cargo de CEO, em 2017, os investidores perguntaram-se o quão grande seria o vazio deixado por ele e se sua experiência e conhecimento poderiam ser substituídos.[8] Não muito tempo depois, em 2018, a prisão de dois negros em uma das lojas do centro da Filadélfia gerou a hashtag #BoycottStarbucks no Twitter, levantando questões sobre o treinamento no tocante à discriminação, trazendo à baila uma declaração oficial do CEO sucessor de Schultz, Kevin Johnson: "Você pode e deve esperar mais de nós. Vamos aprender com isso e ser melhores."[9] No mesmo ano, a Starbucks caiu para seu nível mais baixo de percepção do consumidor desde novembro de 2015.[10]

Mesmo com todos esses desafios, a Starbucks era elogiada por analistas e pelo mercado, com uma alta das ações em 2019, poucos meses antes da pandemia.[11] O negócio era um grande contraste com a maioria dos clientes com quem trabalhamos. A maioria das empresas nos pede para ajudá-las a examinar seu DNA e suas origens para formular um propósito que inspire as pessoas a se destacar e continuar como clientes e funcionários leais. A Starbucks, por outro lado, estava na posição invejável de já ser uma empresa de renome mundial voltada para a missão.

Antes de a Covid-19 chegar, estávamos prestes a lançar um projeto ambicioso: ser arqueólogos da admirável existência cinquentenária da Starbucks e idealizar uma marca duradoura. Com a evolução de uma nova equipe de liderança, era hora de ouvir o que a sereia da Starbucks estava cantando. A Starbucks partiria do modelo de um único visionário para a visão de muitos, mergulharia fundo na pesquisa das tendências futuras de cidades, comunidades, café, varejo, bem-estar, propósito e trabalho, para prototipar rapidamente novas maneiras de se envolver com seus clientes e parceiros centrando-se nas pessoas. Estávamos prestes a apoiar e ajudar a definir uma visão para a Starbucks. Era um empreendimento gigantesco, mas estávamos prontos para enfrentá-lo — até que, é claro, a pandemia deu um soco na boca de todos nós.

Durante 2020, todas as empresas foram colocadas à prova em uma situação sem precedentes. Uma marca reconhecida globalmente com 400 mil parceiros de "avental verde"* e 32 mil lojas físicas em todo o mundo, a Starbucks foi jogada na instabilidade e confusão quando um vírus in-

---

*Parceiros de "avental verde" incluem funcionários que trabalham em lojas licenciadas pela Starbucks, como as que você vê em supermercados, mercearias e aeroportos.

fectou o mundo. Como tantas outras empresas, ela entrou em modo de triagem, lutando para descobrir qual incêndio era o maior, sabendo que a resposta poderia mudar no segundo seguinte. Empresas como Uber, Hilton, Southwest, Ford e Disney estavam anunciando demissões e licenças.[12] Tantas empresas estavam reduzindo o quadro de funcionários que era difícil distinguir se eu estava lendo as notícias ou assistindo a um reality show de empresas lutando para sobreviver a mais um dia.

O fator MID do mundo estava atingindo um pico histórico, as pessoas e as receitas estavam em grande perigo e ninguém tinha certeza do que o dia seguinte traria. Na Starbucks, a receita sofreu um prejuízo de US$3,2 bilhões no primeiro trimestre da pandemia,[13] e alguns parceiros de lojas temiam abertamente que sua saúde estaria em risco se não tivessem escolha a não ser voltar ao trabalho.[14] Em um momento de extrema incerteza, o CEO Kevin Johnson e a Starbucks fizeram o que alguns podem achar inesperado. Em vez de priorizarem a recuperação dos lucros primeiro, dobraram a aposta em sua missão e seus valores.

Eles anunciaram que estavam priorizando a saúde e o bem-estar de todos os seus parceiros e clientes, apoiando as autoridades de saúde e do governo para mitigar a disseminação do vírus e se destacando de forma positiva para servir suas comunidades.[15] Eles se adaptaram aprendendo com o que suas lojas na China (onde a Covid-19 foi identificada) fizeram com êxito para reabrir com segurança. No auge da pandemia, Johnson mostrou que estava ouvindo as preocupações dos parceiros, ao se comprometer a pagar aos trabalhadores mesmo fechando lojas.[16]

Eu me surpreendi.

Apostar na missão e nos valores significava que ele estava priorizando o propósito em vez dos resultados financeiros. Na verdade, ele entendeu o impacto que a Starbucks teria — como empresas lucrativas e voltadas para um propósito teriam um impacto ainda maior nas pessoas e no planeta. A revelação o levou a anunciar: "É hora de construir uma empresa que dá mais do que recebe", no momento mais difícil possível.

Havia um novo anormal resultando da Covid-19, e a corrida começou para todas as empresas: adapte-se ou morra. A Starbucks se recupe-

POR QUE ISSO IMPORTA?

rou de um modo inimaginável para uma empresa tão grande. Política e estabilidade são barreiras previstas para se fazerem as coisas em qualquer empresa, especialmente uma gigante com uma capitalização de mercado de US$125 bilhões em 2020. Mas a Starbucks percebeu a gravidade de como seus acionistas poderiam ser afetados por uma pandemia global e crise econômica. Foi necessária uma ação instantânea para abordar a triagem e ajudar a orientar como a Starbucks deveria reagir.

É importante lembrar que todas as grandes decisões, boas e ruins, sobre as quais você lê nas manchetes vêm de uma fonte singular: pessoas. Às vezes, as pessoas estão fazendo o seu melhor para viver seu EU mais autêntico e significativo, alinhado com NÓS (equipes e sua empresa) e com a COMUNIDADE (clientes, parceiros e todos no ecossistema de uma empresa). Mas, às vezes, estão no lado oposto.

Também há momentos em que essas decisões são tomadas nas melhores circunstâncias, mas muitas vezes estão abaixo do ideal. Diz-se que os piores momentos revelam o verdadeiro caráter de uma pessoa. Acredito que isso seja verdade também para as empresas.

Alguém que estava vivendo seu autêntico EU era a Diretora de Operações Rosalind (Roz) Brewer. Ela fez com que todos na sala se sentissem parte da empresa. Ela era o tipo de pessoa que perguntava se alguém gostaria de um doce antes de começar a reunião — abrindo espaço para um momento de gentileza para que todos soubessem que a humanidade tinha lugar. Sua crença era no estilo de liderança de serviço ao reunir pessoas boas e abrir espaço para que pudessem dar o melhor de si e realizar suas tarefas. Por mais arriscada que essa proposta pudesse ser às vezes, ela estava fundamentada em sua crença nas pessoas.

Roz já havia se arriscado com Danny Brooks.[†] Ele era chef de restaurantes com estrelas Michelin e consultor em design centrado no ser humano da IDEO, foi para a Starbucks redesenhar seu cardápio culinário. O objetivo era específico, mas, quando ele começou a entender a estratégia e a fonte do menu, o arqueólogo que habita nele apareceu de

---

† Danny Brooks e Annie Richmond (a ser apresentada) não são mais parceiras da Starbucks desde abril de 2021. Falarei mais tarde sobre o porquê!

mãos abanando. As coisas não faziam sentido, então ele decidiu assumir as perguntas difíceis que todos pareciam fazer e ver como contribuir. Danny foi finalmente convidado a ajudar a empresa a enunciar coletivamente o que a marca representa — ou seja, em uma Starbucks pós-Shultz, qual é o DNA real da empresa e o que a marca representa agora?

Danny nasceu para inverter o status quo. Esse tipo de bravata só vai até certo ponto na cultura corporativa típica, e ele estava ciente dos riscos. Mesmo com um poderoso senso de ambição pessoal, ele duvidou de si mesmo. Mas Roz acreditava nele, o que o ajudou a acreditar em si mesmo também. Ela abriu caminho para ele agir.

Ele começou "sua estratégia" reunindo o time dos sonhos de que precisava para fazer acontecer. Não sei se ele sabia o que "isso" era, mas sabia que precisava de pessoas para chegar lá. Por acaso, conheceu Annie Richmond, na época, gerente de estratégia corporativa. Danny se tornou seu "irmão de coração", e eles se conectavam com um olhar. Então levaram outras pessoas com experiência e entusiasmo para a empresa (foi aí que a DH se juntou à equipe). A disposição deles nos motivou a confiar que a equipe que estavam construindo era especial, embora não tivéssemos ideia de qual seria o resultado.

Danny e Annie estavam curiosos para ver que mágica fariam do ponto de vista centrado no ser humano. Em poucos anos, nossa equipe ajudou a empresa a codificar a intuição de seus fundadores em uma promessa de marca singular (para *Elevar o Cotidiano*) que ampliou e unificou a empresa globalmente. A equipe redesenhou a estratégia e sistematizou novas maneiras de trabalhar por meio de um processo centrado nas pessoas, ajudando outras equipes a compreender seu papel no quadro maior da empresa e formular seus propósitos e comportamentos. Nossa equipe contribuiu diretamente para ajudar a empresa a melhorar as condições de trabalho, como remuneração, segurança de moradia/transporte e benefícios de saúde mental para seus parceiros.

Mas, quando a pandemia estourou, o que estava em jogo se tornou questão de vida ou morte. Com total inexperiência, Danny reformulou a questão para todos nós: "É em tempos de crise que você vê [o que uma empresa representa]. Ao que você — ao que *nós* — vamos nos agarrar?

POR QUE ISSO IMPORTA?

Em que barco vamos nos agarrar? Ao barco do dinheiro? Ao barco de pessoas? Ao barco do propósito?" Essa não foi uma pergunta apenas para a Starbucks, mas para todas as empresas do mundo. Elas escolheriam lucratividade ou pessoas... sociedade ou política... tecnologia ou as mãos humanas que estavam sobrevivendo, tentando se adaptar e esperando prosperar? Faremos um mergulho profundo na Parte III.

Apresentei Kevin, Roz, Danny e Annie, porque as empresas são basicamente pessoas fazendo escolhas. O que muitos de nós esquecemos é que a razão de algumas empresas terem sucesso e outras fracassarem começa no nível celular do que as constitui — a unidade mais básica de todas — VOCÊ. Seja você alguém que trabalha na linha de frente, um gerente, um CEO, um fundador, um investidor e/ou alguém na diretoria, é justo perguntar *por que* você está fazendo o que faz.

E o que o botão de reset na humanidade significa para você?

Ao longo dos anos, a DH vem testando e aprimorando seus modelos de sistematização da felicidade no local de trabalho. Da Starbucks à Sallie Mae e da Northwell Health ao governo de Dubai, vimos como esses modelos funcionam. E, com isso, quero dizer funcionam para *todos* os níveis — indivíduos, equipes e empresas. Você verá como sua contribuição pessoal repercute em suas comunidades e, quando agir da maneira certa, verá seu impacto na sociedade e no planeta.

A ideia de amar nosso trabalho e impulsionar o mundo para um lugar melhor não é mais um conceito utópico. É um caminho que funciona quando ousamos fazer perguntas, testar se são verdadeiras, aprender e repetir o ciclo todo. O processo não é muito diferente daquele das aulas de ciências que tivemos na escola. Quando eu estava no ensino médio, adquiri muito conhecimento aplicando o método científico com o cadáver de cão Pacabana (ahn ahn?!). A única diferença é que estamos aplicando o método científico de hipótese, experimentar e analisar aos negócios, ao trabalho e às nossas vidas.

Agora que você já ouviu várias histórias sobre o que são a adaptabilidade e a humanidade no trabalho, vamos dar o próximo passo e ver como se aplicam à sua vida pessoal e profissional.

Prepare Seu Trabalho/Vida à Prova do Futuro

Ouvir o alarme tocar de manhã e sentir que você mal pode esperar para chegar ao trabalho parece uma fantasia para a maioria, mas vemos esses milagres modernos acontecerem com as pessoas e nos locais de trabalho o tempo todo. Tudo se resume a saber implicitamente que, não importa o que aconteça, passaremos o resto do dia com um senso de propósito, fazendo algo maior do que nós mesmos, embora sendo autenticamente verdadeiros conosco também.

Dando um passo adiante, imagine se você fosse capaz de fazer isso com a confiança de que, não importa o que aconteça com o mundo lá fora, seu mundo interno está fundamentado de um modo que as incógnitas do futuro não o abalem. Como reconhecemos que estamos vivendo a Era Adaptável e queremos minimizar o choque e o estresse de um futuro imprevisível, a coisa mais importante para trabalhar continuamente é nos prepararmos para o futuro — garantindo que continuemos relevantes e não nos tornemos obsoletos. Aprender novas habilidades para que estejamos sempre crescendo e nos desenvolvendo é importante, mas isso é apenas uma parte da equação maior.

Como James Key Lim, fundador da empresa de coaching de executivos FUTURE-PROOFx e um dos membros originais da DH (e meu irmão por parte de mãe ☺) diz: "Nosso mundo está evoluindo para uma comunidade global de pessoas que vivem vidas melhores porque sabem como se preparar para o futuro e para seus negócios."

PREPARANDO OS NEGÓCIOS PARA O FUTURO

Mesmo que a VICA tenha acelerado a chegada do futuro do trabalho, descobrimos que isso não é tão ruim. Agora que há mais dados e evidências (em vez de especulação) do que o futuro trará, sabemos que o uso de automação e IA só continuará avançando, vemos os prós e contras de equipes remotas trabalhando em grande escala e podemos observar como as instituições estão mais conscientes do valor do capital humano. O valor das pessoas.

A empresa de análise de software TechJury relata: "Em 2025, espera-se que o mercado global de IA seja de quase US$60 bilhões. Agora mesmo 77% dos dispositivos que usamos apresentam uma forma ou outra de IA."[17] O Fórum Econômico Mundial afirma que "o tempo gasto em tarefas atuais no trabalho pelos humanos e pelas máquinas será igual" até 2025 também.[18] E, em um movimento bastante histórico, a Comissão de Valores Mobiliários dos EUA (também conhecida como SEC) acaba de criar novas regras exigindo que as empresas incluam descrições de seus indicadores em três áreas, "atração, desenvolvimento e retenção de pessoal",[19] para que haja mais transparência no capital humano.

Todos os dias aprendemos mais sobre o futuro do trabalho e o que isso significa para a relação entre os seres humanos e a automação. Aqui está um pequeno roteiro com as dez principais perguntas do tipo "como poderíamos", fundamentado em uma abordagem positiva para mudanças de pessoas e sistemas. São coisas para se ter em mente e ficar curioso, enquanto aprendemos como ser adaptáveis no futuro do trabalho... com propósito, lucros e pessoas em primeiro lugar.

Como poderíamos...

1. Responda: "Qual é a vantagem disso para mim?" e "Quais são as vantagens para todos?"

2. Obter mais lucros para ter um impacto mais significativo?

3. Evoluir relacionamentos transacionais dando origem a relacionamentos significativos, criando vitórias triplas (beneficiando a si mesmo, aos outros e à comunidade em geral ao mesmo tempo)?

4. Inspirar e alinhar as pessoas com Propósito + Valores?

5. Tratar as pessoas como bens, não como despesas?

6. Criar estratégias para ganhos de longo prazo (não apenas de curto prazo)?

7. Medir o que é importante para todos, não apenas para alguns?

8. Respeitar as pessoas como indivíduos dentro de um sistema que recompensa a colaboração?

9. Recompensar e reconhecer todas as partes interessadas, não apenas os acionistas?

10. Parar de se preocupar em fazer as coisas certas pela eficiência e se concentrar em fazer as coisas certas para as pessoas?

PREPARANDO-NOS PARA O FUTURO

A fim de nos preparamos para o futuro, precisamos buscar sempre aprender e crescer para nos tornarmos a melhor versão de nós mesmos. Precisamos descobrir como atender às nossas necessidades básicas, ter um sentimento de segurança, de amor e pertencimento, e viver nosso propósito superior. Preparar-se para o futuro é compreender a gama do que é possível e, em seguida, com autoconhecimento, trabalhar para preencher nossas necessidades — física, mental, financeira e espiritualmente — não importa o emprego que possamos ter no momento.

Se você acha que isso soa como a hierarquia de necessidades humanas de Maslow,[20] você acertou em cheio.

No livro *Satisfação Garantida*, Tony compartilhou a hierarquia de necessidades humanas de Maslow, porque ele acreditava que, uma vez que as necessidades básicas de sobrevivência das pessoas são atendidas, elas ficam mais motivadas pelas necessidades não materiais, como conquistas, criatividade e relacionamentos. Foi um indicador de como a psicologia é importante na construção de negócios de sucesso com pessoas (e felicidade) priorizadas. Foi uma base inteligente para expandir os negócios, mas o mundo continua mudando.

Desde que Maslow publicou sua teoria sobre a hierarquia de necessidades humanas, em 1954, tem havido muita conversa e, às vezes, controvérsia em torno disso. É impressionante que ainda se mantenha depois de todo esse tempo, mas muita coisa mudou desde então. Para manter-se relevante no mundo de hoje, alguns conceitos precisam evoluir.

HIERARQUIA DE MASLOW: ORIGINAL

Então, vamos revisitar a teoria de Maslow com o estado atual da humanidade e como a DH expandiu nosso modelo em mente:

- **Mudança de bidirecional para unidirecional:** A ideia original de Maslow era a de que a pirâmide é uma escada que precisa ser escalada até o pico da realização pessoal, porém, ela é realmente mais um espectro. Pessoas que não têm tudo em dado nível da pirâmide (como segurança no emprego) podem se sentir mais realizadas do que as que têm todas as suas necessidades atendidas. Nossa existência é mais complexa do que uma hierarquia.

- **Níveis expandidos de amor/pertencimento:** Uma sensação de pertencimento não se resume a nossos relacionamentos imediatos com amigos, família, colegas de trabalho e grupos de afiliação. Agora que estamos hiperconectados com a tecnologia, esse sentido inclui um escopo maior de diversidade, equidade, inclusão e pertencimento (DEIP) que se aplica a todas as interações dentro da sociedade global como um todo (algo de que falaremos mais a fundo quando chegarmos à Parte V).

- **Níveis expandidos de realização pessoal:** Realização pessoal ainda se trata de buscar satisfação e mudança por meio do crescimento pessoal. A busca por esse potencial completo não mudou; foi a forma *como* vemos esse potencial que evoluiu. Mais que apenas fazer tudo de que somos capazes e alcançar o que Maslow chamou de experiências de "pico" de alegria e euforia, a realização pessoal nas formas de satisfação e autenticidade pode vir da compreensão de nossos vales (ou seja, reveses e lados sombrios) também.

POR QUE ISSO IMPORTA?

- **Novo acréscimo de transcendência:** Esse foi um acréscimo feito pelo próprio Maslow nos anos anteriores à sua morte, em 1970. Significa que as pessoas são motivadas pelos valores não apenas pelo benefício pessoal, mas pelas experiências com a natureza, espiritualidade e pela abnegação de ajudar os outros a se realizar também. Vou ampliar isso quando eu for falar sobre o modelo da estufa e como todos nós temos a capacidade de causar uma onda de impacto ajudando outras pessoas a construir as suas.

- **Novo acréscimo de Wi-Fi e internet:** Se ele ainda estivesse vivo para atualizar o modelo, tenho certeza de que Maslow os adicionaria como a base de todas as necessidades humanas (piscadela).

Compreender as maneiras pelas quais a hierarquia de Maslow evoluiu nos ajuda a imaginar o que significa nos prepararmos para o nosso futuro. Mesmo durante os tempos de grande VICA, sabemos que as coisas que podemos fazer para conquistar realização pessoal, propósito e satisfação estão dentro de nós. Mesmo se não tivermos todos os níveis da pirâmide de Maslow completamente satisfeitos, ainda podemos ficar realizados com o que fazemos no trabalho e como vivemos nossas vidas. Por outro lado, mesmo se tivermos a maioria dos níveis preenchidos, nossa realização pessoal não é automática. Em ambos os cenários, ainda dá trabalho ser autêntico.

Preparar nossos negócios para o futuro e trabalho/vida individual parece complexo, mas o modelo de estufa que compartilharei foi projetado para simplificá-lo. Com todo o barulho em nossas vidas ocupadas e capacidade de concentração diminuída, quem tem tempo para refletir sobre questões existenciais todos os dias se seu apelido não for Platão e seu sobrenome não for Nietzsche? Em vez de gastar um tempo precioso questionando nossa vida, podemos usar esse tempo para vivê-la... de forma melhor, mais ampla e mais significativa.

O objetivo é chegar a um ponto em que seguir o modelo se torne tão natural quanto beber água quando estamos com sede e dormir quando estamos com sono. Em vez de nos perguntarmos: "Espere, todo aquele tempo que passei em [x] valeu a pena?", podemos saber mais facilmente se valeu ou não. Estaremos mais confiantes de que nossas ações diárias estão alinhadas com nosso propósito, e os dias ruins não serão tão debilitantes. Em vez de questionar se estamos onde deveríamos estar — como donos de nosso destino, um empresário, um executivo e, mais importante, um ser humano — saberemos que estamos no caminho certo, indo na direção que escolhemos para nós mesmos (e não na que os outros esperam de nós).

Antes de chegar ao modelo que mostra *como* implementar essas ideias nos níveis do EU, do NÓS e da COMUNIDADE, quero falar sobre *por que* o modelo funciona.

Como todos sabemos, as empresas precisam ser alimentadas pelo lucro para sobreviver e crescer. Por séculos, vimos os prós e os contras do capitalismo e sabemos que eles não desaparecerão da noite para o dia. No lado negativo, vimos desigualdades na ampliação dos lucros e na disparidade de riqueza em todo o mundo e o estresse que sentimos quando nosso bem-estar financeiro é ameaçado.[21] Ao mesmo tempo, há uma forma mais consciente cada vez mais presente de capitalismo que reformula quais são os objetivos finais de se obter mais lucros. Em vez de um círculo vicioso sem fim, agora vemos outros mais virtuosos, na forma do que chamo de ROI duplo.

O ROI Duplo

Uma vez que o dinheiro já está sendo gasto nos custos das pessoas, podemos considerar esse gasto de uma destas duas maneiras: como uma despesa ou como um investimento. Bilhões de dólares já estão sendo investidos por empresas que sabem que o futuro do trabalho já chegou. JPMorgan Chase, Accenture, Verizon, Google e Microsoft estão se requalificando e aperfeiçoando profissionalmente de maneira ativa, porque estão considerando as pessoas como o mais recente investimento para seu futuro sustentável de longo prazo.[22]

Na Era Adaptável, as empresas inteligentes sabem que as pessoas não são mais consideradas trabalhadores de linha de montagem ou engrenagens da máquina do capitalismo. Elas também não querem vê-las substituídas por automação e IA, porque sabem que os seres humanos são *necessários* para que as empresas se adaptem e cresçam. Pensadores de longo prazo, como o CEO da Microsoft, Satya Nadella, e o CEO da Zoom Video Communications, Eric Yuan, compreendem a importância de cuidar de seus funcionários em prol da sustentabilidade de seus negócios e da força da cultura de suas empresas, além do impacto que podem causar no mundo.

Algo que nem precisava ser dito — mas, infelizmente, precisa ser — é que trabalhadores também são pessoas com esperanças e sonhos, pais e entes queridos, com desejos de uma vida plena e significativa. Pessoas como você e todas as outras deste planeta.

Isso significa que, na Era Adaptável, podemos dimensionar o impacto significativo *medindo o que é importante para todos, não apenas para alguns.*

O risco de não fazer isso se manifesta na instabilidade social, no aumento da separação econômica e na devastação desproporcional que uma pandemia e a mudança climática causam aos pobres, aos idosos e aos negros. Os ricos ficam mais ricos, e os mais pobres têm mais motivos para se ressentir deles. O impacto da crescente divisão socioeconômica se aplica quer as pessoas sejam conservadoras ou liberais, como vimos na invasão do Capitólio dos EUA, em 2021, nos protestos Black Lives Matter, em 2020, e no movimento #MeToo, em 2017. *De forma simples, as pessoas não gostam de ser ignoradas, incompreendidas ou tratadas de forma injusta.*

Mas as empresas podem desempenhar um papel importante na mudança social, para além das métricas financeiras tradicionais. Elas podem considerar que tratar seus funcionários de forma holística acaba gerando negócios mais sustentáveis e lucrativos, ao mesmo tempo em que contribui para uma sociedade mais justa, mais significativa e com propósito para seus funcionários.

O ROI TRADICIONAL: RETORNO SOBRE O INVESTIMENTO

Uma das coisas mais gratificantes que temos testemunhado é como as empresas compreendem que as estratégias focadas na cultura e nas pessoas são necessárias caso queiram se adaptar para prosperar no futuro do trabalho. Do ponto de vista dos números, os dados dos últimos anos falam por si mesmos. Conforme pesquisado por Jacob Morgan em *A Vantagem da Experiência do Funcionário* (Wiley, 2017), as empresas que investiram na experiência do funcionário "não deixaram apenas funcionários mais felizes, mas também ampliaram canais de talentos e melhoraram a lucratividade e produtividade". As empresas que figuram nas listas da *Fortune* e da *Glassdoor* de melhores lugares para trabalhar continuam a superar de forma consistente o S&P 500 e o NASDAQ.[23, 24] Ao comparar a diferença em longo prazo entre as empresas que investem em pessoas, cada dólar tem dado pelo menos um retorno duas vezes maior, como um resultado, no preço das ações.[25]

Também vimos crescimento em fundos de investimento. O fundador da Parnassus Investments, Jerome Dodson, foi inspirado pela ideia de "criar um fundo que só investisse em organizações em que os funcionários fossem realmente felizes". Desde que foi lançado, em 2009, o retorno do Fundo Parnassus Endeavor também ultrapassou os do S&P 500 (indicado pelo cinza no gráfico), e, em 2017, superou o S&P 500 em aproximadamente 30%. Mark C. Crowley, da Fast Company, concorda: "A felicidade no local de trabalho pode parecer um conceito confuso quando se trata de valor financeiro. Mas, como o Parnassus Workplace Fund provou, a dignidade tem — e cria — valor."[26]

O CEO da BlackRock (Larry Fink) é o maior gestor de ativos do mundo, com US$7,4 trilhões em investimentos a partir de 2019, e é um dos investidores mais respeitados do mundo. As pessoas aguardam ansiosamente seus relatórios anuais para ouvir suas previsões sobre crescimento e lucro. Ao longo dos últimos anos, ele tem aprimorado sua mensagem de responsabilidade corporativa ao incluir fazer "contribuições positivas para a sociedade", observando os impactos das mudanças climáticas, e enfatizando que "propósito não é só busca por lucros, mas a força encorajadora para alcançá-los. Lucros não são de forma alguma incompatíveis com propósito — na verdade, lucros e propósito estão inextricavelmente ligados".[27]

A *Harvard Business Review* (HBR) também identificou o propósito como um fator crítico de empresas de alto crescimento, admitindo que ele nem estava em seu radar há apenas oito anos. A HBR afirma que a maioria das empresas com uma média de crescimento anual de 30% nos cinco anos anteriores passou a considerar o propósito como a parte mais importante de sua estratégia.[28] Em 2020, dados da HBR Analytical Services mostraram que a maioria dos líderes acredita na priorização da felicidade no local de trabalho. Uma média de 95% acredita que o aumento da felicidade no local de trabalho facilita a atração e a retenção de talentos; 87% acham que lhes dá uma vantagem competitiva significativa. O que acho mais interessante na pesquisa é que a maioria dos líderes concorda que os funcionários são realistas ao esperar ser felizes.[29]

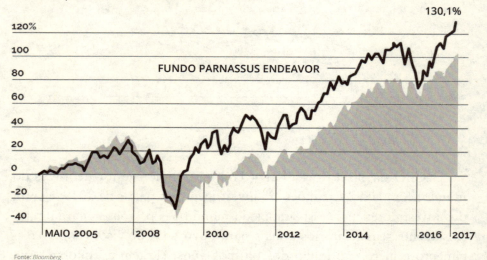

FELICIDADE DO FUNCIONÁRIO IGUAL À ALEGRIA DO ACIONISTA: O Parnassus Endeavor tem sido o fundo mútuo "responsável" de melhor desempenho – e um dos melhores fundos do período – dos últimos dez anos.

Fonte: *Bloomberg*

Se a métrica que você está rastreando é retenção, atração, engajamento ou crescimento, as chances são de que o propósito também se correlacione com os lucros.

Do próprio grupo de clientes da DH, também vimos o ROI:

- Um aumento de 45% a 91% no envolvimento dos funcionários na Northwell Health (um dos maiores sistemas de saúde dos EUA) nos últimos cinco anos. Depois de ajudarmos a lançar uma cultura de C.A.R.E. (*cuidado*, da sigla em inglês, conectividade, conscientização, respeito e empatia) em 23 hospitais, mais de 850 instalações ambulatoriais e 75 mil funcionários, seu sucesso aumentou. As mudanças sistêmicas que a Northwell Health adaptou ao longo do tempo lhe renderam um lugar bem merecido na lista das 100 Melhores Empresas para Trabalhar da *Fortune* pelo segundo ano, passando para a 19ª posição em 2021.

Você acredita que ser um lugar mais feliz para trabalhar do que seus concorrentes:

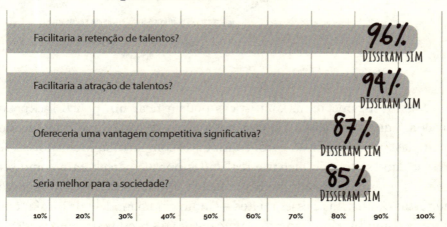

Fonte: Pesquisa analítica *Harvard Business Review*, fevereiro de 2020

- Um aumento nas vendas de 20% no BI Group, uma das maiores construtoras da Ásia Central, que agora está crescendo em todo o mundo. Seu NPS (Net Promoter Score) aumentou 12% como resultado de um aumento nos níveis de felicidade dos funcionários. A liderança atesta que esses aumentos são em grande parte o resultado da priorização da cultura da empresa e dos esforços para cumprir a promessa de sua marca aos seus funcionários e clientes: "Nós construímos a felicidade."[30, 31]

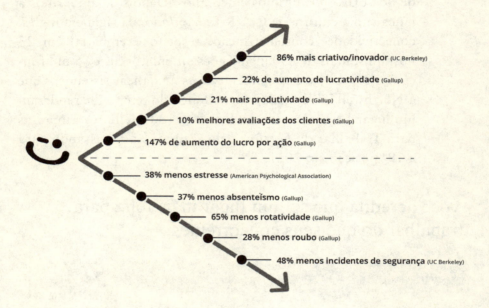

Mas, francamente, as estatísticas podem ficar um pouco inexpressivas até que você leia a riqueza nos relatos de vidas que estão sendo mudadas. No decorrer do livro, continuarei compartilhando histórias de pessoas que se sentem plenas e realizadas porque perceberam como ser fiéis a si mesmas está intimamente ligado a amar seu trabalho. Espero que essas estatísticas e esses relatos — junto com o modelo de estufa, que mostro como funciona no próximo capítulo — produzam muitas ideias na sua vida, equipes e empresa, para que o movimento de positividade *com* lucratividade deixe todos animados para trabalhar.

O NOVO ROI: REPERCUSSÃO DE IMPACTO

Powers of Ten [*Poder dos Dez*, em tradução livre] é um documentário brilhante de nove minutos feito na década de 1970 por Charles e Ray Eames. Mesmo que já tenham se passado 50 anos desde seu lançamento, ainda é um exemplo elegante que nos mostra quão interconectados realmente estamos. O filme começa com um casal fazendo um piquenique em um parque em Chicago. A cada dez segundos que passam, o cenário se amplia dez vezes, até que o zoom gradual revele nosso planeta, depois nossa galáxia e, em seguida, todo o nosso universo, a 100 milhões de anos-luz.

Nesse ponto, sentimos como se estivéssemos sentados em um elástico que inverte a direção e começa a aumentar o zoom, levando-nos de volta ao casal no parque, mas, dessa vez, dentro de um de seus corpos, através da pele e dos capilares, todo o caminho para a dupla hélice de DNA e um próton.

Repercussão do impacto é isso. Do nosso DNA individual ao nosso universo coletivo, estamos todos interconectados.

É como jogar uma pedra em um lago sabendo que as ondas se formarão e, por fim, refluirão novamente. Quer chamemos isso de efeito borboleta, teoria do caos ou bom e velho carma, sabemos que este mundo hiperconectado significa que repercussões estão acontecendo simultaneamente o tempo todo. A escolha é nossa se queremos que as repercussões coexistam e construam ondas maiores de impacto positivo ou se choquem em conflito, desperdiçando a energia de todo mundo quando elas se anularem.

Caso pareça que você nunca tem minutos suficientes durante o dia, o novo ROI é uma maneira de saber que você está gastando seu tempo precioso e limitado de maneira significativa. Ao fazer o trabalho para conhecer melhor nosso EU, começando com Propósito + Valores, causamos um impacto maior no NÓS (equipes e organizações) que tocamos e, finalmente, em nossa COMUNIDADE de clientes, parceiros e fornecedores no ecossistema.

POR QUE ISSO IMPORTA?

Como Annie Richmond, diretora anterior de Estratégia de Inovação+Design da Starbucks, descreve: "Consiste em corroborar seus valores, esclarecer as prioridades e criar um efeito cascata para outras equipes recuarem um pouco e dizerem, sim, temos quinhentas ideias, mas agora sabemos melhor como gastar nosso tempo com o que é realmente importante."

Yuka Shimada (diretora de recursos humanos da Unilever Japão e cofundadora da DH Japão) compartilhou uma revelação semelhante: "Tudo está interconectado. Estamos transmitindo e expressando conhecimento e paixão, mas temos que os viver até o fim. Começando com o EU, expandimos e propagamos o impacto a partir daí."

Nunca vou esquecer como funciona a repercussão em um relato pessoal que presenciei. Ainda é um dos meus momentos favoritos daquela excursão de ônibus cross-country para divulgar o *Satisfação Garantida*. Estávamos no final de nossa viagem de quatro meses, e decidimos parar na Pueblo High School, no Arizona.

Quando o livro foi lançado, meses antes, recebemos um e-mail de um dos professores da escola, Miguel Enriquez. (Sua filha, Celina, era e ainda é funcionária da Zappos.) Ele amava tanto o livro, que queria torná-lo uma leitura obrigatória para seus alunos. O problema era que a escola não podia pagar um exemplar para todos os alunos. Não sabíamos na época, mas era uma das escolas de ensino médio mais pobres do estado. Enviamos caixas de livros antes de nossa visita e pensamos que poderíamos surpreendê-los incluindo-a como uma parada no passeio, e fazendo uma rodada de perguntas e respostas com a turma. Mal sabíamos que eles é que nos surprenderiam.

Quando descemos do ônibus, havia uma banda de mariachi incrível tocando para nos dar as boas-vindas, e a comunidade se reuniu para preparar as pastas mais deliciosas que já comi. Pensando bem, foi porque eu podia ouvir e sentir que tudo estava vindo de seus corações. A generosidade de espírito, demonstração de gratidão e otimismo em relação ao futuro surpreenderam a todos.

Alguns meses depois, recebi outro e-mail do Miguel. Um grupo de alunos e professores percebeu que ainda não havia uma tradução para o espanhol de *Satisfação Garantida*, e, para nos agradecer por nossa visita, eles ofereceram seus esforços para uma contribuição colaborativa, traduzindo o livro inteiro para nós. Eles não queriam nada em troca; só queriam agradecer pela visita. Mais uma vez, fiquei impressionada com a profusão de bondade e engenhosidade deles, embora tivessem tão pouco recursos.

Alguns meses depois, uma editora na Espanha me enviou um e-mail para ver se conseguia obter os direitos do livro em espanhol. Respondi que havia uma ressalva, porque o livro já havia sido traduzido pelos alunos do Arizona. Após várias rodadas de negociação, concordamos com os termos. Para cada exemplar em espanhol do livro vendido *no mundo*, uma porcentagem dos lucros voltaria para a escola e seus alunos no Arizona. Quando se ofereceram para traduzir o livro, Miguel e seus alunos não imaginavam a repercussão.

Esse foi um destaque em 2010 e será para sempre para a DH.

Há alguns meses, fiquei arrasada ao saber que Miguel faleceu, depois de sua esposa ter morrido sozinha no hospital, ambos por complicações da Covid-19. Como sua filha Celina descreveu: "Depois que ele saiu do respirador pela primeira vez e perdeu sua 'namorada' de 55 anos, perdeu a vontade de viver. No fim das contas, ele morreu de coração partido." Embora a morte de Miguel tenha sido uma perda imensa para sua família e para a Pueblo High School, seu legado continua vivo. Seus alunos foram inspirados para sempre e continuam a viver de acordo com seu lema: "¡Sí, Se Puede!" Em outras palavras: "Sim, pode ser feito!"

Conforme compartilho, no decorrer deste livro, como outras pessoas chegam ao ponto de causar e vivenciar essas repercussões, este é o momento de revisitar o que significa ter compreensão em nós mesmos. Essa compreensão nos permite ver e sentir o impacto mensurável que estamos causando, em vez de apenas proclamar e esperar que de alguma forma estejamos mudando o mundo.

42 POR QUE ISSO IMPORTA?

Para realmente causar um impacto no mundo, legitimamos as pessoas, começando primeiro com o nosso EU. Quando aplicamos o conceito de ROI duplo, enraizado em nosso verdadeiro eu, sabemos que nossa repercussão pessoal de impacto ajudará os outros a repercutir seu impacto também.

Origens do Duplo ROI:
Felicidade Como Modelo de Negócios

Em 2009, Tony e eu fomos ao Lake Tahoe para trabalhar no livro *Satisfação Garantida*. Tínhamos apenas cinco semanas para entregar os originais, então decidimos nos trancar em uma cabana por uma semana. Com Tony sendo metade homem, metade robô, totalmente alienígena, tínhamos no final 80% do livro pronto.

Pensando bem, essa foi uma das minhas semanas mais memoráveis, se não mágicas, de "trabalho" em um projeto. Por um lado, tínhamos clareza e foco sobre o que precisava ser feito. Por outro, tínhamos um clima imaculado, uma vista de um dos lagos azul-cobalto mais profundos do mundo e nuvens enormes parecendo discos voadores que davam a sensação de que OVNIs estavam esperando para embarcarmos sempre que terminávamos de escrever. Trabalhamos noite adentro por vários dias, fazendo uma pausa ocasional para comer um pouco da sopa que Tony fez em uma panela enorme (que estranhamente parecia que nunca diminuía de volume, não importa o quanto comíamos). Experimentamos e chegamos à conclusão de que grãos de café na vodka eram eficazes para ficarmos acordados a noite toda, mas não era a melhor maneira de acordar no dia seguinte.

Tony e eu estávamos, sem querer, vivendo um dos conceitos psicológicos que acabaram aparecendo no livro. Estávamos em *flow* — o que o psicólogo húngaro-americano Mihaly Csikszentmihalyi (pronunciado Mi-rrai Chic-sen-mi-rrai) define como um "estado mental altamente focado que conduz à produtividade".[32] Acontece quando você está tão absorto em algo que parece que apenas minutos se passaram, quando na verdade foram horas. Eu não poderia pensar em uma pessoa melhor para apresentar o conceito, porque realmente parece que você está em um barato natural.*

Antes de começarmos a trabalhar no livro, estávamos inspirados (e fascinados, como bons nerds) por conceitos como fluxo e o fato de que a felicidade até mesmo existia como um conceito científico. As questões da vida que estávamos contemplando — de cotidianas a existenciais — já estavam sendo examinadas. Acadêmicos e psicólogos positivos como Martin Seligman (também conhecido como o padrinho da psicologia positiva), Tal Ben-Shahar, Barbara Fredrickson e Jonathan Haidt foram os pioneiros na pesquisa da felicidade. Ao contrário da psicologia tradicional, percebemos que o foco não precisa ser apenas no que há de errado conosco; podemos tornar nossas vidas mais felizes entendendo o que está certo conosco também. Seus estudos foram uma epifania. Nossa curiosidade aumentou sobre como sintetizar e testar essas descobertas científicas de maneira prática, tanto nas empresas quanto na vida.

Como sabemos, a ciência é um trabalho contínuo de questionar, testar e chegar a novas conclusões. Coisas que todos aprendemos na escola e que foram "comprovadas cientificamente" podem não ser mais consideradas verdadeiras, porque, quanto mais aplicamos o método científico, mais evidências e novas hipóteses ganhamos. Agora sabemos que os morcegos podem ver... os dinossauros tinham penas... Marte tem água... Plutão não é mais um planeta[33] (chorei até dormir quando soube disso). Mas isso apenas nos lembra de que a ciência sempre será um processo adaptativo.

O que aprecio na ciência da felicidade é que ela também passa por suas fases evolutivas... de um ponto de vista universalmente humano. As definições originais de felicidade remontam a filósofos como Sócrates, Platão e Aristóteles, quando consideravam o significado da vida. Atualmente, ouvimos termos como *psicologia positiva*, *bem-estar subjetivo* e *florescimento* sendo usados de forma intercambiável com a palavra *felicidade*. No final, acho que *subjetivo* é a palavra de ordem. Dependendo de quem somos e de onde vivemos, a felicidade significa coi-

---

* O final do nome do psicólogo em inglês pronuncia-se como a palavra *high*, que também quer dizer barato, daí o trocadilho. [N. da T.]

sas diferentes. Mas, independentemente de como a chamemos, as definições atuais e a pesquisa sobre felicidade são derivadas de duas perspectivas: a hedônica (que se concentra no prazer e na dor) e a eudemonística de Aristóteles (que se concentra no significado e na autorrealização).[34]

Do lado hedônico, a felicidade está associada a emoções positivas, como prazer, conforto, esperança e inspiração. Nessa perspectiva, a felicidade vem da presença de emoções positivas e da ausência das negativas.

O lado eudemonístico se alinha mais com a hierarquia de Maslow de que a felicidade está associada à autorrealização.

Como Tony e eu aprendemos no livro *Felicidade Autêntica*, de Martin Seligman, existem tipos diferentes de felicidade, que falam sobre os lados hedônico e eudemonístico. É assim que os compartilhamos em *Satisfação Garantida*, com base na sustentabilidade de cada tipo:

O prazer é o tipo de felicidade mais efêmera. Uma vez que o estímulo passa, nosso nível de felicidade rapidamente volta ao que estava antes — como assistir a um vídeo engraçado no YouTube ou tomar uma taça de vinho (ou, melhor ainda, ambos). É divertido no momento, mas fugaz. O próximo tipo — paixão — é mais desejável, porque dura mais do que o prazer. Vemos isso quando atletas estão "no fluxo" ou quando estamos absortos em uma atividade que tanto amamos, que perdemos a noção do tempo. A última e mais sustentável forma de felicidade é o propósito. É o que nos fundamenta e ilumina nossa Estrela-Guia ao mesmo tempo. Viver com propósito é a forma mais duradoura de felicidade, e vou compor a ideia extensivamente no decorrer do livro.

Resumindo, a felicidade sustentável vem de (1) estar ciente de como você nasceu (disposição herdada), (2) suas circunstâncias hedônicas (funcionais) e (3) seu aspecto eudemonístico (autorrealização). Dito de outra forma, a felicidade vem de ser autenticamente verdadeiro consigo mesmo, vivenciando seus prazeres, seu fluxo e sua paixão, e vivendo seu propósito.

Estudos mais antigos dizem-nos que nascemos em um "ponto definido" de felicidade que herdamos e não podemos mudá-lo. Estudos mais recentes dizem-nos que podemos melhorar nossos níveis de felicidade sustentável "investindo" (ou trabalhando) em nós mesmos e na comunidade ao nosso redor.[35]

Mas, deixando a ciência de lado por um momento, acredito que a felicidade seja uma arte também. É aí que sua própria definição subjetiva de felicidade é definida *por* você, *para* você. Misturar a arte do seu eu autêntico com a ciência dá a definição mais importante de todas elas... porque é sua, e só sua.

Para mim, felicidade é quando eu não penso demais, então posso senti-la. Ela circula pelo meu corpo, uma vez que naturalmente clama para que a criança e a alma mais sábia em mim saiam e brinquem. Felicidade é estar presente enquanto cresço e aprendo com os altos e baixos. É quando estou totalmente otimista-realista — ciente de todos os lados de uma situação — com a liberdade de fazer escolhas com intenção, positividade, um pouco de graça e diversão, e, em última análise, amor. É acordar sabendo que estou cercada de pessoas que amo e que estou fazendo um trabalho que faz valer os momentos do dia. Fico mais feliz quando posso incorporar a cena em que estou — seja uma de estrelas e céu infinito, verdes exuberantes e mares mutantes, ou o toque de uma

POR QUE ISSO IMPORTA?

gota de chuva ou raios de Sol em minha pele — e sentir a imensidão de ser completo.

Nesse momento, como você definiria felicidade para si mesmo? Não há certo ou errado. A beleza de definir sua própria felicidade é que ela é tão distinta quanto sua própria impressão digital. Só você pode imprimi-la e ninguém lhe pode tirá-la.

Como mencionei, este livro começa onde *Satisfação Garantida* parou. Sem o meu conhecimento e o de Tony, quando lançamos o livro, em junho de 2010, uma empresa também nasceria a partir dele. Brincamos sobre como eu realmente não sabia que terminaria conduzindo-a como CEO. "De fato, nunca perguntei a você se queria fazer isso, não é?", percebeu Tony alguns meses depois.

"Não", disse eu, perdida na lembrança de onde a jornada havia começado. Eu não tinha ideia de como seria uma empresa baseada na felicidade. Mas tínhamos um propósito maior em mente — alcançar a felicidade genuína para o mundo —, e eu não podia ter imaginado algo mais alinhado com meu propósito pessoal.

Após o sucesso da felicidade como modelo de negócios na Zappos e sua aquisição de US\$1,2 bilhões pela Amazon, em 2009, a DH começou a criar um modelo mais universal para que outras organizações aplicassem em suas próprias empresas. Eu vi a Zappos como o experimento que testou com sucesso o conceito, e então a DH se tornou o laboratório internacional de especialistas em cultura (ou, como dizemos, coachsultor® — parte coach, parte consultor) para ajudar outros a criar e testar suas próprias culturas empresariais em experimentos exclusivos de seu DNA organizacional.

Pessoas da equipe da DH como James Key Lim, Ron Mandel e Sunny Grosso ajudaram a criar e testar o modelo original, com base no livro *Satisfação Garantida* — combinando a ciência e as lições aprendidas com a Zappos. O modelo original da DH nasceu e se tornou a base para nosso modelo de estufa — o *como* que ajuda a alcançar o *porquê* do ROI duplo.

O Modelo de Estufa

Usamos o modelo DH original para construir e inspirar as culturas sustentáveis de mais de 400 empresas em países como Japão, México, República de Seattle, Curaçao, Dubai, Vietnã, Turquia, Egito, Espanha, Kuwait e Cazaquistão. (Por mais que eu adorasse fazer uma referência a Borat, o país e seu povo ficaram na ficção dos filmes. Mas, se você está procurando um lugar com belas paisagens e pessoas bonitas estilo modelos da Eurásia, sabe para onde viajar.)

Mas, como tudo em nossa Era Adaptável, comecei a observar que o modelo original da DH precisava se adaptar. Não podíamos simplesmente dar-nos por satisfeitos, presumindo que o que tínhamos feito com sucesso no passado serviria para o próximo ano, quem dirá cinco ou dez anos. Caso contrário, seria fácil para os outros dizerem que não estamos praticando o que pregamos ou bebendo do nosso próprio champanhe. (Essa é a última coisa de que eu gostaria de ser acusada na vida. Nunca.)

Estávamos observando como a ciência da felicidade poderia criar propósito e lucros para nossos clientes, mas como evoluir a partir daí? Nossa equipe sabia que a felicidade era algo que todos desejamos, mas também percebemos que havia outras necessidades a atender. Com o mundo cada vez mais complexo, era impossível ignorá-las. Vimos a necessidade de as pessoas se sentirem não apenas felizes, mas também verdadeiras, resilientes e completas. Para ir além da felicidade.

Com a crença da teoria da gestalt de que o todo é maior do que a soma de suas partes, nós da DH aplicamos o conceito de totalidade a cada sistema do qual fazemos parte — seja dentro de uma organização, uma comunidade ou (o mais importante) nosso próprio eu. O modelo original da DH se adaptou com a época para escrever o próximo capítulo de nossa visão. O modelo de estufa está enraizado no cerne do que significa ser cientificamente feliz e autenticamente completo, com elementos de design organizacional para construir empresas sustentáveis que causarão impacto. Há coisas nele que são naturalmente intuitivas, mas podem ser difíceis de implementar se você não se comprometer. É como querer ser mais saudável sem comer melhor e sem fazer exercícios. Não vai acontecer se você só desejar. Não nos tornamos mais felizes e saudáveis até realmente começarmos a fazer algo a respeito.

Ao manter os modelos simples, aumentamos as chances de que as ações sejam realizadas. Você não tem que ir até o córtex pré-frontal para saber o que precisa fazer o tempo todo. À medida que vimos mais pessoas e empresas vivendo o modelo, vimos como nossas ações diárias podem perfeitamente alcançar nosso propósito e nossos lucros. O propósito, assim, causa impacto... dentro de nós mesmos, em nossas empresas e no mundo.

Mas chegar lá dá trabalho. Não é o trabalho pelo qual você recebe um salário, mas o trabalho que você faz intencionalmente, para si mesmo. Se o incentivo final é acordar sabendo que o resto do dia será gratificante e cheio de propósito, em sintonia com o que é mais importante para você, você se comprometerá? A recompensa fará valer a pena trabalhar em si mesmo?

Se assim for, vamos começar a construir.

O modelo de estufa consiste de uma pirâmide que representa *o que fazer*. Os círculos concêntricos representam *quem o faz*. Juntos, eles formam o *como* — por exemplo, como criamos culturas, empresas e comunidades com um propósito que causam impacto no mundo.

É um sinal promissor de que as empresas estão se dedicando a ter um propósito e voltando-se para a missão. A Tesla quer "acelerar a transição do mundo para a energia sustentável". O TED Conferences é uma plataforma para "ideias que valem a pena divulgar". A Patagonia quer "construir o melhor produto, que não cause danos, utilizando os negócios para inspirar e implementar soluções para a crise ambiental".

Mas o que não ficou claro entre as marcas foi: (1) se seu pessoal e suas práticas estão *cumprindo* seu propósito todos os dias, (2) a forma como esse propósito se conecta à *unidade mais importante* de cada organização (indivíduos, por exemplo, *você*) e (3) como ajuda a sustentar e dimensionar as organizações para um impacto ainda maior no mundo.

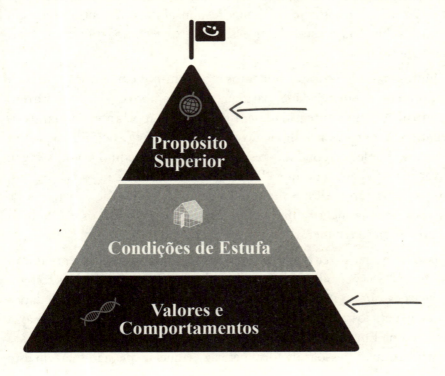

O MODELO DE ESTUFA: O QUÊ

Propósito Mais Elevado, Valores e Comportamentos

Para ajudar a dar vida às declarações de propósito e missão, começamos com a pirâmide do *o que*, com "Propósito Superior" no topo.

O propósito superior é a razão de nós existirmos (definindo "nós" como indivíduo, equipe ou empresa). Trata-se de fazer parte de algo maior do que nós mesmos e de fazer algo mais significativo do que apenas ganhar dinheiro. Como expliquei, o propósito é a forma mais sustentável de felicidade, e é por isso que está no topo.

Valores e comportamentos são a maneira como vivemos esse propósito. Eles são as crenças e ações diárias que realizamos para alcançá-lo. Precisamos definir comportamentos específicos para cada valor, a fim de colocar as palavras em ação. Eles ajudam a pôr a teoria em prática e a esclarecer como vivemos nossos valores na forma de comportamentos *mensuráveis* e *sistemas* que nos responsabilizam. (Entraremos em detalhes sobre como estabelecer esses valores e comportamentos mais adiante neste livro.)

Juntos, valores e comportamentos mostram-nos como pôr em prática um valor como a integridade, para que não sigamos os passos da Enron, que afirmava que a integridade era um valor importante, enquanto os executivos esbanjavam bilhões dos benefícios previdenciários dos funcionários. A falta de condutas responsáveis explica como a Volkswagen convenceu os clientes de que eles estavam vendendo carros ecológicos, embora mais tarde eles tenham sido pegos trapaceando em testes de emissões — uma mentira que custou à empresa pelo menos 6,5 bilhões de euros para se recuperar.[36]

Isso não quer dizer que essas marcas sejam automaticamente inimigas ou más. Se você olhar por trás de cada empresa, verá pessoas tomando decisões que são mais erradas do que certas, causando mais danos do que benefícios ao mundo. E vice-versa. Claro que sabemos que havia gente boa na Enron e na Volkswagen. Mas a diferença entre as empresas que priorizam as pessoas de forma eficaz e aquelas que não o fazem está no quanto os líderes estão empenhados em consolidar seu propósito em valores e condutas *responsáveis*.

Essa conexão significa que você obtém um alinhamento de cima para baixo, de baixo para cima e de dentro para fora em toda a empresa e garante que as pessoas sejam responsáveis pelo que dizem *e fazem*. Isso cria um ambiente em que as pessoas fazem as coisas certas umas para as outras e para a empresa, sem agir para se safar. Gera confiança e a garantia de que todos estão tomando decisões não apenas para obter mais lucro, mas no atendimento ao propósito da organização também.

Esse é o lado organizacional das coisas; mas, novamente, a parte crítica muitas vezes ignorada ou descartada é conectar a organização a cada um de nós. A essência de quem somos como seres humanos, os valores que prezamos e a vida com propósito que todos queremos ter no trabalho que fazemos todos os dias.

Quando todos eles são vividos juntos, propósito, valores e comportamentos (PVC) se tornam a fonte de luz buscada e as raízes da estufa. São eles que orientam suas decisões e definem seu caráter, porque englobam tudo o que importa para você. Quando algo no mundo não faz mais sentido, seus PVCs garantem que sua bússola moral esteja guiando e ensinando você ao mesmo tempo. Outras bússolas serão diferentes, mas tudo bem, porque você se manterá fiel ao seu eu autêntico.

Ao estabelecer o que é mais importante para você, fica fácil deixar o caos do mundo do lado de fora e se concentrar no que está sob seu controle. Quando você tem uma decisão importante a tomar e está dividido — em relação a sua carreira, relacionamentos ou cotidiano —, os PVCs o ajudam ao facilitar essas decisões aparentemente impossíveis. As escolhas simplificam-se quando você sabe que as faz baseado na sua essência, e não no que os outros esperam de você.

Mais importante, é assim que você vê a maneira como sua existência repercute um impacto seu por meio de seu trabalho para a comunidade. Ele lhe permite alinhar a equipe ou empresa. À medida que seus PVCs crescem dentro de você, naturalmente começam a mostrar seu eu intrínseco ao mundo apenas por ser você. Você se sentirá significativamente feliz e humano, com os pés no chão e inteiro, não importa o quão confuso e louco o mundo seja.

Ser humano no trabalho significa conhecer seus pontos fortes e fracos, esperanças e medos, tarefas e sonhos — e aceitá-los. Vale a pena estar ciente de que nosso córtex pré-frontal controla nossa capacidade de ser analítico para as decisões lógicas e sensatas, enquanto nosso cérebro médio armazena impulsos primários para nos ajudar a sobreviver. Quando a emoção assume o controle, queremos lutar, fugir, esmorecer, sentir vergonha ou pedir ajuda. Todos nós temos uma "mente de macaco" primitiva (a voz interior, ou crítica) e um subconsciente que mexe com nossas emoções, nos faz questionar nosso valor e nos leva à síndrome do impostor, porque nos parecemos ou nos sentimos diferentes dos demais no departamento ou na sala de conferência. Eles podem nos distrair ou nos assustar, impedindo-nos de nos adaptarmos de verdade para prosperar, puxando-nos de volta para o que nos parece familiar e seguro.

Mas tudo bem. Nossas reações existem por um motivo. Talvez tenhamos queimado a mão em um ferro na infância, então ficamos ansiosos com o calor. Ou um crocodilo tentou matar nossos ancestrais na pré-história, então ficamos longe do zoológico. Ou assistíamos a Peewee Herman quando criança e continuamos desconfiados de bicicletas vermelhas. Todos têm seus traumas — alguns mais sérios —, e parte da nossa jornada é entender o que dispara nossos alarmes e tomar decisões conscientes (pré-frontais) para aquietar as vozes dos macacos.

Sentir-se humano no trabalho envolve o que Chip Conley chama de ser "emocionalmente fluente", em seu livro *Emotional Equations* [*Equações Emocionais*, em tradução livre]. "Nossas emoções são como o tempo. A tempestade torrencial terminará e virá seguida de um arco-íris. Mas, em meio ao desespero, sentimo-nos presos, como se nada fosse mudar. Aprender a receita para me livrar da ansiedade, decepção e inveja me ajudou a controlar melhor as situações."[37]

Como seres humanos, somos feitos de genes que foram incorporados por gerações antes de existirmos (nossa *natureza*) e das influências de nosso ambiente desde que nascemos (nossa *criação*). Então, no final das

O Modelo de Estufa   53

contas, há uma última variável: nossa capacidade individual de viver nesta Era Adaptável e tomar decisões, de exercer nosso direito de *escolha*, não importa de que natureza e criação tenhamos feito parte.

Se você já está se perguntando quem é o seu eu autêntico e tentando ser mais autoconsciente, provavelmente está percebendo que isso é mais do que nomear suas habilidades. Avaliações baseadas em habilidades são úteis de um modo funcional, para reconhecer coisas do tipo "sou bom em organizar e definir metas para minha equipe" ou "sou péssimo em parecer sincero em e-mails e no Slack". (Dica profissional: Imagine que está falando com eles cara a cara. Torne isso pessoal. Inclua um emoji de vinho ou taco se for isso o que gostaria de comer.)

Porém, mergulhos mais profundos na autoconsciência — explorando sua consciência, seu subconsciente e fé, ou espiritualidade — mostram que nossos maiores dons muitas vezes estão escondidos nas coisas que tendemos a evitar. Como Francis Weller me mostrou em seu livro *The Wild Edge of Sorrow* [*O Limite Selvagem da Tristeza*, em tradução livre], há lições a serem aprendidas e novos patamares de felicidade a alcançar quando aceitamos — em vez de evitarmos — a dor e a perda. E é importante lembrar que o luto aparece em mais formas do que a perda de pessoas que amamos, como em traumas acumulados em nossas vidas, a destruição contínua de nosso planeta e o vazio de não ter um senso de pertencimento e comunidade. Weller destaca o vínculo entre luto e gratidão, sofrimento e intimidade, que nos dá espaço para viver e amar mais plenamente.

Quando menciono a importância de conhecer seus pontos fortes e fracos, quero dizer ir além das respostas simples que você pode estar acostumado a compartilhar. Ao explorar nosso lado mais obscuro e nossas potencialidades, uma autoinvestigação honesta revela quem realmente somos e do que somos capazes como líderes reais e vulneráveis no local de trabalho.

Os líderes que estão cientes de suas próprias estufas — e podem se adaptar às condições ao seu redor — são aqueles que são resilientes e prosperam.

As Condições de Estufa

O meio da pirâmide contém as condições universais de estufa necessárias para manter um propósito mais elevado consolidado em valores e comportamentos. São as condições que mantêm uma pessoa ou organização viva e crescendo — não importa qual seja o ambiente atual. Essas condições garantem que a felicidade e a adaptabilidade sejam incorporadas em nossos sistemas, de modo que não estejamos apenas sobrevivendo, mas também sendo alimentados de forma sustentável.

Felicidade Científica

Os recursos científicos da felicidade são estabelecidos nas condições de estufa. Por toda a pesquisa que tem sido feita sobre felicidade e psicologia positiva, três modos consistentes — ou, como dizemos, recursos — surgiram para aumentar os níveis de felicidade dentro de você e de sua organização.

 **CONTROLE**

 **PROGRESSO**

 **CONECTIVIDADE**

Esses recursos são nossos sentidos percebidos de *controle*, *progresso* e *conectividade*. As culturas corporativas que incorporam esses recursos estão mais bem equipadas para avaliar seu estado atual e o que melhorará a estufa, e para, então, adaptar-se para prosperar.

- **Controle** significa dar autonomia às pessoas e responsabilidade sobre seu trabalho, empoderando-as com confiança e permitindo que tomem suas próprias decisões — porque conhecem melhor seu papel e atribuições. O controle vai de escolher quando trabalhar (programação) e onde (remotamente ou no escritório) até adaptar seu cargo (como a recepcionista que era diretora de primeiras impressões) e decidir as funções desempenhadas.

- **O progresso** elimina um estresse comum, livrando você de trabalhar para metas inatingíveis e levando-o para as alcançáveis. Especialmente em ambientes corporativos, remotos e de startup exigentes, uma das queixas mais comuns é o esgotamento, agravado por objetivos que parecem distantes. Agora que mais pessoas como nós estão trabalhando remotamente, e os limites entre trabalho e vida estão confusos, as taxas de esgotamento são ainda maiores. Mas, se você comemora conquistas ao longo do caminho e recompensa o progresso (não a perfeição), as pessoas se sentem mais produtivas e engajadas. Quanto mais progresso percebemos e quanto maior a sensação de realização em nosso trabalho, mais felizes, de forma sustentável, somos.[38]

- **Conectividade** e relacionamentos significativos também são recursos sustentáveis de felicidade. As pessoas trabalham ainda mais para seus amigos do que para quem é apenas colega de trabalho. Especialmente com o aumento do trabalho remoto, precisamos reformular a maneira como construímos relacionamentos verdadeiros no local de trabalho, utilizando hábitos como iniciar reuniões com verificações rápidas e pessoais de como todos estão ou encerrá-las com um sentimento de gratidão. Em vez de recorrer a happy hours ou a festas de final de ano, os relacionamentos se estreitam quando utilizamos projetos para compartilhar objetivos pessoais, incluindo os propósitos e valores que esperamos alcançar (mesmo que não relacionados ao trabalho), incentivando as pessoas a apoiarem-se para alcançá-los.

ORGANIZAÇÕES ADAPTADAS

Os recursos científicos da felicidade são bons para o EU e o NÓS, mas insuficientes para as melhores condições de estufa nos três níveis — EU, NÓS e COMUNIDADE. Vimos isso na DH nos últimos anos. Há quatro condições que as organizações precisam preservar na Era Adaptável: *alinhamento*, *pertencimento*, *responsabilidade* e *compromisso*.

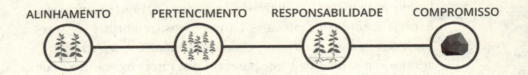

- O **alinhamento** acontece quando todos são capazes de responder às perguntas: "Quais são as vantagens disso para mim?" e "Quais são as vantagens para todos?" Quando o propósito, os valores e os comportamentos (PVCs) coletivos de uma empresa são definidos e explicados para todos, as pessoas e as equipes podem alinhar seus próprios PVCs a eles. Isso acontece quando as pessoas usam seus pontos fortes e os esquematizam de acordo com os objetivos e necessidades da organização como um todo. Quando criamos um sistema transparente e adaptável para trabalhar em conjunto, as organizações conseguem inovar e testar novas ideias, fracassar e seguir (sem medo ao fazê-lo). Dado o ritmo acelerado de mudança, as empresas precisam preservar uma comunicação transparente para manter o alinhamento.

- O **pertencimento** acontece em culturas em que todos se sentem bem-vindos, a confiança é alta e as pessoas se sentem livres para ser curiosas sem julgamento. Esses locais de trabalho passam uma sensação de segurança, inclusão e equidade, e as pessoas se sentem valorizadas, conectadas e fiéis a si mesmas. Culturas de pertencimento celebram diferenças, em vez de conformidade, e constroem coesão em meio a elas. Essas culturas admitem tensões e falam sobre o elefante na sala decorrente das diferenças das pessoas, porque sabem que ainda compartilham PVCs.

Mesmo antes do isolamento sem precedentes da pandemia, em 2019, a *Harvard Business Review* disse: "A exclusão é um problema crescente. Mais de 40% dos entrevistados se sente física e emocionalmente isolado no trabalho. Esse grupo inclui diferentes gerações, gêneros e etnias." Mas havia um lado positivo: "Quando as pessoas têm a sensação de pertencimento no trabalho, ficam mais produtivas, motivadas, engajadas e 3,5 vezes mais propensas a atingirem seu potencial."[39] Além disso, de acordo com o relatório da BetterUp sobre *O Valor de Pertencimento no Trabalho*, uma alta participação foi associada a uma queda de 50% na rotatividade e a uma redução de 75% em licenças. Para uma empresa de dez mil pessoas, isso resultaria em uma economia anual de mais de US$52 milhões. Os funcionários que relataram maior sensação de pertencimento no trabalho também mostraram um aumento de 167% de satisfação (sua boa vontade em recomendar sua empresa a outras pessoas). Eles também receberam o dobro de aumentos e 18 vezes mais promoções.[40]

58 POR QUE ISSO IMPORTA?

- A **responsabilidade** acontece em culturas em que as pessoas são fiéis a seus PVCs definidos e compartilhados. Isso é mais importante no nível executivo, dada sua capacidade de definir o tom para a empresa. Nas culturas mais responsáveis, há um senso de propriedade individual *e* compartilhada do que é melhor para a organização. Os líderes são responsáveis por cuidar das pessoas; as pessoas, por fazer o trabalho para o qual foram contratadas. Quando erros acontecem — e eles acontecerão —, os líderes garantem espaço para aprender e crescer. Ao mesmo tempo, há um entendimento comum de que as pessoas *farão* o que *disserem*. E, se não o fizerem, todos se sentirão psicologicamente seguros para respeitosamente apontar erros em reuniões e avaliações 360°. Todas as pessoas têm uma chance justa de serem incentivadas, recompensadas e reconhecidas, e escolherão sair se o alinhamento de desempenho com os PVCs (pessoais e da empresa) não estiver presente.

- O **comprometimento** acontece quando os líderes investem no crescimento de longo prazo, não apenas em ganhos de curto prazo. Quando um CEO se compromete a investir em cultura, porque acredita que as pessoas são um ativo que traz mais lucros, ela deseja que as pessoas se sintam completas e mais felizes. Quando os líderes percebem uma mudança sistêmica na diversidade e inclusão (D&I), que não ocorre em um comunicado à imprensa ou um tuíte, eliminam os problemas superficiais e buscam as causas profundas com uma conversa franca, mesmo que difícil. Quando os vendedores se comprometem em cumprir suas metas e em trabalhar com (e não contra) os outros vendedores da equipe, todos sabem que estão construindo uma equipe de vendas melhor para o crescimento da empresa. Todas essas coisas demonstram compromisso com uma mudança real e sustentável.

O design organizacional moderno no futuro do trabalho também exige comprometimento. O termo *auto-organização* (ou *autogestão*) tem uma má reputação porque evoca imagens de pessoas fazendo o que querem, quando querem. Mas *comprometimento* é o que faz esses conceitos funcionarem.

Sabemos que as estruturas de comando e controle têm que evoluir para organizações descentralizadas e mais niveladas, se quiserem acompanhar o ritmo de mudança exponencial. E o que significa isso? De acordo com a *Forbes*: "Ao contrário da hierarquia tradicional, que prevê comunicação unilateral e poder e informação nas mãos do topo, uma estrutura 'nivelada' abre as vias de comunicação e colaboração e remove camadas dentro da empresa. Para organizações maiores, essa é a abordagem mais prática, adaptável e lógica para se implantar. Esse é o modelo que a maioria das grandes organizações (e muitas de médio porte) do mundo adotam."[41] Com comprometimento entre os líderes, as organizações são mais capazes de se adaptar para atingir metas maiores e mais globais para um ganho de longo prazo para todos.

O MODELO DE ESTUFA: QUEM

O modelo circular *quem* é mais bem descrito pela citação: "Você não é uma gota no oceano; você é o oceano inteiro em uma gota."

Começa com você — o EU — no meio. Não importa quem você é ou de onde vem, o modelo *quem* faz de você a estrela de seu próprio show. O herói de sua própria jornada. EU é a unidade básica, o indivíduo, o líder de sua vida e de seu trabalho, seu eu completo e autêntico.

A partir daí, o impacto da sua existência, do seu valor e da sua contribuição repercute no NÓS. Pode ser sua equipe, seu departamento, sua área funcional ou, em última instância, toda a sua organização.

A partir daí, seu impacto se espalha para sua COMUNIDADE — os clientes, parceiros e fornecedores da empresa. Todo o ecossistema de pessoas e entidades que você atinge diretamente com seu trabalho. Defino COMUNIDADE assim, e não como seus amigos, família e vizinhança, porque isso é o que significa ter relacionamentos relevantes no trabalho — tornar todas essas pessoas parte de sua comunidade.

O MODELO DE ESTUFA: COMO

O MODELO DE ESTUFA

O modelo de estufa (a matriz anterior) divide tudo o que acabei de compartilhar para mostrar o *como*. É uma ferramenta útil para ajudá-lo a aplicar o modelo em sua vida, na de suas equipes e no seu trabalho. Olhando para a coluna "EU", você vê como cada camada da pirâmide se aplica ao EU — seu propósito pessoal + valores e suas condições de estufa.

No restante deste livro, você verá como cada uma das camadas da pirâmide se aplica ao seu EU, NÓS e COMUNIDADE. Por exemplo:

- Você sente que está vivendo seu Propósito + Valores todos os dias?

- Você tem a sensação de controle, progresso e conectividade no trabalho?

- Você sente que há alinhamento, pertencimento, responsabilidade e comprometimento em seu trabalho?

- Quais são as coisas que estão indo bem e dignas de comemorar?

- Quais são os pontos críticos ou áreas de desafio que não estão indo bem — que você gostaria de trabalhar para melhorar (se estiver sob seu controle) ou abandonar (se estiver fora)?

A primeira vez que você usa a matriz, ela se torna uma imagem de onde você está em sua vida e em seu trabalho. Na próxima vez que a usar, ela lhe mostrará as alterações feitas. Isso torna mais fácil dizer quando as coisas importantes para você parecem estagnadas.

Também é importante observar que você não tem que ter uma resposta para tudo sempre que a usar. Não há necessidade de preencher todas as camadas da matriz; significa que é um modelo mental para despertar o pensamento e a discussão dentro de você, dentro de suas equipes e com outros líderes conforme você reproduz seu impacto.

Então, como reproduzir esse efeito? Mova a coluna sombreada para a direita para denotar o NÓS. Usando as mesmas perguntas e os mesmos conceitos, pergunte-se como cada camada da pirâmide se aplica ao NÓS — às equipes e organizações — também. Em outras palavras, no nível

POR QUE ISSO IMPORTA?

NÓS, podemos olhar para as condições da estufa para ver o que está indo bem, o que pode ser comemorado e no que precisamos trabalhar.

Também começamos a ver a relação entre o EU e o NÓS em nossas vidas. Nossos propósitos EU e NÓS estão alinhados? Algum dos nossos valores se alinham?

▶ O MODELO DE ESTUFA

Copyright © Delivering Happiness 2021

Às vezes, eles estão diretamente conectados e às vezes, não. Independentemente disso, vale a pena perguntar se alguma lacuna pode ser corrigida ou precisa ser aceita. Dessa forma, você percebe que há uma desconexão em vez de ignorá-la. Depois de fazer isso com o seu NÓS, faça o mesmo com a sua COMUNIDADE. Depois de concluir a matriz completa, você pode ver o quadro geral emergir nas relações entre seu EU, seu NÓS (suas equipes e sua organização) e sua COMUNIDADE.

Parte II

COMECE PELO EU

O mais difícil é ser verdadeiro consigo mesmo, especialmente quando todos estão assistindo.
— DAVE CHAPELLE

Faça o Trabalho Mais Importante da Sua Vida

Agora que o valor da cultura da empresa está amplamente reconhecido nos locais de trabalho, é hora de levar as estratégias de pessoal para o próximo nível. A próxima metamorfose de que precisamos é *valorizar os indivíduos como seu eu autêntico, completo e dotado de propósito*. Você pode usar termos diferentes para designar a mesma coisa, tais como *bem-estar, segurança psicológica, saúde mental, autocuidado, ikigai* (japonês) e *hygge* (dinamarquês). No final, tudo se resume a fazer o trabalho mais importante de nossa vida: cuidar de nossa própria estufa.

Basicamente, precisamos ter duas perguntas em mente:

- O que EU ganho com isso?
- O que ganhamos com isso (NÓS/COMUNIDADE)?

Ao começar pelo EU, você sabe que está cuidando da sua estufa.

Ao responder a ambos, você garante que a estufa de todos está se beneficiando de formas coexistentes e simbióticas.

Ao seguir o modelo de estufa, descrito na Parte I, você pode responder: "O que EU ganho com isso?" Você vai precisar definir seu Propósito + Valores e monitorar se as condições de estufa estão sendo atendidas. Dessa forma, saberá quais condições estão no seu auge e quais precisam de ajuda para melhorar.

Muitos de nós nos esquecemos de cuidar de nossa própria estufa porque sentimos a necessidade de cuidar da estufa dos outros antes.

COMECE PELO EU

Acordamos exaustos porque uma das crianças está resfriada, o que significa que nos esquecemos de alimentar nossos bichinhos de estimação, o que nos lembra de que esquecemos de fazer aquele favor importante para nosso melhor amigo na semana passada, enquanto ouvimos o toque incessante das mensagens e e-mails entrando (mesmo que seja só em nossa cabeça). E isso tudo aconteceu antes de chegarmos ao banheiro para escovar os dentes. Quem tem tempo para um alongamento rápido, uma meditação ou treino quando parece que o caos vai se instaurar em casa se não começarmos a agir?

Cuidar de sua própria estufa faz a felicidade e a humanidade acontecerem — e há muito mais a ser feito do que reservar um tempo para uma meditação diária ou treino.

As repercussões de não fazer isso são de partir o coração. Aqui estão apenas algumas coisas que descrevem o estado de nossos EUs no mundo e em nosso local de trabalho:

- Depressão e suicídio aumentam em taxas surpreendentes. O Fórum Econômico Mundial (FEM) diz que a depressão é a causa número um de problemas de saúde e incapacidade em todo o mundo: "Mais de 300 milhões de pessoas no mundo sofre de depressão, um aumento de mais de 18% entre 2005 e 2015." Grande parte da culpa pela depressão e problemas de saúde mental recai sobre as experiências que os funcionários têm em locais de trabalho nos EUA.[42] Em 2019, pela primeira vez, nossa crise de saúde mental estava na pauta da reunião anual do FEM, em Davos, Suíça (observe que isso foi antes mesmo da pandemia).

- Níveis mais altos de dificuldades econômicas aumentaram a violência no relacionamento e o sofrimento psicológico.[43]

- Os trabalhadores empregados têm agora três vezes mais probabilidade de relatar problemas de saúde mental do que antes da pandemia.[44]

- O burnout e a rotatividade de pessoal aumentam e a produtividade diminui quando as necessidades físicas e emocionais básicas não são reconhecidas e atendidas. Um estudo recente da Gallup mostrou que aproximadamente oito em cada dez pessoas sofrem de burnout durante o trabalho. Quando o sofremos, estamos 63% mais propensos a ficar doentes, 23% a parar em um pronto-socorro e 2,6 vezes mais propensos a procurar outro emprego.[45]

- A disparidade de renda cresce entre os ricos e os pobres. Os 10% mais ricos dos EUA possuem em média mais de 9 vezes a renda dos 90% mais pobres. O 1% dos mais ricos, 39 vezes.[46]

Ao mesmo tempo, tenho testemunhado como os líderes estão colocando um valor maior em levar, de forma holística, nossa razão, nosso coração e nossa consciência para o trabalho em todos os níveis e espectros da vida. Dez a vinte anos atrás, ouvir palavras como *vulnerabilidade*, *resiliência*, *compaixão*, *presença* e *amor* no trabalho era uma raridade. Se alguém — Deus me livre — acidentalmente proferisse uma dessas em uma reunião, seria como se um giz tivesse arranhado um quadro-negro, e todos os olhares se voltassem para ele, todos se perguntando o que havia de errado com ele. A ideia era deixar isso fora do escritório, para o bebedouro ou para a hora do almoço. Qualquer outro lugar — só não onde as pessoas estivessem tentando trabalhar.

Quando líderes de alto escalão contratavam a DH, pareciam estar apenas "espiando" a cultura. Com o tempo, pude vê-los percebendo que não se tratava de dar aos funcionários a impressão de que se importavam; era se importar de fato. Fazer o que se fala nunca foi tão importante, e eles perceberam que isso vem de ser sincero e vulnerável com os outros. Para obter o máximo dos outros, eles entenderam a necessidade de dar o máximo de si primeiro. Agora, *vulnerabilidade* e *amor* estão em nosso vocabulário diário e ninguém estranha essas ideias sendo discutidas por líderes seniores, em reuniões ou em e-mails corporativos. No final das contas, isso é aceito e respeitado. O essencial é que todos se sintam confortáveis em ser seu autêntico EU, e os líderes conseguem isso sendo eles o exemplo. Viver a sua própria verdade e não a dos outros significa caminhar em direção à integração entre vida e trabalho.

Também fiquei inspirada por aqueles que não estão em altos cargos de gestão, que fazem o trabalho em si mesmos ao fazer escolhas difíceis — como buscar uma função diferente em outro departamento ou até mesmo deixar a empresa porque sua posição atual não está alinhada com quem eles são ou não permite que vivam de acordo com seu Propósito + seus Valores. E estou igualmente inspirada por aqueles que sentem que não podem deixar seu emprego por causa de obrigações financeiras ou sociais, mas encontraram maneiras de controlar o que podem, adaptam-se e contribuem para se manter alinhados com seu Propósito + seus Valores.

Como tenho visto mais pessoas em liderança defendendo seu próprio EU, tenho visto um reconhecimento maior de que, se as coisas não forem justas, é nossa responsabilidade consertá-las. Por sabermos o que nosso EU quer, enxergamos mais oportunidades e temos experiências mais positivas, reconhecendo que outros EUs no mundo naturalmente desejam essas coisas também.

Apesar de 2020 ter destacado nossas diferenças e disparidades, também se tornou uma convocação para aqueles que queriam fazer uma mudança para melhor. Aqueles que se uniram para sensibilizar o complexo mundo externo de um modo diferente alcançaram esse objetivo, porque passaram um tempo intencional entendendo seu mundo interno primeiro.

Parte da compreensão de nosso mundo individual começa revisitando o que significa sucesso e definindo-o para nós mesmos.

QUANDO VOCÊ ACHOU QUE TINHA ENTENDIDO

Vi muitas pessoas que acreditavam que tinham tudo resolvido porque eram bem-sucedidas no sentido tradicional — altamente qualificadas, muito bem pagas — e cujo desejo ardente era simplesmente chegar ao próximo estágio dessa sensação de sucesso. Alguns passam o resto de suas vidas sem pensar criticamente sobre sua própria definição de sucesso. Mas os que reconhecem uma sensação mais profunda de sucesso podem buscá-la com coragem e autoconsciência. Eles se esforçam em prol do seu objetivo e inspiram outros a fazerem o mesmo.

David Kidder é um empreendedor experiente, investidor-anjo de mais de quarenta startups e duas vezes autor de best-sellers do *New York Times*, de livros como *The Startup Playbook* [*O Manual das Startup*, em tradução livre] e, mais recentemente, *New to Big* [*De Nova para Grande*, em tradução livre]. Mesmo que essas pareçam formas de sucesso, ele teve que enfrentar momentos devastadores e medo para se superar. No meio de sua jornada na vida e na carreira, ele viu que o único caminho a seguir era recomeçar, sendo um arqueólogo dentro de si mesmo e redescobrindo quem ele realmente era.

Ele me contou sobre uma intervenção profunda em meio a um momento de pico de estresse em uma de suas startups, quando qualquer falha pode ser fatal. Tarde da noite, seu CRO (diretor de receita) ligou para ele para fazer uma pergunta descaradamente sincera: "A empresa está falindo — por que você está apressando isso?"

David estava incrédulo. Como uma empresa com US$34 milhões arrecadados, que cresceu rapidamente para 180 funcionários, pode estar falindo? Como isso é possível se ele estava dando o máximo de si a essa empresa? Seu diretor de receita corajosamente compartilhou o que todo mundo no escritório já pensava, mas não dizia: "A empresa está indo em direção à falência porque a empresa é *você*. E, para isso acontecer, falta apenas a sua visão, determinação e desejo."

Em última análise, a empresa não se preocupava com os funcionários, nem com os clientes, nem com a repercussão maior de impacto — tratava-se apenas de David construir um negócio de sucesso (em termos tradicionais) com sólidos resultados financeiros. A verdade doeu muito. Apesar de tantos esforços que ele fez pela empresa — à custa do tempo de qualidade com a família e qualidade de vida para suas equipes —, o negócio estava lá apenas para proporcionar sucesso para os investidores e para ele.

Naquele momento, como David colocou: "Eu me senti como o personagem Mike, de Hemingway, em *O Sol Também Se Levanta*, quando ele descreve sua falência." Ele lembrou a narrativa do escritor de como o fracasso surge: "Duas maneiras... Gradualmente e depois de repente." David não estava necessariamente pensando sobre o fracasso financeiro, mas sobre o fracasso de viver fiel à sua mente, coração e espírito.

Aquela noite foi um momento de mudança de vida para David. Esgotado, vazio e massacrado pelo peso de um problema autoimposto, ele percebeu que precisava "desistir" e pedir ajuda — à sua equipe de liderança, aos seus funcionários, ao Deus em que acreditasse e ao universo. Ele teve que aceitar todos os resultados, até mesmo o fracasso total (financeiro ou outro), ao abrir mão de sua empresa. David deitou-se sozinho no chão do sótão e chorou. Foi assim que viu que ele era mais do que a identidade de uma empresa. Ele era mais do que qualquer fracasso ou sucesso implícito e explícito, público ou privado. Depois de liberar suas emoções, ele dormiu em paz pela primeira vez em muito tempo.

David deixou, sob pressão, seu modelo falso de sucesso. Ele começou a perguntar mais, confiar, capacitar os outros e aceitar os resultados. Por meio do diário e da meditação, percebeu que precisava começar de novo. Como ele compartilhou comigo: "Eu [me vi] correndo desesperadamente por esta estrada, e, quanto mais eu corria, mais grossos os arbustos ficavam, e com eles surgiam os espinhos." Quanto mais David corria no seu próprio caminho com sua determinação, mais sangrava e sabia que precisava de uma estrada desimpedida — em sua mente e em sua vida.

Isso o levou de volta ao que ele sentiu quando se formou na faculdade. Estava na hora de acreditar novamente em um mundo que era novo, aberto e cheio de oportunidades e aprendizado. Desde então, ele tornou sua empresa Bionic algo muito diferente, dando a ela um objetivo de estimular o crescimento em empresas grandes como se fossem startups.

Bionic não foi poupada de um tumultuoso 2020 ao navegar pelas condições incontroláveis dos mercados, de sua equipe e das necessidades dos clientes. Meses de trabalho, sete dias por semana, eram brutais, mas acabaram resultando em grandes mudanças e redefinições. A diferença entre esse teste e os do passado é que David cuidou de sua estufa primeiro. Ele confiou em sua própria verdade, que deu a ele uma energia que refletiu na equipe, nos parceiros da Bionic e no universo. Isso resultou em um ano recorde, porém, o mais importante para David foi ele ter acreditado em si mesmo mais do que nunca.

Quase três anos após a fundação da Bionic, o mentor e tio de David, Dr. Roger Fransecky, morreu de um glioblastoma estágio IV. Foi uma grande perda, mas, como ocorreu na maior parte da vida e do impacto de Roger, houve um lado bom. "Meu tio transmitiu uma sabedoria poderosa horas antes de sua morte. Ele disse que quando você chega no topo, seja por sucesso, dinheiro ou mesmo sendo humano, percebe que há muito pouco ali. A vida é vivida no vale, nas grandes provas que maltratam e moldam você."

Aproximando-se, seu tio disse: "Não se concentre em quem você é para o mundo. Concentre-se em quem você está se tornando. Apaixone-se pelo teste."

A Jornada do Herói no Trabalho

Se a estrutura da história de David soa familiar, é porque é a jornada do herói, com David como o herói de sua própria jornada. Como Joseph Campbell descreveu em seu livro *O Herói de Mil Faces*, de 1949:

> Um herói sai do mundo de dias comuns para se aventurar em uma região de maravilhas sobrenaturais: forças incríveis são encontradas ali, e uma vitória decisiva é conquistada; o herói retorna dessa aventura misteriosa com o poder de conceder bênçãos a seus semelhantes.[47]

O interessante é que Campbell traçou a jornada do herói com base nos ensinamentos indígenas e nas semelhanças com histórias do mundo inteiro. A maneira como ele reuniu os heróis, com cada ser humano sendo um herói, rejeitou quaisquer amarras que raça, religião e etnia pudessem trazer. Essa é a mesma mentalidade de que precisamos para ter mais diversidade, equidade, inclusão e pertencimento (DEIP) no mundo.

A jornada do herói

FIM · INÍCIO

CHAMADO À AVENTURA

ENCONTRO COM O MENTOR

O RETORNO TRANSFORMADO

MUNDO NORMAL

DESCONHECIDO

RECEBE PRESENTE

CRUZANDO O LIMIAR

RECOMPENSA

TESTES + FRACASSO

AJUDANTE

FINALMENTE MUDANÇAS

CRESCIMENTO + NOVAS HABILIDADES

REVELAÇÃO

MORTE + RENASCIMENTO

Setenta anos depois, a estrutura de Campbell ainda é um modelo para romancistas e roteiristas (e, agora, para empresas, por causa do livro de Don Miller *Building a StoryBrand* [*Construindo Narrativa em Sua Marca*, em tradução livre] e da sua empresa, a StoryBrand). Quer seja *Star Wars*, *Matrix* ou qualquer outro filme épico [épico no sentido da teoria da literatura] de que você goste, vemos os papéis da Princesa Leia, Obi-Wan, Luke, Neo, Morpheus e Trinity na jornada do herói.

A questão é que o seu EU começa com você, em seu próprio filme épico [idem], com você sendo o herói. E não é apenas um blockbuster, é uma série deles que dura a vida inteira. (E talvez mais além.) São as decisões do dia a dia que você toma que traçam a sua jornada do herói e determinam se você olhará para trás como épico ou como um remake

Faça o Trabalho Mais Importante da Sua Vida   73

decepcionante da história de outra pessoa. A diferença entre os dois é se você molda sua jornada por meio de seu senso de propósito, valores e a verdadeira essência de quem você é.

Miki Agrawal e sua irmã gêmea, Radha, também tiveram suas próprias jornadas de herói. Seus pais chegaram aos EUA com alguns dólares no bolso e uma mistura de herança indiana e japonesa. Com o inglês como segunda língua, fizeram de tudo para construir uma estufa para suas filhas. As condições que eles criaram ajudaram suas meninas a crescerem lindamente.

As gêmeas Agrawal se tornaram empreendedoras de muito sucesso. Elas escreveram livros, abriram pizzarias em Nova York e fundaram empresas como Thinx, TUSHY e Daybreaker — coletivamente avaliadas em mais de US$500 milhões.

A marca atual de Miki, TUSHY, melhorou a experiência no banheiro com um bidê moderno e acessível para "o traseiro entrar no século XXI, longe do papel higiênico seco e áspero que mata 15 milhões de árvores por ano". Radha dirige a empresa Daybreaker, um movimento de dança e bem-estar matinal em cidades e campi ao redor do mundo, de que meio milhão de pessoas gostam. Além de um bom desempenho, essas empresas ajudaram mais de cem mil meninas em Uganda a voltar à escola, apoiaram projetos globais de reflorestamento e salvaram milhões de árvores.

As irmãs estavam vivendo o sonho norte-americano, mas mesmo assim Miki tinha a sensação de que havia mais coisas em que ela precisava trabalhar... dentro de si. Ela percebeu que estava evitando alguns medos importantes. Ao olhar para dentro de si, viu que um de seus maiores medos era o de seu próprio medo. "Como empreendedoras, muitas vezes não podemos sentir medo", disse ela. "Ele estava enterrado bem lá no fundo. Tive que conhecer o medo, reconhecer sua presença e deixá-lo me dominar para passar por ele. Aquilo a que resistimos persiste, e eu estava resistindo ao sentimento de medo até me libertar."

O que Miki descreveu para mim foi uma maneira intencional de se tornar real com seu EU interno. "Eu era uma árvore com uma tempestade agitando violentamente meus galhos", disse ela. "Em vez de resistir, finalmente me rendi, e a tempestade passou." Ao se familiarizar com sua resistência interna e, em seguida, deixá-la ir, ela foi capaz de chegar a um lugar de paz. De uma relação recém-descoberta e de aceitação com o medo, ela enfrentou a resistência externa de maneira diferente.

Seja na forma de investidoras que não queriam se arriscar ou de uma sociedade que não gosta de falar sobre coisas "vergonhosas" e tabus como "menstruação e cocô", ela assumiu os medos. Ao fazer isso, foi capaz de superar a batalha difícil contra o status quo que evita falar sobre o que são, afinal, funções corporais normais.

Ao conhecer sua resistência interna, Miki foi capaz de retomar o cultivo de sua estufa de maneiras melhores. Hoje, inspirada por seu filho de três anos, Hiro (que significa "abundante e generoso" em japonês), ela está levando o cocô a um nível totalmente novo, inventando maneiras de revolucionar o uso e descarte de fraldas em um processo que ajuda a salvar o planeta.

PONDO A VERGONHA DE LADO PARA QUE SUA VERDADE SE SUSTENTE

Keith Ferrazzi, um empreendedor e líder de pensamento global que treina algumas das equipes executivas de maior prestígio do mundo, é fundador do Ferrazzi Greenlight e autor dos best-sellers *Nunca Almoce Sozinho* e *Who's Got Your Back* [*Quem Está do Seu Lado?*, em tradução livre]. Ele presta consultoria para esses executivos sobre suas transformações e o que significa administrar organizações modernas, ajudando as equipes a trabalharem juntas de maneiras mais humanas, holísticas e colaborativas para estarem prontas para o futuro do trabalho.

Conheci Keith há mais de dez anos em uma série de eventos — TED, as conferências Summit e no Burning Man. Ele sempre me pareceu alguém com um coração forte, que queria fazer o bem para o mundo e que tinha o grande senso de curiosidade necessário para realizar esse desejo, mas eu não tinha certeza de quem era ele de fato. Parecia que ele era um pouco diferente, dependendo do local, da ocasião e das pessoas ao redor. Só fui entender o porquê recentemente. Como Miki, Keith compartilhou, sem um pingo de hesitação (e com total vulnerabilidade), que estava vivendo com vergonha. Ter crescido pobre e ser gay estava em desacordo com a imagem que ele tinha de manter diante de alguns de seus clientes executivos corporativos. Ele estava agregando valor para eles, mas nem sempre de uma forma completamente emotiva, fiel ao seu eu autêntico. Até recentemente, ele não era capaz de expressar a todas as equipes qual era a desconexão. Apenas quando ele começou a mergulhar fundo em si mesmo, com seu próprio apoio, terapia baseada em plantas e o suporte de seus entes queridos, que ele identificou o que estava errado. Ele percebeu que precisava conectar seu "eu do trabalho" supremamente capaz e altamente inteligente com seu espetacular e espiritual "eu da vida". Em outras palavras, seu verdadeiro eu com propósito.

Agora ele aparece nas reuniões como ele realmente é, não importa quem esteja na sala — seja uma conferência cheia de executivos heterossexuais brancos mais velhos ou a equipe lindamente diversa que ele reuniu intencionalmente em sua própria empresa. Isso não quer dizer que ser autêntico em todos os ambientes é necessariamente fácil, mas tornar as coisas fáceis não é o objetivo — é um trabalho difícil saber e constatar quem somos em nossa essência. Mas quando somos capazes de estar no mundo cientes do que nos causa desconforto, podemos ficar vulneráveis o suficiente para aceitar esse mal-estar. Quando descobrimos as ferramentas mentais e emocionais para não brigar com nossos sentimentos (como vergonha e insegurança), nosso eu interior pode simplesmente *existir* livremente.

Quando vejo Keith agora, a abundância de generosidade e energia de sua estufa preenche a sala — até mesmo as salas do Zoom, então você sabe que isso quer dizer muito. Através dos olhos de um bom amigo ou completo estranho, esse é o Keith que nasceu para ser: totalmente seu eu autêntico, alinhado com seu propósito e paixões, e vivendo sua verdade na jornada de seu próprio herói. A inspiração que ele transmite permite que ele construa melhor as estufas de outras pessoas.

"Nunca duvido da minha crença de que a humanidade continuará melhorando", diz Keith. "E também nunca duvido da minha crença de que, por estar neste planeta, estou deixando uma pegada que vai durar e um efeito cascata relevante. O mundo segue em frente, e nosso trabalho é ser útil. Mas você não pode ser útil sozinho. Você tem que ser útil como uma comunidade. Em relacionamentos. Em coelevação, indo mais alto juntos." Ao cuidar de sua estufa, Keith foi naturalmente inspirado a ajudar outras pessoas a construir as suas também.

A Coisa Fácil Mais Difícil que Você Fará

Embora em um nível as histórias do capítulo anterior pareçam abordar líderes privilegiados, optei por compartilhar suas jornadas porque eles não vieram de origens privilegiadas. Miki e Radha vieram de pais imigrantes com poucos dólares no bolso e um sonho norte-americano. Keith cresceu pobre, em busca de um espaço seguro para ser fiel à sua identidade gay, com um desejo ardente de fazer o bem para o mundo.

Nossa jornada engloba as condições da estufa em que nascemos, as experiências que moldaram as condições dela a partir de quando começamos a crescer, e o presente, como escolhemos recalibrar essas condições. A estufa de nosso corpo, coração, mente e alma precisa ser cuidada todos os dias. Em última análise, somos feitos das histórias que vivemos, começando com as nossas histórias pessoais do EU.

Quando digo para priorizar seu EU, não me refiro ao tal "tempo para mim" — aula de ioga, sessão de Peloton ou meditação matinal com seu aplicativo Calm, que parecem legais, mas têm que ser encaixadas em seu dia. Eu me refiro a você sentir plenitude em cada minuto de vida. O tempo consumido que o torna *totalmente* você. Não apenas suas obrigações e lista de afazeres, mas suas potencialidades e lado obscuro. Sua percepção de confiança, curiosidade e fé, e os medos que se acumulam dentro de você desde o dia em que respirou pela primeira vez. Sua motivação no propósito e nos valores pelos quais você vive.

Rosalind (Roz) Brewer, ex-COO da Starbucks e atual CEO da Walgreens, teve essa epifania durante sua jornada do herói. Formada em química pela Spelman College (uma faculdade historicamente negra), ela ingressou no mundo dos negócios como cientista da Kimberly-Clark. Mesmo que seu cérebro se voltasse à ciência, ela observou em silêncio que suas ideias só iriam em frente se possuísse um tomador de decisão crucial: o dinheiro. Então ela aprendeu a controlar e gerenciar orçamentos para observar se suas decisões seriam implementadas. Ao avançar na carreira com determinação e integridade silenciosas, experimentou o que era necessário para ser uma verdadeira líder... e fiel a si mesma.

Em 2019, ela contou uma história sobre a época em que foi presidente de uma divisão da Kimberly-Clark e mãe de uma criança pequena. Percebeu que não conseguia separar essas duas partes de si mesma e dar o seu melhor. Era preciso haver mais harmonia e alinhamento. Tinha que entender seus papéis, redefinir seus limites e se adaptar.

Foi quando ela fez a mudança para se mostrar totalmente como Roz, e vem abrindo seus próprios caminhos desde então. Tornar-se CEO da Walgreens faz dela a única mulher negra a (atualmente) estar à frente de uma empresa da Fortune 500. Mas a parte mais inspiradora de sua trajetória não é essa manchete, mas o fato de que ela se superou.

Se você precisa de uma atualização rápida, leve, mas significativa em ser verdadeiro consigo mesmo, recomendo (re)assistir a *Divertida Mente* da Pixar. O filme dramatiza algo que os adultos precisam lembrar tanto quanto as crianças precisam aprender. Conforme retratado pela pequena Riley no filme, todos nós refreamos os sentimentos de Alegria, Tristeza, Raiva, Medo e Nojo. Claro que nossa inteligência emocional tem a capacidade de assumir um conjunto muito maior de emoções, mas o ponto principal é este: há apenas uma pessoa que pode escolher ouvir suas emoções... e apenas uma que escolhe sua reação.

Claro, esse tipo de trabalho em nós mesmos é o oposto de gastar 90 minutos relaxando com entretenimento inteligente de um filme da Pixar. Isso pode levá-lo a uma experiência estressante e fazer com que questione tudo o que pensava ser verdade. Mas a jornada não deve parecer um campo de treinamento com os SEALs da Marinha (a menos que essa seja sua paixão, para começo de conversa). Se você encarar isso com uma mentalidade de iniciante, pronto para falhar logo em seguida, seu objetivo de viver uma vida inteira, plena e com propósito irá de uma missão desconhecida para uma missão (bastante) possível.

As ferramentas e métodos para fazer esse trabalho que estou prestes a apresentar existem há séculos, mas o que estamos constantemente fazendo na DH é refiná-los para torná-los relevantes e atuais para o mundo do trabalho em que vivemos hoje. Como Aristóteles disse por volta de 300 a.C.: "A felicidade é o propósito de nossa existência... *e a felicidade depende de nós mesmos*" [grifo nosso]. Esta é a nossa hora de pegar esses dois mil anos de aprendizado, ver o que significam para você e olhar para dentro, não apenas para suas potencialidades, mas também para seu lado mais obscuro.

EXERCÍCIO 1:
BATIMENTOS CARDÍACOS DE FELICIDADE

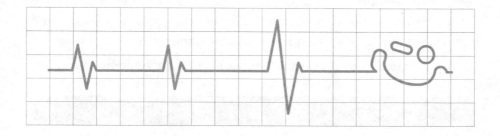

Uma das maneiras de definirmos os valores essenciais na DH é com um exercício chamado Batimentos Cardíacos de Felicidade. Ele o ajuda a identificar seus valores, explorando suas próprias experiências.

É importante notar que, para alguns, esse exercício é superficial. Depende de *você* o quão fundo ir. Também lhe recomendo investigar os recursos de sua empresa em relação à saúde mental e ao bem-estar, ou contratar profissionais como terapeutas e psicólogos, caso queira por si mesmo explorar mais. Pessoas da minha vida também fizeram seu trabalho pessoal do EU, aproveitando os poderes de espiritualidade, religião, fé, natureza e/ou medicamentos à base de plantas. O resultado final não difere com base no(s) método(s) escolhido(s). No final das contas, esse

COMECE PELO EU

exercício é apenas um dos muitos recursos na caixa de ferramentas que podemos usar para alimentar nossas estufas.

Reserve um tempo para pensar nos seus próprios altos e baixos. As consequências desse exercício são resultado direto de quão profundo você está disposto a mergulhar nessas luzes e sombras a que me refiro. Aqueles momentos em que você se sentiu mais orgulhoso e como a sua melhor versão (alegre, realizado, feliz, autêntico) e aqueles mais sombrios, quando você não conseguia nem imaginar como voltaria a um lugar de normalidade, muito menos de felicidade.

Uma pergunta fundamental a se fazer a essa altura é se você deseja explorar seus Batimentos Cardíacos (esses altos e baixos) profissional, pessoalmente ou de ambas as formas. Na DH acreditamos no conceito de integração trabalho/vida, por isso sugerimos ambos. Mas não há resposta certa ou errada; é sua decisão quanto ao que lhe parece mais verdadeiro. Escolha o que acha que lhe dará um senso maior de controle e ação em ser o líder de sua vida. Não importa como fará isso, o mais importante é selecionar os momentos mais significativos para você.

Aqui estão alguns dos meus Batimentos Cardíacos como exemplo:

ALTOS	BAIXOS
Cume do Monte Kilimanjaro com Tony.	Perda do meu pai para o câncer de cólon. Perda do Tony.
Lançamento da DH (livro e empresa).	Demissão do trabalho na startup.
Ser uma das empresas privadas de crescimento mais rápido nos Estados Unidos com base em princípios e crenças fundamentais na felicidade e na humanidade.	Decisão de redefinir e reestruturar a empresa sabendo que alguns funcionários (e amigos) não permaneceriam na nova organização.

Agora, olhando uma camada mais profunda, pense sobre por que cada momento foi alto ou baixo e qual(is) valor(es) estava(m) presente(s) (ou dolorosamente ausente(s)) em cada evento. Que valor(es) estava(m) em jogo que tornava(m) o momento significativo ou doloroso? Minha camada mais profunda é assim:

A Coisa Fácil Mais Difícil que Você Fará   81

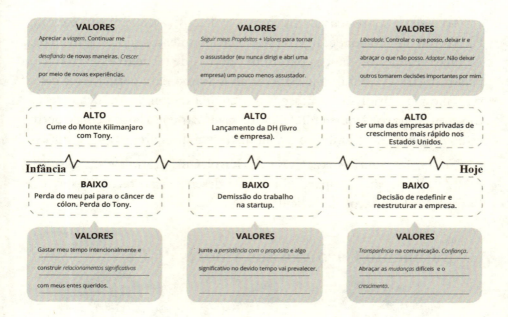

Se você está tendo problemas para conectar os momentos com os valores que lhe interessam, eis uma lista de valores comuns para referência:

Valores Globais Comuns (use esta lista para inspiração ao preencher seus batimentos cardíacos)

ambição	vida emocionante	iniciativa	amor	divertimento	franqueza
capacidade	encorajamento	paz interior	lealdade	privacidade	autoconsciência
coragem	vida familiar	harmonia	organização – ordem	pragmatismo	confiabilidade
criatividade	liberdade	inovação	otimismo	respeito	fortuna
compaixão	amizade	integridade	mente aberta	responsabilidade	sabedoria
cooperação	justiça	intelectualidade	perseverança	colaboração	trabalho – esforço
compromisso	generosidade	influência	crescimento pessoal	segurança	
contribuição	gratidão	alegria	prazer	autovalorização	
igualdade	saúde – bem-estar	liderança	pontualidade	espiritualidade	
eficácia	independência	lógica	positividade	status	

A próxima etapa nos Batimentos Cardíacos de Felicidade é descobrir como priorizar essas experiências. Questione-se sobre o seguinte:

- Como esses momentos formaram a pessoa que sou hoje?
- Como meus valores foram vividos (ou não) nos altos e baixos?
- Quais momentos (e, portanto, valores) foram importantes?
- Como vivo esses valores hoje?

COMECE PELO EU

Ao refletir sobre seus Batimentos Cardíacos, você verá um padrão. Para mim, autenticidade, liberdade e relacionamentos são os principais. As duas grandes mudanças para mim, depois de ter feito esse exercício pela primeira vez, foram me esforçar ao máximo para permanecer fiel a mim mesma e priorizar as pessoas que eu amava como se nunca mais as fosse ver de novo. A outra foi deixar de priorizar coisas que nem de perto estão na lista, como ambição e conquistas em dinheiro, cargos e status.

No Japão, Saori Aoki, COO da KAN Corporation e coachsultora® da DH Japão, compartilhou o que descobriu ao fazer o exercício Batimentos Cardíacos da Felicidade:

Batimento Cardíaco dos Valores do EU

Até me encontrar com a DH, nunca me permiti ser feliz. O exercício dos Batimentos Cardíacos de Felicidade foi muito difícil para mim, mas foi uma oportunidade muito significativa de compreender minha vida e suas origens. Não conseguia me lembrar de nenhum "ápice" na minha vida, embora tivesse muitos "reveses". Lutei para descobrir meu verdadeiro valor e autoestima.

Sempre trabalhei muito, mas não pensava em felicidade na minha vida. Estava fazendo o meu melhor para servir as pessoas. No entanto, sentia dor por ser traída e usada. Eu era uma doadora abnegada (referência ao livro *Dar e Receber*, de Adam Grant), percebi que nunca havia doado para mim mesma. Eu achava que a "felicidade" era brilhante demais, não combinava comigo... Eu não tinha permissão para ser feliz. Então me "permiti ser feliz". Estou muito feliz agora e quero deixar as pessoas mais felizes.

Javier Munoz Mendoza, cofundador da DH Espanha, usa o exercício com clientes de todo o mundo e tem visto seu impacto. Javier disse:

Aprendi que, independentemente do público, ansiamos por nos conectar de forma autêntica, e que, ao explorar esses momentos difíceis, honramos como eles nos moldaram, sabendo muito bem que não seríamos quem somos se não fosse por eles. Conforme adota essa perspectiva, você pode até sentir gratidão e entender como as limitações nos ajudam a enxergar nossas potencialidades. Pessoas conectadas com o sentido mais profundo de felicidade a partir de um senso de consciência mais elevado se tornam mais conectadas umas com as outras.

Saori mencionou Adam Grant em seus Batimentos Cardíacos, e fiquei curiosa para saber como um colega provedor de positividade cuida de sua estufa. Diz Adam:

Eu dizia sim a todos os pedidos que chegavam. Aspirava a ser um doador — alguém tão generoso quanto Tony Hsieh, que ajuda os outros sem impor condições. Então, a *New York Times Magazine* publicou uma reportagem de capa sobre minha filosofia e recebi uma enxurrada de pedidos. Decidi que cada não era uma oportunidade de dizer sim a situações mais importantes.

Meu primeiro passo foi priorizar quem eu ajudava: primeiro, familiares; segundo, alunos; terceiro, colegas; e quarto, todos os demais. (Não me tornei professor para ajudar outros professores;

queria fazer a diferença na vida dos alunos.) Minha segunda decisão foi estabelecer limites ao ajudar, organizando alguns dias da semana para meu próprio trabalho e bem-estar e tempo livre para responder e estar disponível. Isso significava que eu estava gastando uma boa quantidade de tempo em minha estufa.

Minha terceira escolha foi pensar em como ajudar — em vez de ser pau para toda obra, eu me concentraria em contribuir onde tivesse algo único a oferecer. Como psicólogo organizacional, minha especialidade é voltada para o trabalho e comportamento humano, e minhas funções como escritor, palestrante e apresentador de podcast significam que minha rede abrange muitos setores. Percebi que poderia agregar valor ao compartilhar conhecimento em minha área, apresentando pessoas que se beneficiariam desse contato. Isso me permitiu focar situações revigorantes e satisfatórias. É quando as coisas se tornam mais claras.

Identificar e priorizar seus valores — e então torná-los um hábito para aplicá-los nas decisões diárias e importantes de trabalho/vida — têm sido uma das práticas mais simples de mudança de vida que tenho visto as pessoas adotarem com alegria. Sua vida começa a se alinhar com o núcleo do seu EU naturalmente, e você pode começar a se perguntar como conseguia gastar seu tempo de maneira diferente.

EXERCÍCIO 2:
QUAL É O SEU LEGADO EM VIDA?

> A morte é nossa amiga precisamente porque nos leva à
> presença absoluta e apaixonada de tudo o que está aqui,
> o que é natural, o que é amor.
> — RAINER MARIA RILKE

Pensar na celebração da sua vida é outra maneira de pensar no que você valoriza. Costumo falar sobre legados em vida e compartilhar esse conceito com nossos clientes, com tanta convicção que tenho a frase VIVA SEU LEGADO DE AMOR emoldurada sobre minha lareira em casa.

A Coisa Fácil Mais Difícil que Você Fará   85

Essa crença tornou-se clara da forma mais dolorosa em novembro de 2020 — o fim de um ano monstruoso para tantos de nós no mundo —, quando Tony morreu.

Até aquele dia, o ponto mais baixo em minha escala de Batimentos Cardíacos foi quando meu pai faleceu. Meu pai, Key, era um imigrante cujo primeiro trabalho foi como açougueiro no armazém local, quando chegou aos EUA, com 14 anos. Posteriormente, ele se tornou sargento do Exército norte-americano, dono de restaurante, incorporador imobiliário, presidente de uma associação de auxílio a imigrantes chineses, empresário do setor de financiamento de construção e a versão asiática de Frank Sinatra quando cantava "My Way" no karaokê.

Ele ocupava muitas funções, o que explica por que me ensinou a acreditar no valor do trabalho de todos. Passávamos um tempo no jardim da frente de nossa casa, e, se ele visse o lixeiro passando pela rua, sempre fazia questão de me lembrar: "Todo mundo tem um papel na vida. E nós respeitamos todos eles."

Minha mãe não era a tradicional mãe protetora; era a mãe protetora 2.0. Ela nos beijava e abraçava, não hesitava em usar seus chinelos de plástico rosa para nos dar algumas chineladas, e cozinhava a melhor comida reconfortante, logo depois de me deixar 15 dias inteiros de castigo por ter tirado uma nota inferior a 9. Além de desempenhar a função de dona de casa, ela trabalhava nos empreendimentos empresariais de meu pai. Mas, por mais dura que tenha sido conosco ou consigo mesma, sempre nos fez sentir amados.

Juntos, eles viviam a música de Lin-Manuel Miranda "Immigrants (We Get the Job Done)".

Como acontece com tantos imigrantes, a recompensa por todo o seu trabalho foi ver o sucesso dos filhos. E, como acontece com tantos imigrantes, havia coisas típicas que eram consideradas sucesso. Para nossa família, tratava-se de entrar em uma boa universidade, tornar-se médico ou advogado e aprender a tocar uma variedade de instrumentos musicais. Achei que estava a caminho do sucesso porque tinha alguns itens marcados na lista, restando apenas um. Mas nunca cheguei a me tornar a Dra. Lim. Acabei me formando em estudos asiático-americanos na UC Berkeley, tornando-me consultora da KPMG e indo trabalhar para uma startup — um mundo que parecia outro universo para meus pais.

Quando liguei para dizer a eles que havia desistido da medicina para me formar em estudos asiático-americanos, eles ficaram perplexos. "Asiático-americano... o quê?! Por que você não vem para casa com mais frequência para saber de verdade o que é um estudo sobre a Ásia?" Quando eu disse a eles que havia sido contratada como consultora, toda hora minha mãe me perguntava se eu já tinha um emprego de verdade. Em retrospecto, essas foram algumas das coisas mais difíceis que tive de compartilhar com pais que estavam dando tudo de si para os filhos. Mas essas situações foram as primeiras decisões que tomei para viver meu EU, e não para viver o que os outros esperavam de mim.

Por alguma razão, meu pai sempre deu a mim e aos meus dois irmãos o benefício da dúvida e dizia: "Estou orgulhoso de você", independentemente de nossas notas. Quando se trata de pais asiáticos, era algo inédito naquela época. Então, ao perdê-lo para o câncer de cólon, quando ele tinha 62 anos, a dor me atingiu com força. Eu tinha 29 anos e pensei que nunca mais teria a oportunidade de conhecer mais dele. Com seu falecimento, pensei ter perdido a chance de mostrar como seu apoio valeu a pena. Aprendi muito desde então, porém — o mais curioso é que eu poderia tê-lo conhecido melhor ao me conhecer melhor também.

Mas uma outra onda de pensamentos e sentimentos me esmagou depois que perdi Tony, quando ele tinha apenas 47 anos. Quando Tony morreu, senti como se tivesse percorrido os cinco estágios do luto algumas vezes só na primeira semana. Eu também nunca havia sentido tão visceralmente a palavra *devastada* antes. Não conseguia comer, dormir ou responder a todas as mensagens amorosas de amigos que nos conheciam. Tudo era surreal — a passagem do tempo, as memórias que abarrotavam minha cabeça, a dificuldade em discernir entre o que era realidade e o que parecia um pesadelo. Ia fazer 21 anos que a gente se conhecia naquele ano, em seu aniversário, dia 12 de dezembro. E, conforme a ficha caía, aos poucos, dia após dia, senti como se uma parte de mim tivesse morrido com ele.

Tenho certeza de que alguns pensarão que isso foi produto da minha imaginação, mas, na noite de sua morte, vi sua imagem em minha janela. Não de uma forma estranha ou assustadora; era real e etérea ao mesmo tempo. No livro *Satisfação Garantida*, ele me apelidou de seu "cérebro reserva" e foi assim que esse momento pareceu — uma impressão duradoura dentro de mim, além de tantos outros momentos ao longo dos anos. Seu rosto e sua imagem refletiam exatamente os meus enquanto eu olhava pela janela. Nós dois tínhamos os braços cruzados suavemente, e nossos olhos se encontraram pacificamente pela última vez antes de nossa nova realidade. Em um instante, era tão claro, e, no seguinte, ele se foi. Deixando apenas meu próprio reflexo para eu ver.

Essa experiência capturou a sensação indescritível de que uma parte de mim se foi para sempre com ele.

Depois que ele morreu, mensagens continuaram a chegar de todas as esferas da vida, de todo o mundo. Ele tinha conhecido e influenciado muitas pessoas diferentes graças ao seu temperamento natural de não julgar ninguém. Ele respeitava a estufa de todos, o propósito e as paixões que traziam para o mundo com seus jeitos estranhos e únicos. Tony foi inspirado a promover essas estufas, deixando-as cheias de vida.

A manifestação em si trouxe outra onda de ciclos através dos estágios de luto, à medida que cada mensagem recriava outra lembrança e reforçava quão longe e amplo seu impacto era sentido. Mencionei Chip Conley ao falar sobre emoções, e, além de ser um autor e consultor estratégico da Airbnb, ele foi o pioneiro no conceito de hotel boutique com Joie de Vivre Hospitality, e fundou a empresa Fest300 como uma boa desculpa empresarial para participar de todos os festivais do mundo que ele conseguisse. Ele é um amigo querido para mim, e o era para Tony também. Como diz Chip: "Em uma vida, Tony fez o que dez grandes empreendedores poderiam fazer."

A ironia do impacto e do legado de vida de Tony foi que ele nunca falou sobre eles. Eles nunca foram os responsáveis por Tony mudar as coisas de maneira criativa com empatia e humanidade no coração. Assim como ajudou a incorporar as palavras *Propósito + Valores* no vocabulário da cultura empresarial, ele também permitiu que elas fossem o guia para sua integração entre trabalho e vida. Com Propósito + Valores em vigor, ele não precisava definir o que seu legado se tornaria, porque o vivia ativamente.

Fiquei animada quando as pessoas compartilharam comigo como Tony as inspirou a fazer mudanças pessoais e profissionais. Como ele mostrou que, para ter sucesso nos negócios, você não precisa ser um idiota; você pode ser humano. Como ele as inspirou a transformar seus pensamentos em algo ainda maior. Como as ajudou a perceber que a coisa mais importante era ir atrás de seus sonhos. Muitas pessoas o encontraram apenas uma ou duas vezes, e havia algumas que nunca o viram, mas que ainda assim se sentiram tocadas por sua mensagem.

E então havia pessoas que estavam perdidas.

Elas fizeram perguntas legítimas na tentativa de processar sua morte. Por que isso aconteceu com alguém que obviamente acreditava na felicidade e em entregá-la ao mundo? Por que uma pessoa profundamente carinhosa e cheia de alma, que tinha tudo, teve que morrer tão jovem?

Tony tinha um talento especial para construir estufas para os outros, sendo obstinadamente fiel a si mesmo. Em sua mente, acredito que estava constantemente integrando seu (estranho, autêntico) EU, o NÓS de suas empresas e seus amigos, e um sentido mais profundo de COMUNIDADE. Como alguém que sabia desde cedo como era acordar e não ter vontade de trabalhar — mesmo quando era sua própria empresa (LinkExchange, que vendeu para a Microsoft em 1998, aos 25 anos) — ele sabia que nunca mais queria acordar com aquela sensação novamente.

Nunca conheci alguém que pudesse pular da cama tão focado em construir coisas novas, conectar-se com as pessoas, pedir quase tudo do menu do serviço de quarto para que pudesse provar os diferentes sabores para ver do que mais gostava... começando cada dia abraçando sua crença de que tudo é possível. Sua paixão por criar estufas para outras pessoas era palpável nas ideias ocasionalmente brilhantes (e, muitas vezes, malucas) que ele tinha, nos projetos que iniciou e nas comunidades que criou para as pessoas ao seu redor. Ele era um Flautista de Hamelin moderno e mais compassivo, mas, em vez de ter uma flauta, tinha um cachorro chamado Blizzy e uma alpaca chamada Marley ao seu lado.

Tony era uma figura pública, por isso é difícil culpar as perguntas difíceis que surgiram com sua morte. Foi um surto psicótico, como alguns na mídia imaginaram? Foi o isolamento que ele sentiu devido à Covid-19? Foi depressão e outros problemas de saúde mental? A verdade é que não existe uma verdade absoluta. Simplificar demais, de qualquer perspectiva, seria uma desonra para as complexidades não apenas de quem foi Tony e sua morte, mas também a morte de qualquer pessoa.

Antes de tentar responder a qualquer uma dessas perguntas para nós mesmos, quero lembrar a todos nós desta citação profundamente simples: "Seja gentil, pois cada um está lutando uma batalha difícil."[48] Todos nós temos nossas batalhas internas e, na maioria das vezes, não vêm apenas de uma fonte. A complexidade de quem somos é também a beleza do que trazemos para o mundo. Há anos, venho traduzindo o que isso significa para mim mesma, para meus entes queridos e, claro, para o trabalho. A curiosidade me levou para novas hipóteses e para uma ampliação do que significa ser humano — não apenas feliz — no trabalho. Vim antecipando o tempo em que podia compartilhar o que aprendi sobre o que está além da felicidade — e o quanto nosso espectro cresce quando experimentamos de forma vulnerável nossos altos e suportamos nossos baixos. A ironia dessa curiosidade se revelou na noite da morte de Tony.

Por mais que eu me prepare para o pior imprevisto que possa acontecer em qualquer momento da vida, ainda me vejo acordando sem acreditar que Tony não está aqui. Mas, ao cuidar da minha estufa — com toda a minha imperfeição —, lembro-me de que reduzir sua perda a um Tony material seria ignorar alguns dos reinos misteriosos e extraordinários do que significa ser humano e espiritual, viver em um mundo... com curiosidade sobre como podemos mudar para o próximo.

Nossos legados sempre serão uma mistura de nossas próprias decisões e da opinião externa dos outros. As variações de nossos Batimentos Cardíacos são uma prova disso. Viver os dias ao máximo, assumindo o nosso melhor e o nosso pior, é o que nos torna descaradamente inteiros e humanos. Reconhecer esse espectro dentro de todos nós diminui a importância do modo exato como Tony morreu ou os meses que antecederam sua morte.

O que eu sei é que, ao viver seu desejo incansável de ser fiel a seu eu estranho, baseado em um senso de Propósito + Valores, Tony causou um impacto que nem mesmo ele poderia imaginar.

O que também sei é que se trata de começar com o EU. Cabe a nós nos lembrarmos (e lembrarmos uns aos outros) do quão importante é nutrir nossas estufas primeiro. É a coisa fácil mais difícil que vamos fazer na vida.

Motoko Rich, do *New York Times*, fez uma matéria sobre Tony logo após o lançamento de seu livro, em 2011. Ela escreveu algo que achei perspicaz na época: "Sr. Hsieh parece como um alienígena que estudou seres humanos para viver entre eles."[49]

De certa forma, era muito objetivo com sua curiosidade constante em desafiar o status quo do mundo, ao mesmo tempo em que guardava um lugarzinho em sua mente para pensar com compaixão nos outros. Porém, agora mais do que nunca, sei que ele era um ser humano também, com as necessidades básicas mais importantes da humanidade que todos compartilhamos: sentir-se integrado consigo e com os outros e experimentar genuinamente o sentimento mais supremo de todos, o amor, em seu coração.

A dor de sua perda é amenizada apenas pelo legado que ele viveu e deixou.

Quanto mais os dias passam desde que ele morreu, mais eu sei que a estufa de Tony continua viva. Com seu jeito singularmente inspirado e inspirador, ele ajudou a construir inúmeras estufas para que outros pudessem ser fiéis a si mesmos — com propósito e paixão — como o arquiteto que ajudou a mantê-las crescendo.

A questão para nós agora é: Qual será o *seu* legado em vida?

Você deve ter ouvido falar do estudo social feito pela enfermeira australiana Bronnie Ware. Ela escreveu um livro chamado *Antes de Partir:*

Os Cinco Principais Arrependimentos que as Pessoas Têm Antes de Morrer[50] sobre suas experiências pessoais em cuidados paliativos e as palavras de arrependimento que ouviu de seus pacientes que se aproximavam da morte. Entre elas estavam: "Eu gostaria de ter me permitido ser mais feliz" e "Eu gostaria de não ter trabalhado tanto". No topo da lista estava: "Eu gostaria de ter vivido uma vida fiel a mim mesmo, não a vida que os outros esperavam que eu vivesse."

Quando li pela primeira vez sobre esse estudo, afligiu-me saber o que estava dominando os pensamentos das pessoas antes de seu último suspiro. Provavelmente, foi porque tive muitas experiências de observar o que acontece quando o corpo cede, mesmo que o espírito queira continuar. Havia meu pai nos anos de sua batalha contra o câncer de cólon. Mas, mesmo antes disso, havia meu amigo Travis, que morreu tragicamente de câncer no cérebro quando era adolescente. Mesmo sendo menor em estatura do que muitas pessoas, o conjunto todo de seu carisma e sua energia o tornava maior do que a maioria.

A lembrança que permanece gravada em minha mente é a da última vez que o visitei no hospital. Ele já havia se submetido a uma série de tratamentos, então estava careca e mais magro do que eu jamais o tinha visto. Mas, embora as pessoas o fossem visitar na tentativa de animá-lo, era ele quem iluminava o quarto. Ele irradiava sem esforço seu sorriso tradicional para todos que chegavam. Era quem contava as piadas para que os outros pudessem sorrir com ele. Apenas por ser ele mesmo, estava tirando o peso de saber que seu fim era inevitável e lembrando a todos no quarto de que era a hora para aproveitar nossos últimos momentos juntos. Escrevendo sobre isso agora, acho que ele foi algo mais próximo de um anjo que vi na vida real.

Isso me fez pensar o que seria necessário para as pessoas, não importa com que idade ou em que condição estivessem, olharem para trás sem arrependimento e dizer: "Uau! Estou tão feliz por ter feito isso." Tão feliz que correram riscos e seguiram seu coração. Perguntei-me o que seria necessário para viver com plena consciência de que não são das coisas que fazemos na vida que acabamos nos arrependendo, são das que não fazemos.

Essa não é uma premissa fácil de se viver, de forma alguma. Claro, é simples olhar para trás em nosso leito de morte e dizer: "Graças a Deus, apostei naquela grande vitória!" ou "Acho que não deveria ter sentado naquele parapeito depois de dez Heinekens." Tudo fica claro em retrospecto, mas uma vida significativa também pode vir de uma previsão ideal. Se você tomar decisões hoje que se alinham com quem você é de verdade (o núcleo do seu EU, seu Propósito + Valores) e com as ações e os comportamentos que resultam disso, as chances de alcançar a previsão ideal e viver uma vida sem arrependimento são muito boas.

Como um exercício, pense em trabalhar no seu discurso póstumo em vez de em seu currículo. Por quais valores você gostaria de ser lembrado? O que você gostaria que as pessoas dissessem? Que palavras você gostaria que fossem gravadas no coração de todos como se estivessem em sua lápide? Elas provavelmente refletirão os valores que você identificou no exercício Batimentos Cardíacos de Felicidade, ou serão expressões mais profundas e específicas deles.

Para o discurso de louvor a Rosa Parks, Oprah Winfrey ateve-se ao seu papel central no movimento pelos direitos civis, sua luta por justiça e, mais significativamente, seu coração gentil e amado. Ela compartilhou:

> E, naquele momento em que resolveu ficar naquele assento, você recuperou sua humanidade e nos devolveu um pedaço da nossa.
>
> Admiro-me com a sua vontade.
>
> Celebro sua força até hoje.
>
> E sou eternamente grata, Irmã Rosa, por sua coragem, sua convicção.
>
> Eu devo a você... ter vencido. Eu não vou trocar de assento.[51]

O que achei tão poderoso foi a repetição da frase simples: "Não vamos trocar de assento." Essas palavras evocaram tanto o espírito de um hino afro-americano quanto a recusa de Parks em ceder seu lugar no ônibus.

A Coisa Fácil Mais Difícil que Você Fará   93

Em seu discurso de louvor a Steve Jobs, sua irmã Mona Simpson omitiu a maioria de suas realizações profissionais para se concentrar em pintar a imagem de Jobs como uma pessoa holística: sua personalidade, seu amor pela família e suas peculiaridades excepcionais. Em um encerramento comovente, ela compartilhou os últimos dias dele e, finalmente, suas palavras:

> Ele estava se despedindo e me dizendo que sentia muito, muito por não podermos envelhecer juntos, como sempre planejamos, que ele estava indo para um lugar melhor.
>
> Sua respiração indicava uma jornada árdua, algum caminho íngreme, altitude.
>
> Ele parecia estar subindo.
>
> Mas, com essa vontade, essa ética de trabalho, essa força, havia também a capacidade amável de Steve de se maravilhar, sua crença de um artista fiel ao seu ideal, o ainda mais bonito depois.
>
> As últimas palavras de Steve... foram monossílabos, repetidos três vezes.
>
> Antes de partir, ele olhou para sua irmã, Patty, depois, por um longo tempo, para seus filhos, então, para a companheira de sua vida, Laurene, e então por cima de seus ombros.
>
> As palavras finais de Steve foram:
>
> OH, UAU. OH, UAU. OH, UAU.[52]

Todos, como Rosa Parks, Steve Jobs e Tony, podem fazer falta por todos os presentes que suas conquistas deram ao mundo. Mas, independentemente de você ser uma figura internacionalmente reconhecida ou a melhor mãe, filha, irmã, o melhor pai, filho, irmão, tio ou a melhor tia, não se trata dos títulos que você tem, do dinheiro que ganhou ou dos vários status que você alcançou na vida. O que mais fará falta é o ser humano que você é e a humanidade que demonstrou por meio da compaixão, do cuidado e do amor pelos outros.

Assim, as perguntas passam a ser: "Você está vivendo de um jeito focado naquilo pelo qual você espera ser lembrado? As suas motivações para realização são extrínsecas (para alguma recompensa externa) ou intrínsecas (porque é significativo para você)?" "O seu sustento (o dinheiro que você ganha) está levando ao seu Propósito + Valores?" "Suas decisões estão culminando em algo que é maior do que você, a serviço dos outros e, portanto, do mundo?"

YOLO significa "You Only Live Once", em português: "Você só vive uma vez."

Um primo próximo de YOLO é LOYLL. "Live Out Your Living Legacy", em português: "Viva o seu legado em vida."

Olhando para trás, para o seu exercício Batimentos Cardíacos de Felicidade, pense nas palavras que você gostaria que fossem compartilhadas quando chegar a hora de seu discurso póstumo ser escrito. Quem falaria em seu funeral? O que eles diriam? Qual é o legado que você vive ativamente e espera que viva além de você?

Tente não pensar demais — mantenha a simplicidade lembrando-se de coisas sobre as quais pode dizer: "*Uau*! Estou tão feliz por ter feito isso!" Reflita sobre aqueles momentos de seus Batimentos Cardíacos de Felicidade, os altos e baixos de sua jornada que tornam seu EU genuinamente você. Escreva seu discurso póstumo da maneira mais simples que lembre seu EU agora. Pense nisso como o legado vivo que você deseja deixar a cada dia, não depois que a loteria que todos ganhamos — estando vivos — expirar.

EXERCÍCIO 3:
ESCREVA SUA DECLARAÇÃO DE PROPÓSITO

Agora que você tem uma noção melhor de seus valores e de seu legado em vida, pode ver por que é tão essencial viver de acordo com eles todos os dias. Em seguida, ao escrever uma declaração de propósito, você estimula o quanto você é parte de algo maior do que você mesmo, e tranquiliza as questões sobre se está gastando seu tempo de forma significativa. Quando se trata de propósito no local de trabalho, você vê quanto está contribuindo de forma positiva para o seu EU, para o NÓS e para a COMUNIDADE, não importa a função que desempenhe ou as responsabilidades que assuma.

Há uma história clássica da escola de negócios do presidente John F. Kennedy perguntando a um zelador o que ele faz pela NASA. O zelador respondeu: "Estou ajudando a mandar um homem para a Lua." Ninguém sabe realmente se isso é verdade ou folclore, mas, pelo que temos visto na DH, esse tipo de história acontece todos os dias.

Não importa se você é um representante de atendimento ao cliente, um gerente de armazém ou o CEO. Todo mundo nasce com um propósito, e a jornada de cada vida é identificá-lo. Toda jornada envolve experimentar nosso propósito entre nossos altos e baixos, encarando-o com coragem e medo, e moldando-o conforme evoluímos e ganhamos sabedoria ao longo do caminho.

Seu propósito pessoal pode ser registrado como uma declaração, algo que você pode compartilhar com outras pessoas, sobre o qual pode refletir quando está tomando decisões difíceis, e em que pode confiar quando está se sentindo perdido no caos da vida. O propósito é o que naturalmente inspira a *resiliência* para adaptação e resolução de problemas que nunca encontramos antes, e a *motivação* para ser produtivo mesmo nos momentos mais desafiadores.

Propósito é o que a jovem Mulan buscou quando deixou sua casa para lutar por seu pai doente, e o que Carl, o viúvo idoso do filme *Up*, buscou depois de perder o amor de sua vida. É a linha direta da sua jornada do herói que entrelaça a riqueza de sua experiência de vida e a pergunta que você teria que caminhar até o fim do mundo para responder. Isso remete à jornada do herói o tempo todo.

Todos nós precisamos ser guiados por nosso propósito, especialmente em um tempo em que nosso mundo precisa de pessoas comuns e líderes comuns para realizarem ações extraordinárias e serem heróis.

Embora pareça assustador definir o propósito, ele não precisa ser estático. Podemos redefinir e ajustá-lo. Como Frédéric Laloux descreve em *Reinventando as Organizações*: "Propósito evolucionário... é uma mudança muito mais profunda de perspectiva. Ele nos pede para ver a organização como uma entidade viva... parar de tentar prever e controlar o futuro, mas, em vez disso, ouvir e responder continuamente ao propósito dela. Nós [então] temos o dever de... indagar sobre nossa vocação para ver se, e como, ela se harmoniza com o propósito da organização. Temos que desempenhar nossa função com alma, não com ego."53

Se você já rascunhou seu discurso póstumo, sua declaração de propósito em constante evolução deve ser como um passeio casual no parque, com os dois caminhando de mãos dadas.

Na DH, dizemos que os melhores elementos de uma declaração de propósito são inspiração, talento e impacto. A mesma pergunta que você se fez antes do exercício Batimentos Cardíacos de Felicidade se aplica aqui — você que escolhe onde redigir uma declaração de propósito para você, se no trabalho, fora ou ambos. (Observação: acreditamos muito no sistema de camaradagem, em duplas ou trios, para fazer esse exercício com seus amigos ou colegas de trabalho. Se apropriado, uma taça de vinho ou uma dose de uísque para abrir as possibilidades pode ser incluída.)

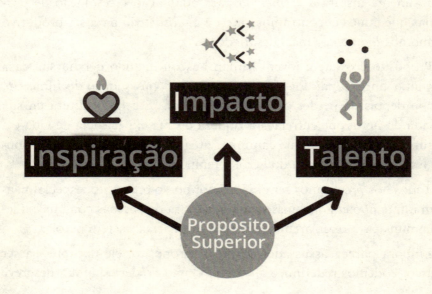

A Coisa Fácil Mais Difícil que Você Fará   97

Vamos apresentar cada um desses elementos para que possamos rascunhar sua própria declaração de propósito pessoal, começando com a inspiração. Quando a inspiração chegar, pense naqueles momentos em que você fica tão empolgado com alguma coisa, que não tem absolutamente nenhuma escolha a não ser fazer algo a respeito. Aqui estão algumas perguntas para ajudar a identificar sua inspiração:

- O que instiga você de um jeito bom ou ruim no trabalho, em casa, no mundo?
- Quais são seus impulsos incontroláveis, que ninguém pode parar?
- O que aciona você a tomar decisões no dia a dia?

Você pode pensar em coisas como abuso de poder e tirar proveito dos menos favorecidos; miopia mental, intolerância e julgamento; submissão e tomar o caminho mais fácil. Às vezes, a vontade vem da necessidade irreprimível de se expressar, seja por meio da dança, do design, da escrita, da codificação ou da invenção; às vezes, de uma necessidade de apoiar pessoas em lutas semelhantes às que você sobreviveu.

Inspiração	Vá mais fundo. Encontre a energia
Tema comum: _____	

Escolha entre suas três e cinco inspirações principais e vá mais fundo. O que está por trás de cada inspiração? Por que você se importa pessoalmente? De onde vem a paixão? Encontre a energia e, a partir daí, diminua o zoom e encontre um tema comum entre suas inspirações.

98 COMECE PELO EU

Agora vá para seus talentos e pergunte-se:

- O que vem fácil e sem esforço para você?
- Com o que seus colegas de trabalho, amigos e familiares mais pedem para você ajudá-los?
- Pelo que as pessoas que você conhece ou completos estranhos o elogiam?

Você pode responder: "Sou analítico; gosto de perguntar e desafiar o status quo; sou bom em explicar minha posição e vencer debates; posso pegar um instrumento e tocar músicas de ouvido."

Talento	Vá mais fundo. Encontre a energia
Tema comum:	

Faça aqui o mesmo que com suas inspirações. Liste de três a cinco talentos principais e faça perguntas mais profundas para encontrar a energia que os conecta. Observe que às vezes pode ser complicado encontrar um tema comum se você tiver uma variedade de talentos. Basta encontrar um caminho que pareça verdadeiro para você.

Agora vamos mudar para o impacto.

- Se você pudesse utilizar suas inspirações e seus talentos para fazer uma mudança no mundo, o que seria?
- Se você pudesse se dedicar a qualquer causa, qual seria?
- Qual você gostaria que fosse o seu legado em vida (fácil demais, porque você já fez isso!)?

Novamente, liste de três a cinco impactos desejados e, em seguida, examine mais a fundo para encontrar a energia que os conecta, perguntando: "Por que essas coisas são importantes para mim? Como seria o mundo se eu pudesse causar esse impacto?"

Impacto	Vá mais fundo. Encontre a energia

Tema comum: _____

Reflita sobre todas as suas respostas e procure onde você vê os maiores e mais naturais pontos de energia que emanam do seu íntimo. Junte todos eles em uma declaração de propósito.

Junte Tudo: Rascunho 1

Meu Propósito é usar...

meu Talento para: **(T)** _____

e minha Inspiração para: **(I)** _____

para causar [Impacto]: **(I)** _____

Junte Tudo: Rascunho 2

Meu Propósito é usar...

meu Talento para: **(T)** _____

e minha Inspiração para: **(I)** _____

para causar [Impacto]: **(I)** _____

Uma declaração de propósito pode ser algo semelhante a:

1. *Meu propósito é usar meu talento de pensamento analítico profundo e minha inspiração para lutar contra a injustiça, para causar um impacto, ao expandir o amor e a consciência em minha comunidade e no mundo.*

2. *Eu gostaria de usar minha habilidade de me relacionar com as pessoas para criar novas equipes ou pequenos grupos no trabalho que podem ajudar a neutralizar a injustiça social e racial dentro e fora do trabalho.*

3. *Crio uma narrativa visual por meio do meu trabalho para líderes e gerentes em minha organização, para que possamos manter a comunicação e o alinhamento elevados enquanto nossa empresa passa por reviravoltas e mudanças massivas.*

Não se preocupe se não está perfeito. Não deveria estar. É importante fazer progresso, não perfeição. Ninguém acerta na primeira vez, e você tem amanhã e todos os dias depois para refletir sobre isso, vivê-lo e ver como suas palavras ressoam ou precisam ser ajustadas. Essa é a forma bruta de propósito que representa onde você está hoje, não necessariamente para sempre. Como a primeira pincelada em uma tela ou um pedaço de argila sendo moldado, ele será refinado.

Ao longo deste livro, menciono pessoas que fizeram esse exercício e reconheço quão simples são seus propósitos. Temos a tendência de pensar demais no que é uma declaração de propósito, porque parece muito grande e sublime. Definir o *porquê* da sua existência não acontece apenas em um exercício, mas você pode capturar pelo menos alguma versão disso. E apenas escrever o que o anima (inspiração), quais são seus superpoderes (talento) e como você deseja que as coisas mudem (impacto) — *tudo junto ao mesmo tempo* — é o melhor passo a dar.

Entender seu Propósito + Valores ajuda a acabar com as distrações e dá clareza às suas ações diárias. Proporciona uma sensação de controle sobre suas decisões e uma sensação de progresso, mesmo quando você tem uma vida inteira de experiências e aprendizado pela frente. Seu Propósito + Valores torna-se um indicador que o ajuda a tomar decisões. Devo encontrar uma nova função ou um novo emprego? Devo dizer sim a este projeto? Devo visitar a família? Devo permanecer neste relacionamento?

Depois, há as decisões do dia a dia que você também tem que tomar. Imagine não ter que questionar se você está gastando seus minutos valiosos na vida com sabedoria, porque você já investiu o tempo para alinhar seu Propósito + Valores com suas ações diárias.

Mas o que acontece quando você segue um salário em vez de um propósito? E como você entra nos eixos quando seu propósito está desalinhado?

Jorge Rosas Torres passou 11 anos atuando como advogado trabalhista e sócio principal em um escritório de advocacia influente, buscando os itens do sucesso tradicional — dinheiro, cargos e status — ao longo do caminho.

No que começou como um dia normal, ele encontrou uma antiga amiga e também advogada, Noemi Zozaya. Eles lamentaram sobre seus empregos e concluíram que não estavam seguindo seus propósitos. Tinham se tornado advogados trabalhistas para ajudar as pessoas e acabaram fazendo o oposto, prejudicando-as. Cada caso que compartilhavam era uma decepção, e Jorge fez o cálculo constrangedor de que tinha sido o responsável por demitir pelo menos trinta mil pessoas.

"Sentia como se devesse a 30 mil almas a minha vida", lamentou Jorge. "A fim de recuperar o atraso e ficar bem com minha vida e meu carma", ele sabia que tinha que fazer uma mudança.

O que acontece na vida após a morte é desconhecido, mas o carma seria um problema se Jorge tivesse 30 mil almas esperando por ele do outro lado da porta do destino. Então decidiu transformar sua carreira. Ele começou a fazer as pazes sendo um empregador em vez de um demitidor. Ele foi para o RH visando ajudar as pessoas (sua inspiração) e usou suas habilidades de liderança (seu talento) para mudar vidas para melhor (seu impacto), que foi o motivo principal pelo qual se tornara advogado.

Ele começou com um novo cargo como executivo de RH na Cinépolis, a maior rede de cinemas do México. Ao passar em uma livraria antes de embarcar, comprou um exemplar de *Satisfação Garantida* e o leu no avião. Quando o avião pousou, ele sabia que sua empresa (e o mundo) precisava de felicidade no trabalho. E 95% da força de trabalho da Cinépolis era composta por millennials, e ele sabia que não se importavam muito em ser "bem-sucedidos"; sua prioridade era ser feliz.

Em um ano e meio, ele contratou o primeiro diretor de felicidade da América Latina, e, juntos, melhoraram o engajamento dos funcionários em 25% e reduziram a rotatividade de pessoal de 100% para 60%. A Cinépolis enfatizou a importância da cultura e do serviço, ganhou 25% da fatia do mercado da região e foi eleita a melhor equipe de RH do México pela AMEDIRH (Asociación Mexicana de Directores de Recursos Humanos, também conhecida como Associação Mexicana de Diretores de Recursos Humanos).

Logo depois, Jorge foi contratado pela Disney como chefe global de diversidade, inclusão e bem-estar em Nova York. Foi mais ou menos nessa época, quatorze anos desde o primeiro encontro, que ele voltou a falar com sua antiga amiga advogada trabalhista, Noemi. Enquanto Jorge tentava se redimir das 30 mil almas que despedira, Noemi fazia o seu próprio caminho de crescimento e transformação. Ela voltou para a universidade, fez um mestrado em direito do trabalho e recursos humanos e outro em psicologia positiva, e era chefe de diversidade e inclusão do Citigroup.

Quando Jorge a convidou para um café, Noemi contou a ele tudo sobre a DH e seu sonho de levá-la para seu país natal, o México. Jorge perguntou: "Por que você ainda não começou?" Noemi disse: "Não tenho certeza se o México está pronto." Ele disse: "Sim, confie em mim e, se quiser, adoraria começar este projeto com você!" Depois de vinte minutos, decidiram mergulhar de cabeça. Eles pediram demissão, alinharam suas inspirações, seus talentos e seu impacto, e se associaram para formar o primeiro satélite da DH na América Latina, a DH México.

Noemi compartilhou: "Foi pura magia. Eu costumava pensar que sou uma garota de sorte, mas percebi que não é sorte; quando você vive de acordo com seu Propósito + Valores, você vive de acordo com a própria vida."

EXERCÍCIO 4:
A RODA DA TOTALIDADE

Antes de 2020, a tendência das empresas era gerenciar a experiência dos funcionários. Mas as lutas pessoais e profissionais que todos suportaram desde então deixaram claro que a experiência do funcionário não é mais progressiva — ou humana — o suficiente. Agora se trata de apoiar a experiência de vida das pessoas também. Mental, emocional, física, financeira e espiritualmente. Mas o ônus de definir e priorizar o que isso significa não recai 100% sobre os empregadores. Também cabe a cada um decidir por si o que é importante em sua visão de longo prazo da integração trabalho/vida. Os líderes podem então ouvir e fazer o que está a seu alcance para apoiar seus funcionários.

Esse é o jeito certo de promover humanidade no local de trabalho, e, como temos visto nas transformações culturais ao longo dos anos, cuidar das pessoas também faz sentido para os negócios. As pessoas vivem uma vida melhor quando trabalham felizes e deixam os clientes mais felizes também. Um estudo de 2020 da Gallup sobre o bem-estar dos funcionários mostrou que aqueles que prosperam nas áreas de carreira, bem-estar social, físico, financeiro e comunitário têm duas vezes mais chances de dizer que se adaptam bem à mudança, 81% menos chances de procurar um novo empregador no próximo ano, 41% menos chances de faltar ao trabalho devido a problemas de saúde, 36% mais probabilidade de se recuperar totalmente após doença, lesão ou privação e 27% menos chances de ter mudado de emprego nos 12 meses anteriores. A mensagem era clara: cuide de seu pessoal, e eles cuidarão de seus negócios.[54] Uma vitória tripla novamente.

A integridade no trabalho envolve a vida inteira das pessoas, não apenas o tempo que passam trabalhando. Saber o que nos deixa orgulhosos e entusiasmados é uma coisa; saber no que somos ruins é importante também. Fortalecer a integridade dos funcionários parece abrir um espaço de segurança psicológica para admitirem quando estão errados, lidarem com as tensões à medida que surgem e aceitarem quando as pessoas expressam raiva, vergonha e decepção... especialmente quando essas emoções são dirigidas a si mesmos.

Quanto mais as pessoas se sentem seguras em ser quem elas são, maior é a sensação de pertencimento. A confiança aumenta, e o medo de ser exposto ou questionado diminui. Nós criamos conexões mais significativas e temos um propósito coletivo para a equipe (que abordaremos no próximo capítulo) que tem o Propósito + Valores do EU de cada um completamente alinhados com ele.

A Roda da Totalidade é uma ferramenta que você pode usar para registrar o que é mais importante na vida de cada indivíduo e o que nós, como líderes, podemos fazer para apoiar as pessoas em suas jornadas integradas entre trabalho/vida. É chamada de roda, em vez de círculo, porque você pode imaginá-la girando — e de imediato ver quão calma ou agitada será sua vida. Alguém pode ser feliz porque está se sentindo rico em propósito e espiritualidade, mas ao mesmo tempo reconhece que sua renda não supre suas necessidades básicas e precisa ser organizada de uma forma mais sustentável. A roda registra todo o espectro de uma pessoa, não apenas uma parte.

Para cada fatia da torta, o indivíduo define seu nível de satisfação. A roda de cada pessoa é definida de forma diferente, mas aqui estão as categorias mais comuns:

Roda da Totalidade

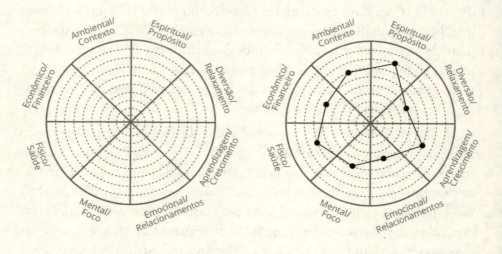

- Espiritual/Propósito
- Diversão/Relaxamento
- Aprendizagem/Crescimento
- Emocional/Relacionamentos
- Mental/Foco
- Físico/Saúde
- Econômico/Financeiro
- Ambiental/Contexto

Depois de identificar os oito aspectos da experiência de trabalho/vida, as pessoas podem classificar seu nível de satisfação em cada um com um ponto em cada categoria e conectar os pontos para ver como é sua Roda da Totalidade.

Perguntas a fazer quando tivermos o "instantâneo" de nossas vidas:

- Quão agitada (ou calma) é minha roda?
- O que torna as pontuações altas tão altas?
- O que torna as pontuações baixas tão baixas?
- Quais são as áreas para corrigir, mudar e melhorar?
- Que ações podem ser tomadas para que isso aconteça?

Ao revisitar nossa roda a cada mês ou trimestre, conseguimos ver o que vale a pena comemorar por causa do progresso alcançado e o que precisa ser evidenciado da próxima vez. Além de ajudar na autoavaliação do EU, também permite que os líderes e funcionários juntos analisem suas responsabilidades.

Ter uma resposta honesta sobre onde você acha que parou em cada categoria também não significa que cabe a outra pessoa corrigir sua pontuação baixa. A atividade é como mergulhar em si mesmo, e não algo mecânico. Se você está pontuando baixo na categoria "Econômico/

Financeiro", é uma coisa boa compartilhar de forma clara, mas isso não significa automaticamente que algo pode ou será feito a respeito.

O que a roda proporciona é um modo de refletir e fazer check-ins mais significativos consigo mesmo e com as pessoas com quem trabalha. A roda permite que as pessoas se sintam valorizadas de forma holística, não apenas pelas habilidades pelas quais estão sendo pagas. Ela também pode mostrar aos candidatos em potencial e aos novatos como as empresas trabalham de maneiras diferentes.

No final das contas, a Roda da Totalidade é apenas mais uma ferramenta eficaz que permite a todos em uma empresa — não importa sua função ou nível na organização — fazer "instantâneos" regulares de suas realizações, sentirem-se apoiados e vistos, e permanecerem no controle de viver o seu melhor EU.

No capítulo anterior, compartilhei como David Kidder, Miki Agrawal e Keith Ferrazzi se adaptaram quando enfrentaram seus pontos cegos e medos. Quando estavam vulneráveis, curiosos e corajosos o suficiente para enfrentar suas imperfeições, eles descobriram uma força inspiradora ainda maior dentro de si e para a liderança de outros.

O conhecimento de seu próprio Propósito + Valores também pode ser visto em Tony e sua aspiração ao construir estufas para os outros, ao mesmo tempo que cumpre um legado vivo todos os dias antes de morrer.

Existem tantas outras histórias de pessoas que me inspiram pela honestidade de suas ações, que causam um impacto significativo sem expectativa de reconhecimento. Uma que eu gostaria de compartilhar é sobre Manuel.

Manuel era um auxiliar de serviços gerais de 72 anos da Cinépolis, a mesma cadeia de cinemas que empregava Jorge. Entre 40 mil funcionários, ele foi vice-campeão em uma premiação que celebra a realização do propósito da marca. Mas a melhor parte da história de Manuel não era sobre o prêmio em si, era o modo como ele vivia o objetivo da empresa, vivendo primeiro o seu próprio.

Quando perguntado por que ele estava tão feliz com seu trabalho, Manuel disse: "Eu tenho dois salários. O salário com que vivo é o salário que a Cinépolis me paga. O salário *para eu* viver é um caderno. Eu limpo banheiros, às vezes 26 por hora. Depois de terminar de limpar o banheiro, espero do lado de fora desejando boas-vindas a todos os convidados como se estivessem entrando no Four Seasons Hotel. Conforme os convidados usam as instalações, ouço e escrevo todos os comentários neste caderno. Ouço coisas como: '*Uau!* Este banheiro é mais limpo do que minha casa!'"

Ele carregava aquele caderno consigo todos os dias, registrando as respostas de todos enquanto experimentavam o espaço imaculado que ele tinha tanto orgulho em proporcionar. "*Este* é o salário pelo qual eu vivo."

Manuel tornou-se um lembrete de que todos os dias podemos acordar para trabalhar com propósito, com um sorriso no rosto, sabendo que o sorriso é contagiante. A maioria de nós pode achar que ser auxiliar de serviços gerais não é viver um propósito. Mas, como disse a poeta e ativista dos direitos civis Maya Angelou: "Se você não gosta de algo, mude. Se você não pode mudar esse algo, mude sua atitude."

A atitude de Manuel é o resumo de viver um propósito e cuidar da estufa. Ser fiel a isso pode ser o trabalho fácil mais difícil que você vai fazer. Mas pelo menos saberá que vale a pena.

Parte III

PASSE DO EU PARA O NÓS

Uma coisa é saber seu próprio Propósito + Valores e seu legado em vida, mas parar por aí não gera a repercussão. É o mesmo que perguntar: "O que eu ganho com isso?", sem perguntar: "O que todos ganham com isso?"

Na Parte I, falamos sobre a hierarquia de Maslow das necessidades humanas. Acho fascinante que Maslow tenha tido uma revelação cerca de 20 anos depois de apresentar seu esquema. Ele percebeu, afinal, que a realização pessoal não era exatamente o topo. Se realmente queremos subir de nível na vida, o verdadeiro topo da pirâmide é a transcendência. É interessante como raramente vemos essa revisão, mas para mim ela é a parte mais significativa do trabalho de Maslow.

Maslow descreve a transcendência como "os níveis mais elevados e mais inclusivos ou holísticos da consciência humana".

Sabemos que as pessoas avançam na carreira com sucesso, e os empresários vendem empresas o tempo todo, e por um tempo eles pensam que "conseguiram". Mas, inevitavelmente, às vezes muito tarde em suas vidas, haverá uma vozinha sussurrando em suas cabeças: "Ei. Isso não é tudo."

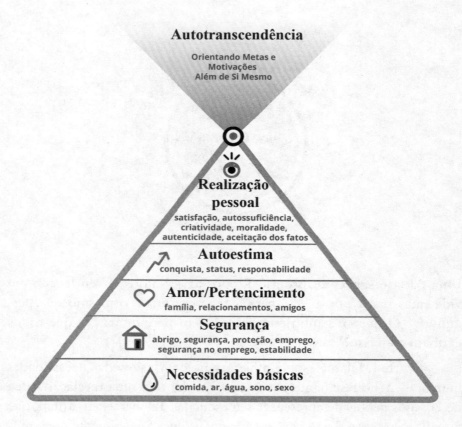

E eu sei — porque parte do meu trabalho é ajudar as pessoas a reconhecerem esse vazio em si mesmas — que esse é um momento angustiante. Já vi CEOs que desmoronaram quando deixaram seu ego vulnerável por um minuto e experimentaram o vazio de trabalhar duro por muito tempo sem nada para mostrar, exceto um aumento em suas contas bancárias; empresários que ganharam um lugar na tradição das startups, mas à custa de perdas em seus relacionamentos, muitas vezes com depressão, divórcio e muito tempo longe dos filhos; e diretores financeiros que tiveram que se desculpar por sua falta de sensibilidade em tratar as pessoas como cifrões em vez de seres humanos.

Comecei a pensar em pessoas que foram capazes de separar o ego do sucesso, especialmente aquelas de origens humildes que se tornaram "bem-sucedidas" publicamente. Ashton Kutcher veio à mente, então eu o localizei para ver se ele tinha algo novo para compartilhar sobre onde está na vida. Nós nos encontramos no South by Southwest, em Austin, durante a divulgação do livro *Satisfação Garantida*. Tony e eu alugamos um ônibus escolar para promover o livro, dar carona às pessoas pela cidade e oferecer uma estação de recarga para seus telefones celulares. Ashton entrou no ônibus e começamos a conversar.

Ele me pareceu alguém que queria alavancar sua fama para o bem. Havia, por exemplo, criado a organização sem fins lucrativos Thorn com Demi Moore a fim de aprimorar a tecnologia para conter o tráfico humano e a exploração infantil. Ele também costumava voltar para visitar sua *alma mater*, a Universidade de Iowa, e seu antigo professor, David Gould, para inspirar os alunos a seguirem suas paixões. Também estava curioso sobre como o empreendedorismo poderia ser aplicado à positividade.

Nossas conversas seguintes chegariam a Maslow bem rápido, de modo que fiquei curiosa para saber onde estava o seu EU. Emocionei-me ao ouvir como ele percebeu que seu crescimento pessoal significava ser seu EU mais autêntico e vulnerável com o propósito final de servir ao NÓS.

Ashton disse:

Descobri... que tenho a tendência de desempenhar diferentes papéis na vida. Minha identidade quando criança era a de um irmão gêmeo. Depois, um bom aluno. Em seguida, um filho de uma família desfeita. Então, o irmão de um sobrevivente de um transplante de coração. Depois, um estranho. Quando eu tinha

18 anos, invadi minha escola e fui acusado de roubo. Dessa vez, escolhi ser um criminoso. Em cada acontecimento da vida, mergulhei no papel que minha história pessoal me deu e fiz o papel de vítima daquelas circunstâncias. No momento em que mudei minha perspectiva para a do [beneficiário] dessas experiências e reconheci que minha identidade era uma escolha, e não um efeito do meu passado, isso me permitiu reconhecer minhas qualidades. Todos elas. [Então] trabalho naquelas que estavam indo ao encontro dos meus objetivos. Isso me deu oportunidade para rir de mim mesmo, porque sei que posso mudar. Isso me deu a coragem de simplesmente ser quem eu sou e me descobrir da melhor maneira possível. *Minha definição do melhor eu possível é aquela que contribui ao máximo para os outros.*

A desconexão entre propósito, valores e sucesso aconteceu com meu próprio irmão, James. Ele é casado, pai de duas meninas, empresário consagrado e coach executivo. Orgulhava-se do fato de que seu valor principal era a família. Ele queria trabalhar duro, porque estava sustentando as pessoas que amava. Que causa mais nobre existe? Mas, quando percebeu que sua filha de cinco anos estava chamando-o de Papai Trabalho, em vez de pai, perguntou-se de onde ela tirara aquilo. Era porque, toda vez que ela perguntava onde ele estava, sua esposa dizia: "Papai está trabalhando."

Naquele momento, ele ficou com o coração partido. Percebeu que a maneira como gastava seu tempo ia contra tudo o que pensava que estava fazendo — priorizando sua família. James trabalhava duro para garantir que estivessem bem, mas de que adiantava se ele não estava por perto para passarem momentos significativos juntos? Então percebeu que o ponteiro de seu propósito dizia uma coisa, mas seu tempo no relógio dizia outra. Por mais altruísta que fosse, ele estava tão absorto em dar o melhor suporte financeiro para sua família, que esquecera o quanto isso lhe tirava o mais importante: estar presente para eles.

Mas James estava autoconsciente o suficiente para segurar um espelho e olhar bem no seu íntimo. Ele olhou para suas próprias potencialidades e fraquezas, para seus verdadeiros Propósito + Valores, e, mais importante, para as condutas que os ajudaram (ou não). Assumiu a responsabilidade de dar uma guinada em sua vida e fez questão de voltar a priorizar o que ele realmente valorizava. Ele fez uma longa pausa no trabalho para restabelecer seu papel na família e se empenhar com seus valores. Passaram a viajar em trailers para parques nacionais, ele ensinava receitas que seus avós costumavam fazer e assistia a todos os jogos de basquete dos filhos. James ganhou o direito de não ser mais o Papai Trabalho; ele era pai de novo.

O que Maslow percebeu é que podemos nos realizar pessoalmente o dia todo no vácuo, se quisermos. Mas, se não transcendermos para o próximo patamar de se importar com a realização dos outros também, não aprendemos nada. Nosso senso de propósito pode parecer consistente para nós mesmos, mas, sem identificar como estamos servindo aos outros, não estamos aproveitando ao máximo nossos EUs.

Em outras palavras, à medida que cultivamos nossa própria estufa, precisamos ajudar os outros a cuidar das deles, a fim de nos tornarmos o nosso melhor eu integral.

Recentemente, conversei com Shawn Achor, também viciado em felicidade e autor de *A Vantagem do Cérebro Feliz* e *Grande Potencial*, sobre essa ideia. Ele descreveu o que chama de um de seus estudos de psicologia favoritos: "Dois pesquisadores da Virgínia descobriram que, se você está olhando para uma colina à sua frente que você precisa escalar... se você olhar para aquela colina sozinho, seu cérebro mostra a imagem de uma colina que é 20% mais íngreme do que quando você a vê ao lado de alguém que a escalará com você. Isso é crucial."

Shawn explicou o que esse estudo significa para os negócios. "A felicidade não é um esporte individual dentro de nossas organizações. Em vez disso, precisamos de uma abordagem integrada para a felicidade e para o sucesso."

Amém, Achor!

O estudo que ele cita é outra maneira de ver o interminável equilíbrio dinâmico das perguntas: "O que eu ganho com isso?" e "O que todos ganham com isso?" No final, estamos todos conectados, e todos descobrimos que a transcendência surge da repercussão do EU para o NÓS.

Construa um Ecossistema de Pessoas

Para mostrar o impacto que estufas do NÓS têm em uma organização, vamos fantasiar por um momento. Imagine que você está jogando Monopoly 2.0, uma versão alternativa que prioriza as pessoas e o planeta. Em vez de ganhar mais dinheiro, o objetivo é construir o ecossistema de pessoas mais sustentável — uma sociedade global composta de coleções de estufas dirigidas a um propósito em todo o mundo, incluindo as de todos dentro de cada organização *e* de todas as pessoas com as quais a organização interage (ou seja, COMUNIDADE). Essas coleções de estufas são projetadas para crescer e fazer o bem às pessoas *e* ao planeta. Quanto mais estufas você tiver, mais verde também terá... na forma de dinheiro. Em outras palavras, se você fizer o bem para as pessoas e para o planeta, você será mais eficaz e sustentável. Uma vitória tripla.

▶ ECOSSISTEMA DE PESSOAS

PASSE DO EU PARA O NÓS

Aqui está o que as peças do Monopoly representam:

- Uma casa é sua própria estufa.
- Uma coleção de casas é sua equipe na organização.
- Um hotel é a organização.
- Tudo no tabuleiro do jogo é o ecossistema das pessoas.

Não estamos preocupados em construir muitas estufas porque, desde que os investimentos sejam feitos para garantir que sejam sustentáveis e as condições mantidas internamente, elas podem permanecer no tabuleiro. Todos cuidam de suas estufas (EU) para que possam trabalhar juntos (NÓS) e multiplicar seu impacto, ajudando todo o ecossistema de pessoas (COMUNIDADES coletivas). Os lucros tornam-se o combustível para um ciclo mais virtuoso para todos.

Nesse jogo, todos são incentivados a fazer a mesma coisa — construir mais estufas do que os outros jogadores — mas não à custa dos outros jogadores. A competição trata-se de quão bem você constrói estufas, as organiza em equipes e empresas, e mantém o ecossistema de pessoas crescendo. Todos os jogadores têm êxito ao manter o ecossistema das pessoas próspero, mesmo que eles não "ganhem".

Eu não ficaria surpresa se esse jogo de tabuleiro já existisse (se não... sinta-se à vontade para se inspirar nele ☺), porque representa como muitas empresas estão começando a ver o mundo dos negócios como um jogo em que todos ganham. É hora de evoluir a velha mentalidade de Monopoly de o vencedor levar tudo. Nesse novo jogo, mesmo os "perdedores" com o menor número de estufas não são perdedores, porque nossos EUs, NÓS e nossas COMUNIDADES estão crescendo e aumentando seu impacto em nosso ecossistema comunitário mundial.

Quando construímos estufas do jeito certo, temos empresas e comunidades que são:

- Auto-organizadas, assim, as pessoas criam soluções em vez de esperar para fazer o que lhes é dito.
- Compostas por líderes individuais e distribuídos para otimizar a mentalidade de todos, não apenas de um ou de alguns.
- Adaptáveis a novas estratégias, projetos e metas que estarão em constante mudança.
- Criativas, para que possam pensar sobre os desafios e repensar como as coisas podem ser feitas em um mundo conturbado.

E teremos pessoas que:

- Estão aprendendo e crescendo ativamente, fracassando depressa, mas fracassando em direção ao futuro, à medida que a tecnologia continua a evoluir exponencialmente e novas habilidades precisam ser aprendidas.
- São resilientes consigo mesmas para que possam ser resilientes para a empresa.
- Estão genuinamente mais felizes, mais produtivas e totalmente engajadas em fazer o que for preciso para contribuir de maneiras significativas.

Se alguma dessas coisas soa familiar, é porque um ecossistema de pessoas saudáveis está projetado para prosperar na Era Adaptável, para lidar rapidamente com qualquer VICA ou MID que surja no caminho.

As Condições de Estufa para Se Adaptar e Prosperar

Como sabemos, as estufas estabilizam as condições ideais para que as plantas cresçam. Elas as protegem contra condições meteorológicas extremas e fornecem um clima melhor para aquelas que teriam dificuldades ao ar livre. Como mencionei na Parte I, podemos criar condições dentro das organizações que permitam às pessoas crescerem e prosperarem.

Essas condições estão em empresas grandes e pequenas, públicas e privadas, em culturas e países de todo o mundo, e são inspiradas pela natureza. Sou uma grande fã da lenda viva Sir David Attenborough, o aventureiro britânico de 94 anos, historiador e narrador dos documentários mais incríveis sobre animais que você já viu. Quando eu era criança, meus pais não nos deixavam assistir a *Welcome Back, Kotter* ou *Tudo em Família*, mas *Um é Pouco, Dois é Bom e Três é Demais* e a documentários com Sir David? Absolutamente. Depois de ouvir as primeiras notas de "Venha e bata à nossa porta..." ou a música-tema do *Mutual of Omaha's Wild Kingdom*, meus irmãos e eu corríamos para ver o que Jack Tripper ou Sir David nos tinham reservado naquela semana.

A natureza se tornou um refúgio e inspiração conforme eu me reconectava a ela. Eu adorava ouvir passos no solo macio ao caminhar entre as sequoias e observar as folhas balançarem no vento, enquanto meu pai cantava Sinatra, com emoção. Mas as condições de estufa fazem referência à natureza porque a *natureza sempre vence*. As plantas e a vida animal retornam após um desastre natural (como um incêndio) ou mesmo um desastre causado pelo homem (como Chernobyl). Não importa para onde ele leve o planeta, a natureza se adapta e renasce para prosperar.

Humanos? Não muito. O design moderno da organização tem muito a aprender nesse aspecto. Novas tecnologias e métodos estatísticos mais do que nunca nos mostram as diferenças entre habitats que apenas sobrevivem e os que prosperam. Os cientistas descobriram que os comportamentos de todos os tipos de espécies animais compartilham bases muito semelhantes. O que implica que seja o que for que os animais estejam fazendo certo, os seres humanos são capazes de imitar.

A observação inspirada em Darwin de que os animais "mais responsivos à mudança" durarão mais que os outros pode agora ser aplicada para garantir que os ecossistemas das pessoas também prosperem — mas apenas se certas condições de estufa existirem. Vamos nos aprofundar nas quatro condições da estufa, uma de cada vez.

CONDIÇÃO DE ESTUFA 1: ALINHAMENTO

O comportamento animal em nível coletivo (grupo) é mais semelhante do que os cientistas acreditavam. Em um estudo, eles observaram os movimentos de várias espécies. Primeiro, abelhas em seu favo de mel fazendo seu trabalho de fazer mel (aparentemente aglomeradas). Em seguida, os peixes chicharros se atropelando no mar para se protegerem de predadores (nunca indo a qualquer lugar, só nadando em círculos). Finalmente, eles observaram como os estorninhos se moviam durante o voo. Você pode ter visto vídeos deles online, como se estivessem coreografando lindas danças de voo sincronizado. O que eles estavam realmente fazendo era ajustando sua velocidade e direção com base nos movimentos uns dos outros, movidos pelas ações de um predador. (Desculpe reduzir a noção romântica de que estão coreografando um show para você, mas talvez se você pagasse mais para eles...)

Os pesquisadores descobriram que os algoritmos de movimento em todos esses animais eram os mesmos, exceto por uma variável: *alinha-*

As Condições de Estufa para Se Adaptar e Prosperar   121

mento. Tecnicamente, todos estavam fazendo seu trabalho, mas as abelhas tinham o menor alinhamento, enquanto os estorninhos, o maior.

A lição no contexto do design organizacional é a de que, se quisermos que nossas equipes não batam cabeça ou nadem em círculos, precisamos de um conjunto de regras para alinhá-las. É aí que o propósito, os valores e os comportamentos individuais (PVCs) entram em jogo. O propósito fornece o destino, ou a meta, para onde a equipe e a empresa precisam ir. Valores e comportamentos atuam como regras.

Ao alinhar Propósito + Valores do EU dos indivíduos ao NÓS das equipes e empresa, garantimos que não haja espaço para gerentes-gaivotas de microgerenciamento (aqueles que voam, fazem muito barulho, sujam tudo, sufocam a criatividade e produtividade, e depois vão embora).

Ao declarar os PVCs para as pessoas a eles se alinharem, os ecossistemas permitem que os funcionários sejam eles mesmos, com os recursos científicos de felicidade nas mãos — controle para tomar suas próprias decisões, avanço sabendo que estão todos em um voo e conectividade, porque eles estão indo ao encontro do mesmo objetivo juntos.

Mas o que acontece quando não há alinhamento entre uma pessoa e uma organização?

Mesmo quando alguém acredita no Propósito + Valores de uma empresa e tem as habilidades necessárias, o ajuste inicial ainda pode estar desalinhado. Com a taxa de mudança nesta Era Adaptável, isso não surpreende. É esperado. As necessidades tanto dos empregadores quanto dos funcionários mudam rapidamente, por isso o alinhamento deve ser visto como um processo contínuo. Se alguém não está vivendo de acordo com o Propósito + Valores da empresa ou não está atuando como esperado, o ponto de vista inflexível é que isso é um prejuízo para o resto da empresa e evidência de um ajuste ruim. Todos nós já estivemos em reuniões ou equipes nas quais uma pessoa parece alheia ao quanto está afetando negativamente a todos em termos de produtividade, eficiência e, em última análise, felicidade. Se você não percebeu que essas pessoas existem, pergunte-se se essa pessoa é você (piscadela).

Mas, uma vez que é um processo, se a organização fez sua parte expressando claramente sua cultura e expectativas na função, então isso se torna um diálogo com o potencial de coaching, aprendizagem e crescimento. Em organizações adaptáveis, incorporamos um mindset de crescimento ao fornecer oportunidades para que as pessoas se desenvolvam. Nós as encorajamos a explorar coisas novas, especialmente quando há entusiasmo para aprendê-las. Na DH, tivemos pessoas como Angela Ice, que passou do RH para operações, depois cultura e, então, chegou àquilo pelo que é mais apaixonada: contabilidade e finanças. Quando ela começou, não imaginava que aquilo se tornaria sua paixão, mas sua curiosidade a levou a tentar coisas novas, e nosso modelo de estufa (ou, no caso dela, iglu) permitiu que ela crescesse e alcançasse o papel certo.

Como Carol Dweck, autora e palestrante TED, descreve o mindset de crescimento: "Cria amor pelo aprendizado e a resiliência essencial para grandes realizações."[55] É disso que as empresas adaptáveis precisam.

Com o mindset de crescimento, há o medo de tropeços e deficiências, mas, quando se trata de falhar para inovar, não há dúvidas. Quando há responsabilidade (condição de estufa 3), os ecossistemas e as organizações se adaptam rapidamente. Com uma comunicação aberta e honesta, não deve haver surpresas se a cultura ou a contribuição de habilidades não estiverem mais alinhadas. Tanto o funcionário quanto a organização devem deixar bem claro quando há desalinhamento, a ponto de haver acordo quando for melhor para alguém encontrar outra função ou empresa. Você ficaria surpreso com a quantidade de pessoas que se candidatam quando percebem que seu Propósito + Valores não estão alinhados com os de outras pessoas no trabalho. Na maioria das vezes, elas preferem procurar trabalho onde possam ser autênticas.

Nas organizações mais adaptáveis, o alinhamento é visto como contratos sociais sendo constantemente revisados e criticados em conjunto, com todos os funcionários tendo direitos iguais para se expressar e para descobrir quais seriam as melhores etapas coletivas futuras.

Matt Mullenweg (cofundador do WordPress e CEO e fundador da Automattic) diz: "Esclarecemos nosso propósito para que o mundo em geral, as contratações em potencial e os funcionários atuais tenham a

As Condições de Estufa para Se Adaptar e Prosperar   123

mesma noção de quem somos e do que fazemos. Eu diria que é raro que o alinhamento seja a causa imediata para alguém ir; muito mais importante é deixar claras a responsabilidade e as expectativas para uma função, e isso aparecerá se alguém não estiver totalmente alinhado."

Quanto mais específico você for sobre o que alinhamento significa para a empresa, mais eficaz ele será. Os exercícios do EU são cruciais para entender como você se alinha com o NÓS de suas equipes e empresa. Os Batimentos Cardíacos de Felicidade e a Roda da Totalidade mostram onde uma pessoa está e, aos líderes, como apoiar da melhor forma a vida de cada pessoa (além do próprio trabalho). Quanto mais as pessoas se sentirem apoiadas, mais tempo ficarão, atenderão melhor aos clientes e mais o negócio terá sucesso. A tripla vitória.

Depois que a DH trabalhou com a Toyota na Espanha, a Toyota mudou de uma estrutura focada no produto para uma focada no cliente e nos funcionários. Melhorar a experiência holística do funcionário tornou-se prioridade, assim nasceu o programa Experience Toyota. Seguindo o modelo que a empresa desenvolveu para a experiência do cliente, ela abordou todos os pontos de contato entre ela e seus funcionários. Verónica Fernández, acionista e coachsultora® executiva da DH Espanha, explica: "A experiência do funcionário inclui toda a interação desde a contratação, integração, gestão da mudança e reunião com a administração. Até garantir que as pessoas demitidas ou dispensadas estivessem alinhadas com seus valores essenciais."

Mapear a experiência do funcionário ajuda as empresas a compreender a relação direta e pessoal com a experiência do cliente. Se o valor vitalício do funcionário (o valor financeiro estimado que um funcionário leva para uma organização durante a vida útil de trabalho na empresa) aumentar, o valor vitalício do cliente (o lucro estimado de todo o relacionamento com ele) também aumenta. Ressignificar os funcionários como clientes — ambos ativos para a empresa, em vez de passivos — também torna nossa função financeira feliz. Como? Tornando cada ponto da trama da experiência do funcionário — contratação e demissão, treinamento e desenvolvimento — uma métrica importante. E, uma vez que você tenha os elementos da cultura funcionando, como Propósito +

124 PASSE DO EU PARA O NÓS

Valores (o exercício 2, mais adiante, mostra como estabelecer isso com o alinhamento em mente), as finanças perceberão como qualquer "despesa" da cultura é na verdade um investimento voltado para economizar dinheiro e ganhar mais.

Alinhamento também significa criar equipes que reconheçam e ajudem as pessoas a usarem seus pontos fortes de maneira natural. Avaliações como CliftonStrengths (ou StrengthsFinders, que determina o que as pessoas fazem melhor) são um bom começo, mas não fazem muito a longo prazo, a menos que se torne um diálogo constante. Check-ins mensais ou trimestrais nas Rodas da Totalidade dos funcionários também permitem monitorar o que está indo bem e o que não está. Quais são os projetos e as tarefas em que as pessoas tiveram uma sensação de autonomia, fluidez e crescimento? O que parecia exaustivo e improdutivo? Em quais outros caminhos de projeto, dentro ou fora das funções atuais das pessoas, elas podem estar interessadas? Como é a dinâmica da equipe entre colegas de trabalho e líderes? As pessoas preferem pizza vegana em vez de pizza de pepperoni para as horas extras?

Como mencionei, o termo *autogestão* está contaminado pela ideia de que as pessoas fazem o que querem, quando querem. Para ser claro, pedir a opinião das pessoas dentro de organizações autogeridas não significa que elas abandonarão todas as tarefas chatas e ficarão nas salas de descanso até que um projeto interessante apareça. O diálogo equilibra o que as pessoas devem fazer e o que desejam.

Supondo que o esforço maior (e investimento financeiro inicial) para avaliar as habilidades e a contribuição cultural tenha sido feito de forma diligente no processo de contratação, faz sentido realizar um esforço extra para ver como o alinhamento pode continuar. Caso contrário, sabemos que o custo da rotatividade de pessoal pode aumentar muito rapidamente (dependendo da função e do salário, varia de 150% a 213% do salário).[56] E, para piorar as coisas, o desalinhamento se transforma em uma perda tripla, porque todos acabam infelizes.

Mas os funcionários e líderes que têm conversas abertas e honestas criam estruturas transparentes e adaptáveis para um alinhamento contínuo e mais saudável.

As Condições de Estufa para Se Adaptar e Prosperar   125

Com todos os nossos clientes, a sessão que exige menos esforço e garante maior impacto é a de alinhamento da liderança executiva. Se houver oito executivos na sala, não surpreende que haja oito interpretações de seus Propósitos + Valores. Ao final da sessão, o objetivo é unificá-los.

Nós lhes lembramos de seus motivos pessoais e coletivos de estar na empresa. Revisamos se seus valores ainda são apropriados, aconselhamos sobre como toda a empresa pode continuar responsável por seus comportamentos e identificamos de todos fazem o que se dispuseram.

Fazemos uma análise para ver se estão vivendo autenticamente seus valores ou apenas esperando que os outros o façam. Vimos executivos deixarem uma empresa por não acreditarem que a responsabilidade se aplica a eles. Em outras ocasiões, vimos líderes tomarem a iniciativa, por reconhecerem que não se mantêm nos mesmos padrões das pessoas que supervisionam, de modo que se ajustam para viver seus valores e comportamentos declarados. Essa sessão é um ajuste de contas não apenas para a empresa, mas também para os indivíduos.

Em uma sessão de alinhamento que tivemos com executivos de uma empresa de serviços financeiros, as tensões ficaram altas quando o assunto da responsabilidade surgiu. O objetivo da discussão era eles entenderem que investir tempo e dinheiro seria um desperdício se eles não pudessem ser exemplos positivos de viver seus valores e abraçar o feedback 360 que estavam recebendo. Um de nossos coachsultores®, Ron (também conhecido como "a coruja sábia"), explicou que eles abdicariam de sua responsabilidade como líderes e prejudicariam sua credibilidade se não o fizessem. Os ânimos ficaram tão exaltados, que Ron (que é calmo e controlado, daí o apelido) apontou o problema. Balançando a cabeça em total descrença, ele disse: "Se vocês não tomarem a iniciativa... bem, as consequências são suas."

O ocorrido assustou a todos. Os consultores não deveriam ser os responsáveis pela repreensão na sala. Mas a mensagem chegou, e mudanças importantes aconteceram, porque o CEO resolveu se empenhar para ser um líder mais consciente. E aqueles que se recusaram a se alinhar? Foram embora. Os que ficaram assumiram suas novas responsabilidades, e a empresa cresceu mais rápido do que nunca.

126 PASSE DO EU PARA O NÓS

Quando se trata de alinhamento, adoro a metáfora de Chip Conley sobre uma equipe de remo:

> Existe um termo do remo, *swing*, que me ajudou a ver que nos momentos mais desafiadores, você precisa criar alinhamento, e coisas impressionantes acontecem. Em uma tripulação de oito pessoas com um timoneiro (o condutor do barco) dirigindo a equipe, isso significa encontrar uma maneira de todos remarem em harmonia e se sentirem conectados. Se você fizer isso bem, o barco milagrosamente se eleva na água para que o atrito não atrapalhe. Dessa forma, eles podem deslizar mais rápido e mais facilmente. A metáfora funcionou com minhas equipes de liderança nas últimas grandes crises: 11 de Setembro, o colapso das empresas pontocom, a Grande Recessão e a pandemia.

Se for investir tempo, dinheiro e energia no desenvolvimento de equipes prontas para o futuro, investigue se *todos* — do mais alto até o mais baixo escalão — estão alinhados para ser exemplos positivos de valores e comportamentos, para trabalharem juntos com menos atritos.

CONDIÇÃO DE ESTUFA 2: PERTENCIMENTO

As pessoas têm três vezes e meia mais probabilidade de realizar todo o seu potencial quando têm a sensação de pertencimento no trabalho.[57] Quando não só aceitamos, mas *criamos* maior (bio)diversidade em nosso trabalho, construímos condições que permitem que as pessoas tenham a sensação de pertencimento, para que vivam o seu melhor.

Se você também é fã de Sir David Attenborough, sabe que a biodiversidade é o que determina por que certos ecossistemas se desenvolvem enquanto outros morrem. Quando há uma abundância de espécies e variedade em plantas, animais e micro-organismos, os ecossistemas são sustentáveis e mais produtivos, porque cada espécie desempenha uma função específica. Seus habitats são mais estáveis e se recuperam mais rapidamente em caso de desastres naturais. Não é por acaso que o equi-

As Condições de Estufa para Se Adaptar e Prosperar   127

valente à biodiversidade em uma empresa cria os mesmos resultados: sustentabilidade, produtividade, habilidade, resiliência e adaptabilidade.

Aplicar a noção de biodiversidade aos ecossistemas das pessoas não poderia ser mais oportuno e apropriado para o futuro do trabalho. O que aprendemos é que todas as espécies, incluindo seres humanos, são afetadas de modo diferente quando sofrem uma perda de diversidade.

A criação de uma estufa de pertencimento começa com um esforço consciente para estabelecer um espaço seguro de interação e aprendizagem. Não se trata de características operacionais ou de estilos de liderança. Trata-se de garantir que todas as pessoas sintam que estão em um lugar em que podem falar livremente e ser ouvidas.

Nosso desejo de interagir é fisiologicamente programado no cérebro de forma primária, para nos ajudar a sobreviver. No livro *Social: Why Our Brains Are Wired to Connect* [*Social: Por que Nosso Cérebro Está Programado para Se Conectar*, em tradução livre], Matthew D. Lieberman compartilha evidências de como as conexões sociais estão ligadas a saúde.[58] Como exemplo extremo, agora sabemos que se sentir solitário é pior para o bem-estar geral do que fumar quinze cigarros por dia, sendo ainda mais perigoso do que a obesidade, de acordo com Douglas Nemecek, médico, diretor médico de saúde comportamental da Cigna.[59] Mas, embora tenha sido cientificamente comprovado que somos criaturas sociais, que se desenvolvem por meio do contato, hoje em dia muitas vezes nos esforçamos para ter uma noção de nossas necessidades sociais — especialmente quando parece que a maioria de nós prefere maratonar Netflix sozinho do que caminhar com um amigo.

Uma pesquisa da Gallup, com mais de 150 países, descobriu que os funcionários que afirmam ter um melhor amigo no trabalho têm 7 vezes mais probabilidade de se engajar nele.[60] Quando nos relacionamos em equipes com objetivos comuns, desenvolvemos conexões emocionais mais profundas, que liberam oxitocina, o que gera mais empatia, mais criatividade e uma sensação de fluxo em nosso trabalho. Todas elas, coisas que preferimos em vez do cortisol, que é gerado em nossos corpos quando o ambiente de trabalho, típico, nos causa estresse e ansiedade.

128 PASSE DO EU PARA O NÓS

É importante observar que o pertencimento se relaciona ao recurso científico da conectividade, mas eles *não são intercambiáveis*. Você pode ter locais de trabalho propícios a conexões significativas, mas sem a condição de estufa de pertencimento. Uma "panelinha" praticando nepotismo (poder que favorece parentes ou amigos) pode experimentar uma forte conexão, com os efeitos adversos de os outros não se sentirem aceitos, tratados com justiça ou com pertencimento. Hoje em dia, é bom lembrar o conselho e a pergunta de Groucho Marx, se queremos pertencer a um clube (ou empresa) só porque ele nos aceita como membro.

É claro que é aí que entram a diversidade, a equidade, a inclusão e o pertencimento (DEIP). Recentemente, mais empresas aderiram ao movimento DEIP porque temem uma perda nas vendas e na fidelidade do cliente. Mas a mudança sistêmica no DEIP não consiste em colocar no Instagram uma imagem de um quadrado preto ou uma citação inspiradora de Martin Luther King Jr. em seu aniversário e encerrar o dia. O que conta são todos os dias entre esses momentos de visibilidade.

O DEIP visa a criação de uma sociedade mais justa, imparcial e antirracista. A pandemia revelou verdades sistêmicas sobre onde estamos e até onde precisamos ir. Trabalhadores minoritários viram os níveis mais altos de desemprego por causa da Covid-19.[61] As mulheres estavam mais vulneráveis aos efeitos econômicos relacionados à Covid-19 devido às desigualdades de gênero existentes. A McKinsey & Company estimou que a taxa de perda de emprego feminino era 1,8 vezes maior do que a de masculino em todo o mundo.[62] E, de acordo com o Bureau of Labor Statistics dos EUA, as mulheres negras e latinas tiveram perda de empregos em níveis mais elevados do que as brancas.[63]

Estudos revelam que organizações diversificadas têm 35% mais chances de superar seus pares.[64] Mas, apesar da evidência de que empresas mais diversificadas tendem a ser mais lucrativas e inovadoras, os locais de trabalho ainda precisam evoluir quando se trata de incluir grupos minoritários, especialmente mulheres e pessoas não brancas, em cargos de liderança. O Google, por exemplo, tem um local de trabalho que tem apenas 3% latinos e 2% negros.[65] A Intel tem um percentual um pouco maior, com 8,05% e 3,67%, respectivamente.[66]

Então, *como* resolver isso? Compartilharei os métodos na Parte V, mas, como mostra a natureza, ecossistemas de pessoas têm maior probabilidade de florescer de modo sustentável se adotarem a (bio)diversidade.

Quando se trata de pertencimento, às vezes, não é suficiente apenas reconhecer o problema óbvio. De vez em quando, temos que o sacudir também, de um jeito que sabemos que permitirá que as tensões apareçam. O objetivo é criar um espaço seguro, de compaixão e empatia para que todos se sintam *ouvidos* e *compreendidos*. Ao olhar para trás, sabemos que progredimos e que o trabalho está apenas começando.

O DEIP não se trata só de antirracismo e equidade, mas também de inclusão. Trata-se de garantir que as vozes possam ser ouvidas igualmente, independentemente de raça, gênero, sexualidade, personalidade, posição ou título. Antigamente, os líderes que enfrentavam decisões difíceis acreditavam que só eles tinham o "fardo" de resolver as coisas. Agora incluímos todas as vozes na mesa, sabendo que é melhor pedir a opinião de muitas do que assumir que a de um é a resposta.

Keith Ferrazzi estava prestando consultoria para uma das maiores empresas de embalagens de bens de consumo do mundo, conversando com o CEO sobre o sucesso estratégico e financeiro do próximo ano. "Por que não apresentamos a seus mil líderes principais suas iniciativas estratégicas e pedimos que façam suas equipes refletir sobre três questões: Quais são as áreas de crescimento? Quais são os riscos que não estamos vendo? O que poderíamos fazer para cumprir nosso propósito?"

Imagine uma empresa inteira definindo em conjunto propósito, riscos e crescimento. Era o oposto de uma organização hierárquica tradicional. Baseado em seu livro, *Leading without Authority* [*Liderando sem Autoridade*, em tradução livre], Keith usou a maneira mais rápida de coletar os dados: via Google Docs. Não demorou meses; só algumas semanas para coletar e sintetizar a opinião de todos. O processo destacou aqueles que tinham paixão por liderar e fazer a mudança acontecer.

Keith disse: "Imagine como as pessoas em uma organização se sentem quando a liderança age com elas, e não para elas ou por elas. Criar coisas para você é muito diferente de quando a liderança faz isso com você." Além disso, "faz uma grande diferença em como as pessoas se sentem de um modo geral".

Isso mostra que a iniciativa de criar a condição de pertencimento tem que começar de cima. Quando os líderes fazem o que dizem, servem de exemplo para todos na empresa. "A DH ensinou-nos que tudo começa com *você*", revelou Aman Omarov, CEO do BI Group, uma empresa de construção no Cazaquistão, após perceber que a cultura não englobava apenas seus funcionários, mas também começava com seu próprio EU. "Não somos a única empresa a trabalhar em condições difíceis, mas nos tornamos uma empresa que se preocupa com o seu pessoal. Que quer de fato motivar e dar mais às pessoas para aumentar sua lealdade, felicidade e todas as coisas que tornam nossa empresa centrada nas pessoas." Vimos Aman evoluir de alguém que investia nas pessoas sem muita convicção para um líder que se tornou seu maior defensor.

"As pessoas estão mudando. Elas estão se transformando por si próprias!" Sofiya Akmesheva já foi gerente de eventos e, em seguida, direcionou suas paixões para se tornar a chefe da felicidade do BI Group. "Nossa taxa de rotatividade geral diminuiu 16,6% em 2019 e 14% em 2020, o Net Promoter Scores aumentou 12% em três trimestres, as vendas de 2020 atingiram um recorde com um aumento de mais de 20% em comparação aos anos anteriores, e o lucro aumentou 1,5 vezes de 2019 a 2020. Na *Forbes*, os alunos do Cazaquistão nos escolheram como um dos três principais empregadores para vários cargos. Cuidamos do nosso pessoal durante a Covid-19 para manter a produtividade e o engajamento nessa crise, o que fez uma grande diferença. Nosso índice interno de felicidade aumentou de 7,5 de 10 em 2019 para 7,7 em 2020. Tudo isso afetou a atratividade da nossa marca para candidatos externos e pessoas em busca de empregos, e, entre o primeiro e o último trimestre de 2020, o número de candidatos por vaga aumentou 162%!"

Especialmente para a Geração Z e os millennials, uma cultura de pertencimento surge da criação de espaços em que as pessoas se sintam seguras, apoiadas e capazes de ser elas mesmas. Mais importante ainda, a partir da criação de um lugar que nutra seus EUs e NÓS para que possam viver seu propósito superior.

Conforme o índice de felicidade dos funcionários aumentava, Sofiya refletiu: "Acreditamos que se sentem apoiados para fazer algo maior que eles, tendo um trabalho significativo e pertencimento."

CONDIÇÃO DE ESTUFA 3: RESPONSABILIDADE

A palavra *responsabilidade* é uma das mais usadas e abusadas atualmente. Comparada a palavras como *natureza* e *humanidade*, também parece burocrática, dogmática e política.

Algumas pessoas esperam responsabilidade dos outros, mas se sentem isentas quando se trata das suas. Vemos isso acontecer no dia a dia na sociedade, em todos os níveis de governo e na manutenção da ordem pública, nas forças armadas e no sistema escolar. A culpa é sempre de outra pessoa, e, infelizmente, a culpa muitas vezes recai sobre alguém que pouco teve a ver com o problema. De vez em quando, vemos justiça sendo feita, mas lutar por responsabilidade parece uma causa perdida.

Contudo, dentro das organizações, temos uma oportunidade incrível de liderar e agir com responsabilidade e estrutura adequadas. Pessoas em todos os níveis devem sentir que há justiça em quem está sendo contratado, demitido, promovido e repreendido. Ao criar responsabilidade no trabalho, em um sistema mais confiável do que o que vemos na sociedade em geral, restauramos o senso de equidade e humanidade na vida.

Alguns líderes esperam que todos na empresa assumam a responsabilidade por suas escolhas, mas é uma vergonha que muitos deles não a querem. Esse é o ponto em que os líderes podem se aprimorar, sendo atentos ao fazer o que dizem. Se esperamos que todos caminhem juntos, precisamos estabelecer um precedente para a responsabilidade.

Uma maneira de reformular a responsabilidade é pensar sobre ela de uma perspectiva mais humana. Em vez de ser supervisionado pelo Big Brother, pense nela como se conectar e se unir. Um termo para isso é *responsabilidade compartilhada*. Quando se trata apenas de responsabilidade, há uma sensação de que os gerentes estão "tornando" as pessoas responsáveis. A motivação é extrínseca, porque se trata de expectativas, recompensas e consequências. Mas quando há corresponsabilidade, as pessoas reivindicam suas responsabilidades. Elas ficam mais engajadas, porque exercem os recursos científicos de controle, progresso e conexão umas com as outras. Organizações adaptáveis precisam deles para incorporar a responsabilidade dos coproprietários.

Os seres humanos são mais capazes de sobreviver e se adaptar quando trabalham juntos. Nós nos uníamos como tribos para caçar ou viver juntos em aldeias para potencializar nossos recursos e aumentar nossas chances de sobrevivência. Éramos instintivamente responsáveis uns pelos outros, porque não éramos muito úteis quando devorados por um leão. Mas, infelizmente, perdemos a responsabilidade de vista, e está na hora de a trazermos de volta em nossas organizações. Dentro das empresas, precisamos construir um contrato social firme, que beneficie cada um, porque trabalhamos com os mesmos objetivos — acreditamos no propósito que nossa empresa estabeleceu.

Quando penso em responsabilidade desse jeito, penso em meu avô. Na infância, ele nos mostrou que a responsabilidade consiste em todos fazerem sua parte, contribuindo com seu trabalho e respeitando o dos outros. Mas, além disso, ele tinha um senso de apreço por aqueles que foram pioneiros e se sentia responsável pelas futuras gerações.

Ele cresceu em uma pequena aldeia no condado de Toisan, Guangdong, no sul da China. Sua jornada do herói para realizar seu sonho norte-americano começou como balconista em uma mercearia e o levou a se tornar um dos magnatas do mercado imobiliário de maior sucesso em Sacramento. No entanto, ele nunca se esqueceu de onde veio, pois contava com o legado de cada imigrante de Toisan que veio antes dele. Como diriam seus Batimentos Cardíacos de Felicidade, seu auge despencou depois que JFK foi assassinado, e ele perdeu a maior parte de sua riqueza, em 1963. Mas não antes de retribuir. Durante anos, ele mandou dinheiro para a aldeia e dirigiu a Associação Lim de Sacramento para ajudar os novos imigrantes a se reerguerem. Seu senso de responsabilidade era compartilhado por ambas as comunidades — ele se sentia na obrigação de retribuir seu próprio sucesso. Era um homem de poucas palavras e deixava suas ações falarem por si.

Tive uma oportunidade inesquecível de visitar Toisan em 1995 com minha família. Foi uma daquelas experiências entre gerações únicas na vida — pisar no solo de onde todos viemos, na presença das pessoas que lá nasceram. Ver as crianças correndo com camisetas esfarrapadas e chinelos gastos me fez perceber que poderia ter sido eu, e, embora nossas vidas estivessem a oceanos, sorrimos um para o outro com uma sensação de conexão. A conexão mais intensamente sentida foi quando vi meu avô reconhecer um amigo de infância que não via há cerca de 60 anos.

Eles apertaram as mãos e fizeram uma foto juntos. Meu avô tinha o dobro da circunferência de seu amigo. Isso me fez pensar na diferença entre as vacas gordas que vemos nos Estados Unidos e as magras, em Toisan. Que diferença nosso ambiente faz em nosso corpo, mas o sorriso escancarado deles na foto era o mesmo, como se fossem meninos novamente. O respeito silencioso que trocaram com os olhos dava a sensação de que a amizade de sua juventude tinha começado ontem.

É por isso que a responsabilidade deve ser humana. Responsabilidade não consiste de acusação ou culpabilidade — é um aceno para todos que vieram antes de nós e por aquilo pelo qual lutaram, viveram e morreram.

Hoje já se sabe, cientificamente, que trabalhamos melhor em equipes — nossa versão moderna de vilarejos — unidos por Propósito + Valores. Quando eu era pequena, meu pai me mostrava a importância da função do lixeiro, e *cada* função na sociedade e nas organizações é necessária para que sobrevivamos e prosperemos. Refletir sobre nossos ecossistemas nos faz aceitar nossa responsabilidade uns para com os outros como seres humanos novamente. Com isso em mente, vemos a responsabilidade como uma via de mão dupla entre equipes e equipes de equipes:

- **Líderes** são responsáveis perante as pessoas que lideram, não porque desejam arrancar trabalho e produtividade delas, mas porque se preocupam em ajudá-las a crescer e alcançar seus objetivos, dentro e fora do trabalho. Os líderes reconhecem e incentivam tanto a contribuição da cultura quanto o desempenho, não apenas um ou outro. (Por causa disso, os líderes são recompensados com a produtividade e o engajamento das pessoas.)

- **Indivíduos e equipes,** bem como os líderes, são responsáveis pelos acordos dentro de suas equipes e da empresa, assim que ingressam. Eles vivem segundo o Propósito + Valores da empresa (por meio de comportamentos específicos), e o acordo os faz desempenhar e fornecer o valor para o qual foram contratados. (É parte do acordo os líderes apoiarem nossas metas de vida *e* trabalho.)

O tipo de responsabilidade a que me refiro não é acusação ou culpa. É um senso compartilhado de respeito e responsabilidade, construído a partir do que significa ser humano com os outros. Todos são recompensados (de parabéns, "arrasou" e "isso aí" a bonificações e aumentos baseados em contribuição e resultados). Todos reconhecem suas deficiências ou seus erros e demostram seu compromisso de crescer e melhorar.

Claro, não podemos apenas prometer um ao outro com um aperto de mão, e então esperar que a humanidade aconteça por encanto. Responsabilidade também significa haver consequências que se apliquem a todos os níveis da organização (incluindo a alta liderança). Se alguma dessas coisas não for vivida de forma consistente ao longo do tempo — propósito, valores e comportamentos, papéis e responsabilidades, habilidades e desempenho — de qualquer um dos lados, é uma violação de contrato social que deixa claro que não há mais um bom ajuste.

Como compartilhei ao listar a condição de estufa 1, alinhamento, se o diálogo foi aberto e honesto, e as tentativas de treinar não trouxeram progresso ao longo do tempo, é hora de o realinhamento acontecer.

Todos nós sabemos que basta uma pessoa — em uma reunião, um departamento ou toda a empresa — para prejudicar a produtividade dos outros (e, portanto, a felicidade). Responsabilização exige que seja traçada uma linha rígida com as consequências em vigor. Caso contrário, as pessoas duvidarão que os valores da empresa têm peso, porque os outros escapam deles impunes. Basta uma ou duas ervas daninhas para destruir as condições de que a estufa precisa para crescer.

As Condições de Estufa para Se Adaptar e Prosperar — 135

Julgamento
- Você toma decisões sábias apesar da ambiguidade
- Você identifica as causas raízes e vai além do tratamento dos sintomas
- Você pensa estrategicamente e pode expressar o que você está e não está tentando fazer
- Você é bom em usar dados para informar sua intuição
- Você toma decisões com base no longo prazo, não no curto prazo

Comunicação
- Você é conciso e articulado na fala e na escrita
- Você escuta bem e procura entender antes de reagir
- Você mantém uma postura calma em situações estressantes para extrair o pensamento mais claro
- Você adapta seu estilo de comunicação para trabalhar bem com pessoas de todo o mundo que podem não falar sua língua nativa
- Você fornece feedback sincero, útil e oportuno aos colegas

Inovação
- Você cria novas ideias que são úteis
- Você reconceitua questões para descobrir soluções para problemas difíceis
- Você desafia as suposições prevalecentes e sugere abordagens melhores
- Você nos mantém hábeis, minimizando a complexidade e encontrando tempo para simplificar
- Você se dá bem no comando

Inclusão
- Você colabora efetivamente com pessoas de diversas origens e culturas
- Você promove e adota perspectivas diferentes para tomar melhores decisões
- Você reconhece que todos temos preconceitos e trabalha para superá-los
- Você intervém se alguém está sendo marginalizado
- Você é curioso sobre como nossas experiências diferentes nos afetam no trabalho, em vez de fingir que isso não acontece

Curiosidade
- Você aprende rápido e avidamente
- Você contribui efetivamente fora de sua especialidade
- Você faz conexões que os outros deixam escapar
- Você procura entender nossos membros ao redor do mundo e como os entretemos
- Você busca perspectivas alternativas

Coragem
- Você diz o que pensa, quando é de interesse da Netflix, mesmo que seja desconfortável
- Você toma decisões difíceis sem sofrer
- Você assume riscos inteligentes e está aberto a possíveis falhas
- Você questiona ações inconsistentes com nossos valores
- Você é capaz de ser vulnerável, em busca da verdade

Integridade
- Você é conhecido por sua franqueza, autenticidade, transparência e por ser apolítico
- Você só fala de seus colegas de trabalho na frente deles
- Você admite erros livre e abertamente
- Você trata as pessoas com respeito, independentemente de seu status ou diferenças com você
- Você sempre compartilha informações relevantes, mesmo quando é preocupante fazê-lo

Impacto
- Você executa uma quantidade incrível de trabalhos importantes
- Você demonstra um desempenho consistentemente forte para que os seus colegas possam confiar em você
- Você faz seus colegas melhores
- Você se concentra nos resultados em vez do processo

Paixão
- Você inspira outros com sua sede de excelência
- Você se preocupa intensamente com nossos membros e com o sucesso da Netflix
- Você é obstinado e otimista
- Você é tranquilamente confiante e abertamente humilde

Altruísmo
- Você busca o que é melhor para a Netflix, em vez do que é melhor para você ou para seu grupo
- Você tem a mente aberta para grandes ideias
- Você arranja tempo para ajudar os colegas

Netflix 2021 (jobs.netflix.com/culture)

Quando bem-feito, vincular recompensas e repercussões ao quão bem as pessoas vivem segundo propósitos, valores e comportamentos (sem surpresa) leva a culturas incríveis. Principalmente quando os líderes fazem o que falam, as pessoas contribuem não apenas para a segurança no emprego, promoções e salário, mas porque se envolvem emocionalmente, sentem que pertencem ao todo e vivem seus Propósitos + Valores.

Se você está se perguntando sobre o fator de falha mais comum que vejo ao implementar a condição de estufa de responsabilidade, tudo se resume à indefinição de comportamentos *desejados*. Eles são essenciais para acabar com a lacuna entre as boas intenções e as boas práticas. Valores sem comportamento são como árvores sem folhas. Comportamentos identificados são as folhas (cada ação e interação) que dão vida aos valores. As pessoas normalmente não vão trabalhar com a intenção de transgredir valores. No entanto, todos os dias, elas se comportam de um modo que mostra seu desconhecimento dos valores da empresa.

Ao esclarecer os comportamentos, os líderes podem dar feedback às pessoas e coaching interno, e melhorar a vivência dos valores. Quando definimos comportamentos, vivemos os valores com clareza e criamos um caminho certeiro para medir, reconhecer e recompensar os outros por vivê-los. Um bom exemplo de valores e comportamentos estabelecidos vem da Netflix, conhecida pela cultura que prioriza as pessoas e preza por seus valores. Aqui está seu exemplo de como comportamentos específicos (e, portanto, responsabilidade) funcionam:[67]

CONDIÇÃO DE ESTUFA 4: COMPROMISSO

Como é sabido pelos cientistas há um tempo, animais e seres humanos vivem em sistemas complexos. Tentar sobreviver na selva não é muito diferente de tentar sobreviver no trabalho. (Infelizmente, a maioria de nós atesta isso.)

Mas uma descoberta adicional da pesquisa sobre sistemas complexos é que grupos de animais agem a partir de um conjunto de regras comportamentais internas com as quais cada membro individual está comprometido. Mesmo que os grupos não tenham um líder, essas regras internas guiam as ações dos indivíduos. As próprias regras são baseadas em como os animais próximos se comportam. Se um animal começar a se mover para a direita ou para a esquerda, é provável que outros o sigam. É assim que o bando de estorninhos que mencionei se organiza, mesmo sem um líder designado. Cada estorninho se move com base nos vários estorninhos próximos a ele, até que um novo "líder" temporário surja (que pode ser qualquer um deles).

Então, o que torna certas equipes altamente eficazes em seu objetivo em comum? Por que grupos de golfinhos ou orcas são tão competentes quando estão caçando para comer? O sucesso deles está relacionado ao compromisso de um com o outro — nos níveis do que eles deveriam fazer individualmente (o EU), o que é bom para o grupo (o NÓS) e para sua sobrevivência coletiva em *longo prazo*. Não há dependência de um único líder para tomar todas as decisões. Eles estão todos empenhados no sucesso. Confiam e influenciam os sentidos, movimentos e cérebro uns dos outros para capturar suas presas de maneiras inteligentes e eficientes.

Mas confiança e instintos não garantem necessariamente resultados. Baleias e golfinhos usam sua inteligência, mantêm altos níveis de comunicação, cooperam durante a caça e constantemente aprendem e ensinam uns aos outros novas habilidades e métodos de pesca. Em cada grupo, os membros têm funções específicas — desde sopradores de bolhas, que formam redes orgânicas para agrupar suas presas, até mergulhadores, que conduzem os peixes até a superfície. Os grupos são o exemplo ideal do trabalho em equipe e adaptabilidade, cujos métodos de pesca são exclusivos para o habitat em que vivem.[68] Até chamamos nossos departamentos de "pods" (nome dado a grupos de golfinhos em inglês) e equipes dentro deles de "subpods" na DH, para lembrar a todos da natureza orgânica e dinâmica de como somos organizados.

Mas quando os seres humanos são deixados por conta própria, os pesquisadores descobriram que podemos ser tão impressionáveis quanto um rebanho de ovelhas. Uma só pessoa caminhando em uma direção pode fazer com que todo o grupo se mova na mesma direção. Se você assistiu a um episódio de *The Walking Dead* ou *The Office*, ou entrou em um escritório típico, isso está longe de ser chocante.

O que aprendemos é que os ecossistemas de pessoas ainda precisam de estrutura, porém, não podem mais se basear nos organogramas arcaicos do passado. A rigidez da estrutura de comando e controle de cima para baixo de um único líder não funciona mais no futuro do trabalho. O ritmo das mudanças e a necessidade de adaptação tornaram obsoletos os organogramas tradicionais. Quando os organogramas permanecem inflexíveis, o líder não muda com dinamismo de acordo com as necessidades em constante mudança de uma organização sustentável. O compromisso é com um líder, não com todos.

No lugar desses organogramas, estão os princípios de auto-organização e autogerenciamento que permitem a escolha de um conjunto rotativo de orientações dependendo do projeto; o líder se torna a pessoa que é melhor não só na qualificação e nas habilidades, mas também no alinhamento do propósito. O sistema complexo de uma organização torna-se uma rede de indivíduos agindo de forma independente, mas desenvolvendo o mesmo conjunto de comportamentos, como orcas em um grupo ou pássaros em um bando. Em vez de várias equipes ouvindo o único chefe no comando, há uma equipe de equipes (como o general aposentado do Exército dos EUA Stanley McChrystal descreve em seu livro — pasme — *Team of Teams*) que toma decisões em todos os níveis. Todas as informações críticas são compartilhadas e disseminadas para delegar poder a todos — independentemente da "posição" — para tomar decisões informadas. Quando, em vez disso, modificamos organogramas em mapas de crescimento, as pessoas têm papéis itinerantes em projetos orientados por propósito e alinhamento de habilidades, mudando dinamicamente de acordo com as necessidades do negócio.

A chave aqui é acabar com o tabu da palavra de quatro letras auto — *autogestão, autocuidado, autossuficiência...* e, claro, *autocentrado*. Se todos estão comprometidos com um propósito comum, não precisamos temer que as pessoas sejam autoguiadas no trabalho do dia a dia. Sabemos que precisamos nos manter atualizados sobre as novas versões de um sistema operacional organizacional. Mas, a menos que o compromisso de longo prazo seja uma característica fundamental do sistema, podemos muito bem ser o pobre coitado no *Walking Dead* caindo em um poço de zumbis esperando o almoço.

Meu amigo Matt Mullenweg, que criou o WordPress, quando tinha 19 anos, e atualmente é CEO da Automattic, uma empresa de US$6 bilhões, vive essas condições de estufa em seus negócios não porque elas são legais, mas porque funcionam em um mundo que se move rapidamente — e são as únicas coisas que funcionam em escala.

Ele explica a estufa de seu empreendimento mais recente, a Automattic, a empresa por trás do WordPress. Sua missão é democratizar o conteúdo na web: "Construímos a Automattic [para que fosse] fácil para qualquer pessoa, não importando onde estivesse, participar do desenvolvimento de nossos produtos. Descrevemos isso não como um trabalho remoto, mas como um trabalho distribuído, porque não existe uma 'central'. Cada nó da rede, cada pessoa na empresa, está igualmente conectado aos outros [e] tem oportunidades iguais de contribuir."

Ele também reconhece que o verdadeiro poder da auto-organização é a adaptabilidade.

"Como efeito colateral", diz Matt, "isso também tornou a empresa bastante resistente a crises ou desafios que afetam apenas uma área geográfica, porque 99% da empresa está em qualquer outro lugar, e também a um desafio global, como a pandemia, visto que as pessoas já podiam trabalhar de casa e não eram obrigadas se deslocar. Ainda estamos vulneráveis de outras maneiras; por exemplo, se a internet estiver fora do ar, será difícil fazer o trabalho ou atender aos clientes, mas quando dependemos de algo assim, tentamos contar com sistemas como a internet que são distribuídos, têm mecanismos robustos de *failover* e não dependem de uma única empresa para continuar funcionando."

Assim como não podemos depender de uma empresa, não podemos depender de uma única pessoa ou equipe. À medida que testamos novas versões de sistemas operacionais neste futuro do trabalho, vemos como empresas e equipes auto-organizadas e distribuídas estão se tornando mais uma regra do que uma exceção. Cada nó da rede, cada pessoa na

140 PASSE DO EU PARA O NÓS

empresa, não está somente conectado e pode contribuir, mas deve se comprometer para manter o sistema operacional funcionando.

A natureza nos ajuda a entender como sistemas complexos funcionam por meio da auto-organização. Como seres humanos, podemos aprender e imitar o que é útil para nós. Ao aplicar as condições de alinhamento, pertencimento, responsabilidade e compromisso às nossas estufas, criamos ecossistemas de pessoas que promovem o controle, o progresso e a conexão (as alavancas de felicidade). Na verdade, construímos ambientes nos quais as pessoas podem se autoeleger e se comprometer com a visão de longo prazo de adaptação e prosperidade, ou se retirar.

EXERCÍCIO 1:
PACTO DE CULTURA

Um Pacto de Cultura é uma ferramenta fácil de usar que incorpora as quatro condições de estufa: alinhamento, pertencimento, responsabilidade e compromisso. Incorporamos essa atividade no início de todos os nossos workshops para definir o tom e estabelecer a confiança. O objetivo de um Pacto de Cultura é criar conjuntamente as condições para que as pessoas se sintam vistas, ouvidas e à vontade para compartilhar, bem como cocriar um espaço seguro para aprender e crescer juntas. Este exercício pode ser usado para iniciar projetos, reuniões importantes ou uma equipe nova. A organização maior tem um conjunto de valores essenciais, mas isso não significa que você não possa ter sua própria subcultura e valores acordados (idealmente, inspirados pelos valores gerais da organização!).

1. Peça à equipe para pensar em equipes excelentes e de alto desempenho em que estiveram ou viram em ação. Aquelas em que os membros se sentiram verdadeiramente apoiados e capazes de compartilhar ideias livremente.

2. Peça-lhes que identifiquem qualidades específicas dessas equipes de sucesso (cuidado, compaixão, coragem, inovação, apoio etc.).

3. A partir daí, transforme essas qualidades em comportamentos observáveis específicos (apoio pode ser traduzido em

As Condições de Estufa para Se Adaptar e Prosperar   141

"Observar como você está se sentindo antes de mergulhar no trabalho" ou "Usar uma linguagem como 'sim e' em vez de 'não, mas' ao se basear nas ideias dos outros"). Faça com que o grupo se alinhe com as qualidades e comportamentos que mais apoiem o projeto/sessão/equipe e garanta que haja um sentido de pertencimento.

4. Faça a equipe responder à pergunta: "O que fazemos quando as coisas ficam difíceis ou desconfortáveis?" Peça para definirem um jeito de alguém manter o grupo responsável se o Pacto de Cultura não estiver sendo cumprido. Pode ser uma palavra de segurança, como *bacon*, estalos no ar ou amassar um pedaço de papel e jogá-lo no meio da sala. Quando há uma sensação de confiança na sala, apenas um desses atos pode dissipar a tensão e abrir o caminho para uma conversa.

5. Faça com que cada pessoa concorde com o Pacto de Cultura, mostrando que está dentro. A partir daí, o tom é definido e você pode prosseguir pelo mesmo critério. Lembre-se de que o Pacto de Cultura pode ser revisto pelo grupo caso surjam novas necessidades.

Que qualidades queremos?

Nosso pacto de cultura

QUALIDADES DE NOSSA CULTURA   **QUANDO FICA DIFÍCIL**

☐ *Eu concordo*

Assinatura _____

Nós nos comprometemos?

142   PASSE DO EU PARA O NÓS

Estabelecer Pactos de Cultura com confiança e honestidade muitas vezes joga uma luz sobre problemas óbvios. Quando fizemos este exercício com um de nossos clientes, a atmosfera ficou carregada de tensão, porque uma nova liderança havia chegado, mas o CEO anterior tinha exercido um estilo de comando e controle que evidenciou o transtorno de estresse pós-traumático (TEPT) da maioria dos funcionários na sala.

Quando o exercício começou, as pessoas levaram as primeiras qualidades usuais que vinham à mente: "trabalho em equipe", "respeito", "mente aberta". Mas então alguém levantou a mão lentamente — era a última pessoa na sala que alguém esperava que dissesse algo. Ele era um jovem que sempre pareceu distante e austero. Sugeriu a qualidade de "ser vulnerável". Todos ficaram chocados ao ouvi-lo, enquanto compartilhava que era uma qualidade que ele sempre quis, mas não se sentia seguro para explorar por causa da liderança de cima para baixo que a empresa tinha antes. Ele disse: "Se todos nós soubéssemos pelo que os outros aqui estão passando, talvez tivéssemos mais empatia e déssemos um ao outro o benefício da dúvida."

Ele compartilhou que costumava se sentir como se eles vivessem em um "mundo do não", em que as ideias eram sistematicamente rejeitadas. Mas agora que as coisas estavam mudando, estava na hora de criar um local de trabalho em que as pessoas se sentissem seguras ao compartilhar ideias. Era como o ditado: "Quando você fala com o coração, todos ouvem." Ao falar sua verdade, ele quebrou o gelo remanescente da liderança anterior, e a sensação de tensão na sala se transformou em uma nova realidade.

Outros começaram a entrar na conversa, pessoas que quase nunca se pronunciavam, e compartilhar ideias inovadoras. No final do primeiro dia, o CEO foi às lágrimas com o impacto que o workshop teve sobre ele e sua equipe. A conexão humana e o compartilhamento em grupo que a equipe experimentou eram coisas que ele nunca havia sentido em nenhum local de trabalho. Com as novas habilidades adquiridas, ele sabia que a equipe estava com determinação, no caminho de entregar felicidade aos clientes externos e a seus próprios membros.

Ele ficou emocionado e orgulhoso da equipe. A experiência foi mais do que poderia esperar, e ele sentiu a cura na sala. Ela partiu de uma alma corajosa que reservou um momento do exercício do Pacto de Cultura para cair na real e abordar o que ninguém mais ousara dizer, o que fez com que todos se sentissem à vontade para expressar suas verdades.

A força daquele momento mostrou que o impacto da atividade dizia menos respeito ao exercício em si e mais à criação de um espaço em que as pessoas se sentissem seguras para liberar suas energias e se curar, com um desejo de fluir em uma direção mais positiva.

O importante para um Pacto de Cultura é não subestimar o poder do que o pertencimento pode fazer. Vimos CEOs que sentiam que não pertenciam à empresa que dirigiam, finalmente, sentirem-se conectados por perceberem que não se tratava da jornada de uma pessoa, mas coletiva. Vimos opositores com personalidade mais impaciente responder sarcasticamente com respostas como: "Paz mundial e felicidade!", quando questionados sobre que tipo de Pacto de Cultura procuravam, mas, no final da reunião do dia, os mesmos opositores tinham as mais sinceras epifanias e diziam coisas como: *Se há alguém que pode influenciar a felicidade no mundo, são as pessoas. Ocorreu-me: Meu propósito superior está alinhado com isso.*

Exemplo de um pacto de cultura

- Traga vozes diversas para encorajar a discordância criativa e a colaboração
- Ouça sem interromper e faça uma pausa antes de responder
- Promova interação, humor e ludicidade
- Estimule, delegue e apoie a todos para que deem o melhor de si
- Inove e experimente para impactar positivamente o futuro
- SEJA ORIENTADO PARA RESULTADO = Empenho para a ação :)

144 PASSE DO EU PARA O NÓS

EXERCÍCIO 2:
ALINHAMENTO DE PROPÓSITO (OU VALORES)

Fazemos este exercício para conscientizar como o propósito (ou valores) de cada pessoa se alinha com o de todas as outras de uma equipe e, em seguida, chega até o da empresa — do EU ao NÓS.

A partir de uma perspectiva macro, esse alinhamento é um dos pilares na gestão de organizações de qualquer tamanho orientadas pela cultura, em qualquer país do mundo. Isso faz com que as pessoas em seus ecossistemas não apareçam apenas para receber o pagamento, mas também por causa de seus propósitos pessoais. Não mais sentirão que estão vivendo os valores estabelecidos pela empresa porque recebem ordens. Elas o farão porque encontraram a sobreposição com seus próprios valores pessoais, conectando o que é valorizado pela empresa ao que é mais significativo para o seu EU.

Vou lhe explicar o que é um Alinhamento de Propósito, mas você pode alterá-lo quando quiser alinhar sua equipe e os valores organizacionais. Ambos são importantes, portanto, recomendamos fazer uma sessão de alinhamento para propósito e outra para valores. É aqui que você colocará em prática os exercícios que fez na seção EU (como Batimentos Cardíacos de Felicidade e Escreva Sua Declaração de Propósito) para alinhá-los com os outros.

1. Prepare uma "tela" na parede com papel suficiente para que todos colem seus objetivos do EU. Peça a todos que escrevam sua declaração de propósito pessoal em um pedaço de papel.

2. No centro da tela, desenhe um círculo e escreva (ou imprima) o propósito do NÓS conforme definido pela empresa (por exemplo, o da Red Bull é "Elevar a mente e o corpo").

3. Peça às pessoas que se levantem, uma por vez, leiam seu propósito pessoal para o resto da sala e, em seguida, colem-no na tela em torno do propósito da empresa. Enquanto fazem isso, pergunte: "Você vê alinhamento entre o seu propósito e o da empresa?"

As Condições de Estufa para Se Adaptar e Prosperar 145

4. Quando a resposta for sim, desenhe uma linha que os conecte e escreva algumas palavras sobre essa conexão. Na verdade, é raro que eles não se conectem de alguma forma, mas, se isso ocorrer, tudo bem também. Pode ser um indicador de que não há alinhamento ou convide a pessoa a refletir e encontrar uma conexão na etapa seis.

5. À medida que mais pessoas começarem a compartilhar seus propósitos, convide todas para perceber não apenas o alinhamento entre seu propósito e o da empresa, mas também as interconexões entre os propósitos uns dos outros. Por exemplo, se um participante fala sobre criar comunidade e acabar com a injustiça social, e o propósito de outra pessoa é criar um mundo mais inclusivo e compassivo, trace uma linha entre os dois. Desenhar essas linhas ajuda as pessoas a visualizar com mais clareza como os propósitos de todos estão, na verdade, mais conectados uns aos outros do que pensam.

6. Faça uma pausa para que todos vejam a tela. Pergunte sobre pensamentos, sentimentos e percepções das pessoas, e lembre-se de levar as pessoas da etapa quatro que podem não ter encontrado uma conexão óbvia. Se tiverem dificuldades, veja se outros as ajudam a pensar em conexões que se relacionem com o propósito da organização. No fim, após um *brainstorming* em conjunto, o propósito de todos deve se conectar de pelo menos uma maneira.

Em 2017, ajudamos Sallie Mae a se submeter a uma transformação cultural em grande escala, começando com uma atualização de valores. Ela se viu em uma posição em que precisava aumentar o envolvimento dos funcionários, a experiência do cliente e a fidelidade à marca. Ao longo de 18 meses, ajudamos a redefinir os valores de sua empresa. Enquanto esse trabalho era conduzido pela equipe de liderança de valores, um grupo multifuncional de líderes estratégicos de todos os níveis da organização estava envolvido. De executivos a pessoas nas centrais de atendimento, cada pessoa tinha uma voz e era convidada a dar sua opinião. Assim que isso foi concluído, projetamos uma sessão de quatro

146 PASSE DO EU PARA O NÓS

horas para todos os funcionários, apropriadamente intitulada "Nossos Valores, Nossa Voz", que foi implementada para todos os 1.800 funcionários. No programa, o primeiro exercício que fizemos foi ajudar as pessoas a encontrar os valores do EU e, em seguida, fizemos um exercício para nos aprofundarmos nesses valores. Terminamos com a atividade em que nos alinhamos com os valores estabelecidos da empresa.

Essa abordagem transmitiu uma mensagem de que a liderança se preocupava sinceramente com quais eram os valores pessoais do EU de cada um e quis que seu pessoal tivesse uma conexão experiencial com cada valor (em vez de apenas ler um e-mail informando-os dos valores que eles deveriam seguir). Ela também deu aos funcionários uma noção de propriedade e controle. Eles não foram instruídos de que precisavam viver de acordo com os valores que os executivos propuseram em uma reunião externa, mas a se alinhar aos valores de uma forma que os tornasse significativos para eles pessoalmente.

Por exemplo, durante o exercício de Alinhamento de Valores, no final, se o valor do EU de alguém fosse amor, podia mapeá-lo para o valor de contato de Sallie Mae. Se o valor do seu EU fosse a liberdade, poderia mapeá-lo para ousar fazer. Se seu valor fosse harmonia, poderia se conectar com o sucesso. Identificar o que era importante pessoalmente mostrou que eles não tinham que se esforçar para seguir os valores de Sallie Mae; tudo o que estavam fazendo era sendo fiéis a seus eus autênticos.

As Condições de Estufa para Se Adaptar e Prosperar   147

Aqui está um exemplo visual do que fizemos:

Alinhamento de Valores

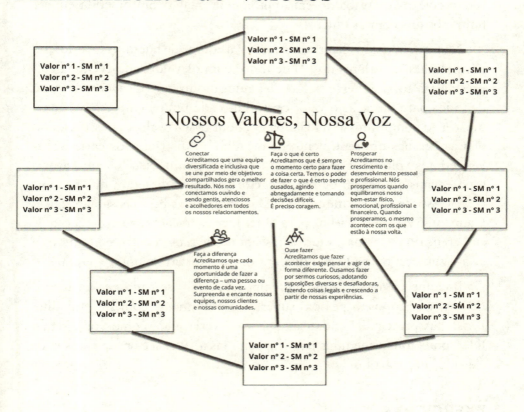

Seu nome: *Monica V*

Valor pessoal nº1: **AMOR** ⟵⟶ Valor de Sallie Mae nº1: **CONECTAR**

Valor pessoal nº2: **LIBERDADE** ⟵⟶ Valor de Sallie Mae nº2: **OUSAR FAZER**

Valor pessoal nº3: **HARMONIA** ⟵⟶ Valor de Sallie Mae nº3: **PROSPERAR**

Conhecer melhor seus colegas é mais do que saber quantos filhos eles têm, seu time ou sua preferência entre leite de amêndoa e de aveia. Quando você consegue compartilhar — com confiança e aceitação —

148 PASSE DO EU PARA O NÓS

seu Propósito + Valores com as pessoas com quem interage todos os dias, seus relacionamentos vão instantaneamente do nível superficial para uma conexão mais profunda. Uma conexão que não depende de serem colegas de trabalho em uma equipe, mas comprometida em ser humanos uns com os outros.

Na Canpa, nosso cliente da Turquia, a equipe de liderança se esforçou para alinhar os valores do EU de todos com os valores do NÓS da empresa. Para enfatizar esse esforço, a equipe modificou os cartões de visita de todos para destacar o valor central de cada um na empresa. Além de mostrar o compromisso da Canpa em honrar seus valores pessoais, isso deu às pessoas um sentimento de orgulho ao distribuir os cartões. Os vendedores voltariam com a informação do quanto seus clientes atuais e potenciais adoraram os novos cartões. Alguns disseram que tornava o processo de vendas muito mais fácil, porque as pessoas sabiam que a Canpa não estava lá apenas para obter lucros, mas também por causa de sua crença nas pessoas. Outros disseram que seus clientes perguntaram se a Canpa estava contratando para que pudessem se juntar à equipe!

Imagine como sua equipe e empresa seriam se cada pessoa identificasse seu propósito pessoal superior e o alinhasse com seu trabalho. Pense nas principais mudanças que você veria e em como você, sendo líder, pode tomar medidas para capacitá-las a viver seus propósitos mais elevados no trabalho.

EXERCÍCIO 3:
DESEMPENHO DE CRESCIMENTO

Na DH, acreditamos que não é suficiente avaliar alguém apenas pelas habilidades que carregam consigo. Igualmente importantes são as formas como contribuem para a empresa, para os seus colegas, através da sua cultura. Quanto mais clareza (e responsabilidade) você definir em relação às expectativas, mais provável será que sejam atendidas.

É assim que tornamos os valores e comportamentos mais relevantes para o crescimento e o desempenho das pessoas: vinculando-os a suas

As Condições de Estufa para Se Adaptar e Prosperar   149

avaliações e bônus. O objetivo é mudar o foco de medir o desempenho de alguém com base puramente no que faz (desempenho da tarefa) para avaliar *como* (vivência dos valores). Em outras palavras, você tenta observar não apenas se um líder ou gerente está fornecendo feedback consistente (ou, como a DH diz, torná-lo mais uma ação para o futuro, *feedforward*) para suas equipes, mas também se o fizeram de uma forma que reflete o valor de "comunicar-se com honestidade e respeito".

Os comportamentos específicos são úteis para avaliar o desempenho baseado em valor. Ser meticuloso com o que todos os seus valores significam quando se trata de comportamentos cotidianos os torna mensuráveis. Expressões como *Trazer diversas vozes para encorajar o conflito criativo e a colaboração em projetos e reuniões* são mais eficazes do que *Ser diversificado e inclusivo*. Outros exemplos de comportamentos específicos:

- Dê crédito e *feedforward* construtivo sendo específico, significativo, autêntico, real e oportuno, além de dizer: "Obrigado", ou "Você pode fazer melhor".
- Averigue para entender e avaliar de onde cada pessoa vem.
- Apoiem ativamente os objetivos profissionais e pessoais uns dos outros.
- Faça o que você diz que fará.
- Apenas diga coisas sobre os outros que você diria diretamente a eles.
- Ajude outros membros da equipe sem ser solicitado.

Um bom lugar para começar é medir o *feedforward* e as avaliações 80/20. Isso pode significar 80% de desempenho e 20% de contribuição para a cultura. Também pode significar que 80% são atribuídos às próprias responsabilidades (o quê) e 20% vão para como os valores foram vividos ao serem realizados (o como). Chegar a 50/50 é o objetivo.

Às vezes, avaliações específicas usam pesos diferentes, como 60/40, se você quiser enfatizar como uma determinada pessoa deve viver os valores da empresa. Os pesos podem mudar dependendo das áreas em

PASSE DO EU PARA O NÓS

que a pessoa precisar crescer. Pessoas diferentes se destacam (e precisam trabalhar) em valores diferentes, por isso é importante criar um plano de crescimento e desenvolvimento personalizado para cada funcionário e como eles podem contribuir da melhor forma para a empresa!

Adicionar *feedforward* 360 de todos na empresa ajuda de maneiras qualitativas e quantitativas. Mas, para que seja mais eficaz, todos devem dar e receber — inclusive executivos e líderes do alto escalão. Mesmo que isso signifique que todos precisem adicionar uma camada de Teflon na pele. (Essa é uma das razões pelas quais o trabalho no EU, descrito na Parte II, é essencial, para que as pessoas de todos os níveis da organização sintam a segurança psicológica para compartilhar o lado bom, o ruim e o feio percebido de si mesmas. Todos nós temos nuances e precisamos incorporar todos esses elementos.)

Pesquisas como feedback 360 e ferramentas de empresas como a Culture Amp o ajudam a personalizar perguntas para os valores específicos da sua organização. Isso ajuda a garantir que a revisão 360 não apenas convide as insatisfações das pessoas, mas opere dentro de uma estrutura de integridade e objetividade. Desenvolver esses exercícios para os funcionários definindo a intenção de que eles são para o crescimento e desenvolvimento pessoal (não um meio de acusar os outros com uma crítica negativa) fornece a você as respostas mais honestas e construtivas para o progresso — tanto para EU quanto para NÓS.

Alinhamento do EU para o NÓS: A Starbucks

Na Parte I, vimos como a Starbucks enfrentou uma das maiores decisões em seus 50 anos de história. Além da competição de culturas de café desde os "mais legais", como Philz, Blue Bottle, e cafés locais e comunitários do outro lado da rua, ela foi confrontada com a pandemia, a recessão e a necessidade de responder ao movimento Black Lives Matter. Danny Brooks expôs os interesses em termos mais claros: "É nos tempos de crise que você descobre [o que uma empresa representa]. Ao que você — ao que *nós* — se agarrará? Em que barco nos agarraremos? Ao barco do dinheiro? Ao barco das pessoas? Ao barco do propósito?"

A resposta ficou clara: "Este foi um exercício de propósito para nós."

Danny se referiu a um "exercício de propósito" como um reinício do que a empresa vinha fazendo há muitos anos: cumprir sua declaração de missão. Era uma batalha para saber como seriam a estratégia, marca, cultura e as operações reformuladas. Como todas as empresas em 2020, ela teve que repensar suas ações de curto prazo para abordar as questões de segurança da Covid-19 para seus parceiros e clientes. Mas também não queria abandonar seus planos pré-Covid-19 de mapear o futuro para que a Starbucks pudesse durar mais 50 anos. Será que a empresa seria capaz de conciliar ambos?

Annie Richmond, líder da equipe com Danny, expressou um sentimento parecido. "As pessoas sempre fizeram parte da nossa missão e dos nossos valores. Mas, quando colocadas à prova, vamos de fato viver a missão e os valores em vez de apenas seguir as diretrizes da empresa?"

Àquela altura, embora as receitas tenham sofrido um grande baque, a Starbucks tomou decisões urgentes e significativas, como a de oferecer aos parceiros da loja a opção de ir trabalhar ou ficar em casa — e pagá-los. Isso inspirou sua marca principal de conforto (e uma sensação de controle) em uma época em que as coisas pareciam psicológica e fisicamente inseguras para todos. A empresa estava determinada a mostrar seu compromisso e anunciou sua prioridade: a saúde e a segurança de todos os parceiros da Starbucks.

A pandemia parecia o catalisador para a mudança, levando a liderança a refletir sobre seu próprio propósito e considerar a missão da empresa inteira. Quaisquer que tenham sido os motivos, suas escolhas deixaram claro que a liderança queria fazer as coisas de maneira diferente.

Mas os eventos imprevisíveis de 2020 continuaram chegando, assim como os golpes que vieram com eles. Depois que uma série de mortes injustas e desumanas de negros norte-americanos culminou com a morte de George Floyd, o movimento Black Lives Matter (BLM) foi reativado. Essas mortes foram um lembrete descarado de que o racismo sistêmico ainda existia dentro da aplicação da lei e do sistema legal nos EUA, mas os manifestantes não estavam apenas ocupando ruas do país — estavam ocupando as ruas do mundo também. Foi o maior movimento na história dos Estados Unidos e um dos maiores que o mundo já viu.

Todas as corporações no mundo estavam sob escrutínio por suas ações, mas a Starbucks estava sob um microscópio, em grande parte porque é uma marca reconhecida globalmente e liderada por uma missão. No auge emocional do BLM, um memorando interno da Starbucks vazou para o público, proibindo os parceiros de usar qualquer coisa que mostrasse apoio a ele. Não demorou muito para que a hashtag #BoycottStarbucks se tornasse uma tendência no Twitter. As pessoas apontaram a falta de sinceridade da empresa em mostrar apoio da mídia social ao BLM por um lado (dizendo que estava "comprometida em fazer parte da mudança") e enviando uma mensagem completamente inconsistente aos seus parceiros internamente.

Em poucos dias, a decisão foi revertida, e a Starbucks mais uma vez reiterou seu apoio ao BLM. "Nossos parceiros (funcionários) disseram-nos que precisam de um modo de se expressar no trabalho, e nós os ouvimos", tuitou a Starbucks. "Eles agora podem usar camisetas, broches e crachás do Black Lives Matter."

A Starbucks estava em águas desconhecidas, e não apenas com a priorização de curto prazo, mas também com a esperança de perdurar em longo prazo. Ela sabia que a pergunta tinha que ser respondida: Como essa situação se adaptaria ao furacão da mudança?

Foi o teste final para ver o que a empresa definiria como prioridade e, o mais importante, se ela realmente a priorizaria em suas decisões e comportamentos. Em uma época em que as receitas e os preços das ações oscilavam por causa de uma crise global, com as políticas internas que sempre são um problema nas grandes corporações, essas questões se avolumavam. Com todos no ecossistema global da Starbucks — parceiros, clientes, agricultores e comunidades — sofrendo de maneiras sem precedentes, a equipe de liderança concordaria sobre como seguir em frente e sobre o que a empresa representaria?

O que aconteceu a seguir foi uma jogada extraordinariamente ousada para a Starbucks. Antes de 2021, o impacto social era um departamento da empresa — uma parte menor de um grande universo. Estava fazendo coisas boas aqui e ali, mas não se expandindo para o bem da maneira que poderia.

Em 2021, a liderança da Starbucks fez uma grande aposta no tipo de empresa que queria ser. A Starbucks investiu muito dinheiro (com destaque para a missão) ao anunciar que seria uma empresa positiva para as pessoas (PP), redefinindo como cuidaria de seu pessoal. Ela se comprometeu a fazer mudanças radicais na forma como operava, colocando as pessoas em primeiro lugar. Um novo diretor de impacto social foi alocado para garantir que todas as partes interessadas no ecossistema da Starbucks — parceiros, clientes, agricultores, comunidades — fossem ouvidas.

Listar todas as iniciativas de PP exigiria uma miniapresentação, mas alguns dos destaques foram:

- Programas para promover seus esforços em I&D (inclusão e diversidade) nas formas de responsabilidade para adicionar programas de mentoria entre parceiros NIPNB (negros, indígenas e pessoas não brancas em geral) e a alta liderança.
- Compromisso contínuo de fornecer aos parceiros acesso à graduação para que avançassem em suas jornadas pessoais.
- Dobrar seu apoio aos cafeicultores para um Fundo Global para Fazendeiros de US$100 milhões, para que as famílias agricultoras tivessem acesso ao capital para fortalecer suas fazendas e melhorar a qualidade e o rendimento do café em todo o mundo.
- Plantar 100 milhões de árvores até 2025.
- Uma redução de 50% nas emissões de carbono nas operações diretas da Starbucks e na cadeia de suprimentos até 2030.[69]

Com todas as escolhas difíceis que a empresa teve que fazer sobre o que investir e o que priorizar, ela escolheu as pessoas e o planeta.

Era sua maneira de deixar claro como vivenciaria as diretrizes estabelecidas por ela. Ainda mais inspiradoras foram as equipes colaborando nos bastidores — não só os principais líderes que anunciaram as mudanças. Essas equipes propuseram grandes ideias e as colocaram em prática. A Starbucks reacendeu sua missão com relevância para o mundo pós-Covid.

Como a Starbucks fez isso?

É preciso uma aldeia para fazer a transformação acontecer. A maioria dos sucessos que tenho visto vem de pessoas curiosas com o desejo de crescer e ser seus autênticos EUs. Elas estão vivendo um propósito, assustadas e sem medo de falhar ao mesmo tempo, e cientes de que precisam dos outros para que grandes coisas aconteçam. Danny e Annie fizeram suas escolhas do EU e, no devido tempo, conquistaram funções que ajudaram a transformar uma empresa. Mas eles nunca conseguiriam fazer isso sem as condições certas — sem o apoio do NÓS da liderança da Starbucks e da equipe das equipes — que os empoderava.

Os dois vieram de experiências diferentes. O ex-chefe de cozinha e consultor da IDEO Danny era agora o vice-presidente de cultura e metodologias de inovação na Starbucks, e Annie — a analista e estrategista superastuta com experiência em planejamento e desenvolvimento, gestão de mudanças e apaixonada pela equipe de beisebol St. Louis Cardinals — foi promovida a diretora em 2019.

Que eles eram duas pessoas igualmente espertas *e* seus nomes rimavam eram somente vantagens adicionais.

Os dois montaram uma equipe eclética na Starbucks e pessoal com experiência externa do Airbnb, Pinterest, Proctor & Gamble e DH. Pouco depois de eu entrar para a equipe, a DH viabilizou algumas sessões sobre Propósito + Valores (como Batimentos Cardíacos de Felicidade que você fez para o seu EU), e eu poderia dizer que Danny e Annie não estavam interessados apenas em levar inovação para a Starbucks. Eles também queriam aprender e se tornar líderes melhores.

Quando fizemos os exercícios como equipe, Danny e Annie não tinham ideia do que os esperava na Starbucks, mas o que estava óbvio era que eles estavam prontos para fazer o trabalho. "Descobrir meu próprio propósito teve impacto sobre como acordei e como apareci no trabalho... como minha equipe me apoiou, como apoiei minha equipe e como tentamos cumprir a promessa de nossa marca", revelou Annie. "Ver outras pessoas encontrarem seu propósito foi inspirador. Nós [mergulhamos] para obter toda a intensidade do momento."

Eles sabiam que era essencial à missão garantir que seus EUs pessoais estivessem alinhados com o NÓS: "[Como equipe] nos ajudou a lembrar quem somos e o que realmente importa. O que valorizamos. O que é importante para mim e você. Isso nos ajudou a ter mais clareza sobre como tomar decisões [difíceis]. Lembrou-nos de que é assim quando estamos no nosso melhor."

CRIANDO SUAS PRÓPRIAS CONDIÇÕES DE ESTUFA

Tendo sua base de Propósito + Valores dentro de si mesmos e da equipe, Danny e Annie viram como poderiam levar seu EU ao NÓS ao abordar as metas ambiciosas que desejavam alcançar. Eles eram confiáveis a tal ponto que foram convidados a ajudar na definição de como a Starbucks cuidaria equitativamente de todas as partes interessadas nos próximos 50 anos. Eles trabalharam para apoiar a visão de longo prazo da Starbucks de ser uma empresa de resultado triplo — Pessoas, Planeta e Lucro positivo com impacto social em sua essência.

Não há dúvida de que foram necessárias pessoas da alta direção — como o CEO Kevin e (agora ex-COO) Roz — para fazer a mudança para novas prioridades. Então, foi necessária uma aldeia — o resto da Starbucks — para executá-la. Danny e Annie são apenas duas pessoas que continuam a cultivar as condições de estufa dentro de si mesmas e se preocupam profundamente com seu trabalho e com o desenvolvimento de outras pessoas em sua equipe. Em um lugar como a Starbucks, eles tiveram a sorte de receber os elementos de estufa para prosperar. Aqui está uma visão do trabalho de Danny e Annie pelas lentes das condições de estufa:

Alinhamento: O propósito da equipe NÓS de Danny e Annie evoluiu ao longo dos anos para "Projetar um futuro próspero no qual nossa marca ganha vida a cada momento da experiência Starbucks." Era uma declaração ambiciosa, com a qual as pessoas da equipe poderiam se alinhar e encontrar um significado pessoal, sabendo que Danny e Annie tomariam a frente e a fariam acontecer. Essencialmente, era uma declaração de propósito de equipe que ajudava a responder às perguntas: "O que eu ganho com isso?" e "O que todos ganham?" Mesmo nos tempos mais caóticos e situações sob pressão, a equipe se recuperou, porque, nas palavras de Annie: "Pudemos ver como cada um de nossos objetivos individuais se conecta à nossa marca e missão. Com mais consciência e compreensão de qual é o propósito de vida de cada indivíduo, estávamos nos ajudando uns aos outros a expressá-lo e fazer acontecer."

Pertencimento: Cada equipe (mesmo uma "equipe dos sonhos") inevitavelmente terá sua parcela de conflito. Mas quando as equipes são testadas e são capazes de superar desafios com perseverança e propósito, acabam estreitando relacionamentos e dando o melhor de si. Essa condição de estufa foi um desses desafios para a Starbucks.

Danny e Annie foram incríveis em levar as pessoas certas para realizar o que queriam fazer. Melhor ainda, eles o fizeram tendo em mente a inclusão e a diversidade. Mas, com estilos de trabalho e personalidades tão diferentes, as tensões se agravavam de vez em quando. Quando os riscos externos pareciam tão altos entre uma pandemia, desigualdade de renda e injustiça social — sem falar em todos os sentimentos pessoais do EU que todos estavam tentando processar internamente —, o senso elevado de propósito estava fadado a gerar momentos difíceis.

Os membros da equipe às vezes entravam em contato comigo para expressar as preocupações do seu EU com relação a tudo o que estava acontecendo no mundo, com a equipe e dentro de si mesmos. Embora essas conversas paralelas sejam esperadas, se não forem abordadas abertamente, podem infectar e se espalhar como um vírus. As tensões não são fáceis de acabar, então a responsabilidade recai sobre nós, como líderes, de codificar os valores que reconhecem que as tensões são inevitáveis e de fornecer um espaço seguro para que todos possam expressá-las.

O sentido de pertencimento — sentir-se confiável, seguro por ser curioso e fazer perguntas sem julgamento — estava sendo testado, mas uma coisa permaneceria verdadeira: as diferenças estavam sendo respeitadas tanto quanto podiam, como mostrado pelo fato de que conversas francas continuaram a ocorrer.

Responsabilidade: De acordo com um estudo da Gallup, apenas 27% dos funcionários têm uma forte convicção nos valores de sua organização, e menos da metade os conhece. É por isso que a auto-organização, o rigor e as estruturas de equipe de equipes são tão importantes. Não há como 20 pessoas em uma sala de reuniões fiscalizar todas as pessoas em uma organização — nem elas iriam querer. E não há como as pessoas fazerem bem o seu trabalho se não estiverem com uma sensação de controle.

É para isso que a responsabilidade existe. Questionar com segurança e respeito a estrutura atual e esclarecer quem é a equipe e o que ela valoriza. Como Danny explicou: "Esses são realmente nossos valores? Nós vivemos por eles? Eles mudaram? Perdemos alguma coisa? Os parceiros da Starbucks, como muitas empresas grandes, têm um orgulho incrível de trabalhar aqui. Um dos lados sombrios é não questionar a estrutura em que você trabalha. Hoje nos questionamos com o tom de curiosidade e vontade de crescer e evoluir."

Ao refletir sobre a dinâmica de nossa equipe, Annie compartilhou um sentimento parecido. "Minha palavra é *responsabilidade*", disse Annie. "[Pode haver uma] lacuna entre os valores declarados e vividos, [mas] de fato acho que apenas se autofiscalizar é algo que você realmente não faz, não é comum no local de trabalho. Permanecemos responsáveis pelos Propósitos + Valores uns com os outros, sabendo que alguém na equipe apontaria se alguém não o fizesse."

Conclusão: Aquele alguém apontando era eu. Um dos meus valores é autenticidade, e senti que meu propósito na equipe — especialmente por causa da franqueza presente em Danny, Annie e Roz — era auxiliar e não ser somente uma consultora superficial. Valeu a pena, para mim, suscitar questões difíceis e apontar tensões, porque eu queria aderir aos meus próprios Propósito + Valores; do contrário, eu não estaria vivendo meu EU.

Compromisso: Por causa do alto senso de controle (autonomia) que Danny e Annie tinham, eles assumiram a responsabilidade de liderar pelo exemplo — tanto para sua equipe imediata quanto para a liderança executiva. Com sua série de projetos bem-sucedidos em tão pouco tempo, eles acabaram sistematizando e expandindo um modelo de liderança distribuída ao criarem diretrizes *com* (não para) pessoas em todas as funções em toda a organização globalmente, para criar uma forma verdadeiramente multifuncional de trabalhar.

Como todos sabemos, a mudança sistêmica é um trabalho árduo e demorado, no qual a maioria dos estrategistas e planejadores não gostaria de gastar muito tempo. Uma reação típica ao ouvir a palavra *operacionalizar* é colocar o dedo indicador na têmpora como se fosse uma arma e puxar o falso gatilho (piscadela). Porém, quanto mais Danny e Annie trabalhavam juntos, mais eficazes eram ao usar formas de auto-organização para descobrir quem era mais adequado para fazer o quê. Por meio de tentativa e erro, eles determinaram quem estava comprometido com suas responsabilidades do EU e queria fazer o que fosse melhor para o NÓS em toda a organização.

"Sabemos a importância do rigor [em nossa cultura] e aprendemos a capacidade de expressar isso com outras pessoas, tanto no mostrar quanto no contar. Isso teve um impacto real na maneira como nos comunicamos com as pessoas, suas expectativas em relação à nossa comunicação e, em seguida, na maneira como se comunicam com a organização", compartilhou Annie. "Nossa equipe é [agora] vista como um modelo novo de como se trabalhar de uma forma que repercuta. A maneira como trabalhamos ao longo desse tempo de crise é, na verdade, deixando bem claros nossas prioridades e nossos valores para superá-los. E, com esse tipo de efeito cascata, acho que muitas equipes estão dando um passo para trás e dizendo, sim, temos quinhentas ideias. Poderíamos deixar algumas para o futuro, mas, agora, como podemos nos concentrar no que é realmente importante?"

O compromisso com a organização, com nós mesmos e uns com os outros ainda é o desafio número um de toda organização. O que Danny e Annie ajudaram a fazer com a Starbucks não foi uma tarefa fácil. Eles pensaram nos mais de 4 mil parceiros do SSC (Starbucks Support Center, sua sede global), 400 mil parceiros "avental verde" em todo o mundo, uma base de clientes internacionais e um ecossistema de comunidades e agricultores. Não incomodava ninguém ver Danny ocasionalmente deitado no chão para meditações espontâneas entre as reuniões (ou talvez ele estivesse chorando por dentro, às vezes era difícil dizer) ou Annie pedindo outra rodada de French 75's (o que apreciei), seu corpo pequeno de alguma forma absorvendo todo o estresse e champanhe com um sorriso.

Mas os resultados comprovam que valeu a pena o empenho e o esforço. Hoje em dia, a Starbucks pode comprovar com segurança quando afirma: "[Estamos] redefinindo o papel e a responsabilidade de uma empresa com fins lucrativos — criando valor de longo prazo para nossos acionistas e, ao mesmo tempo, melhorando a vida de nossos parceiros e das pessoas nas comunidades em que vivemos e trabalhamos."[70]

De certa forma, sei que estou me adiantando ao compartilhar essa história. É óbvio que a repercussão da Starbucks foi muito além de seu EU e NÓS para a COMUNIDADE, bem como nossa sociedade e nosso planeta. Mas, nesta história, a questão é que muitas vezes não estamos conscientes do quanto o EU pode repercutir no NÓS. Nos bastidores, isso é o que é preciso para dar o pontapé inicial nas principais mudanças que vemos nas manchetes de nossos feeds de notícias — uma pessoa como Roz confiando em sua intuição, mantendo seu caminho pautado em sua visão (não na de outros) e dizendo: "Isso precisa acontecer, e precisa acontecer agora."

Quando conheci Danny e Annie, não tinha ideia de que eles desempenhariam um papel tão importante em cutucar o mundo, em grande escala, alavancando uma das maiores marcas do mundo. Tenho certeza de que eles também não. Sua nobre curiosidade em aprender e aceitar novos desafios era uma coisa, mas eles também admitiram seus pontos fortes enquanto se mantiveram humildes e cientes do que não conheciam. Alguns dias, sentíamos que éramos todos pilotos de Fórmula 1 em uma pista sem fim. Em outros, ficávamos na expectativa de como seria pousar em uma nova Lua.

Independentemente disso, com a resolução de serem fiéis aos seus Propósito + Valores do EU, Danny e Annie construíram uma equipe de NÓS que se alinharia com o trabalho que precisava acontecer, ampliando a missão da Starbucks para o bem global e deixando sua marca indelével no mundo.

Muitas pessoas dizem-me que se preocupam todos os dias com a mudança climática, a desigualdade racial e a divisão política, entre outras questões globais. Elas falam sobre como reagir às notícias, aflitas sobre o que fazer. Mas, quando você está fazendo um trabalho liderado pela missão, alinhado com seu propósito pessoal, não precisa mais ficar aflita. "Eu não [acordo de manhã e] leio as notícias", compartilhou Danny comigo recentemente. "Estou trabalhando com mudanças climáticas e justiça social... todos os dias."

A Starbucks está vivendo sua missão e crescendo para o bem no mundo, mas a última reviravolta é minha parte favorita da história. Se você captou a nota anterior de que Danny e Annie não estão mais na Starbucks, é porque eles começaram sua própria empresa de consultoria. Deixar uma empresa bem-sucedida, estável e reconhecida globalmente

162 PASSE DO EU PARA O NÓS

para explorar as águas desconhecidas do empreendedorismo nunca é uma escolha fácil, mas eles o fizeram mesmo assim.

Por quê? Por causa de sua paixão pelo trabalho que amam — ajudando os clientes a dimensionarem seu impacto e propósito por meio de marca, estratégia e mudança sistêmica. Porque eles querem continuar evoluindo — pessoal e profissionalmente — à sua maneira. Porque querem continuar fazendo mudanças positivas para as pessoas e para o planeta.

A meu ver, Danny e Annie foram motivados por viver seus autênticos Propósito + Valores do EU para construir sua própria estufa. E estou sentada em uma cadeira no gramado do lado de fora, aguardando o quanto eles repercutirão para o NÓS, a COMUNIDADE e o mundo.

Parte IV

REPERCUTA PARA SUA COMUNIDADE

Agora que alinhamos o seu NÓS entre a(s) sua(s) equipe(s) e a empresa, está na hora de pensar na sua COMUNIDADE. Em nosso modelo, COMUNIDADE é o ecossistema de pessoas que sua empresa toca *diretamente*: seus clientes, parceiros e fornecedores. COMUNIDADE inclui todas as pessoas com as quais você tem uma interação transacional e relacional. Essas relações vão de transacionais a significativas quando você pode responder a essas duas perguntas importantes: "O que eu ganho com isso?" e "O que todos ganham?" — sendo "todos" os EUs, NÓS e COMUNIDADES que coexistem nesses ecossistemas.

O MODELO DE ESTUFA

	QUEM		
DH	EU	NÓS	COMUNIDADE
Propósito Superior			
Condições de Estufa			
Valores e Comportamentos			

O QUÊ

Copyright © Delivering Happiness 2021

O pensamento de ganho triplo é o mais benéfico para todos no relacionamento, em uma visão de longo prazo. Sempre há ganhos de curto prazo, como o ganho de cobrar mais dos clientes sem o serviço para compensar o aumento de preço. Ou tratar os fornecedores como concorrentes, em vez de parceiros duradouros, o que eles têm potencial para ser. Em ambos os casos, é alta a probabilidade de o relacionamento não durar, porque você perderá o cliente ou fornecedor para uma empresa que oferece uma transação com um produto, serviço ou preço melhor.

O velho ditado diz que o cliente sempre tem razão.

O mais recente diz que os clientes sempre têm razão... a menos que mexam com o seu EU e NÓS. Então o cliente merece ser "dispensado".

Um de nossos clientes do setor de serviços financeiros passou por toda sua carteira de negócios para "dispensar" um subconjunto de clientes porque, depois de restabelecer seus Propósitos + Valores internos, reconheceu um desalinhamento básico entre o que queria para a cultura de sua empresa e a maneira como seus funcionários estavam sendo tratados por esses clientes. Para a liderança, não valeriam a pena os milhões em receita que estavam ganhando se esses clientes não estivessem alinhados com a cultura e estivessem deixando seus funcionários infelizes.

O velho ditado diz para escolher o fornecedor certo com base no preço ou no prestígio de sua marca.

O novo diz para escolher o fornecedor que se alinha com o ecossistema que você está criando a partir de seu EU e NÓS básicos.

Na época da Zappos, a empresa compartilhava seus dados proprietários com os fornecedores — mesmo que fossem concorrentes —, possibilitando-lhes melhores escolhas. Os fornecedores ficavam chocados com a generosidade e o fato de que poderiam usar esses dados contra a Zappos, mas a Zappos não via essa possibilidade como uma ameaça; via o compartilhamento de dados como uma forma de ajudar a desenvolver coletivamente os negócios (e relacionamentos). Como resultado, os fornecedores sabiam quais estilos fabricar mais, a Zappos conseguia deixar seus clientes mais felizes, acompanhando sua demanda e vantagens como remessa noturna, e todos na COMUNIDADE puderam vender mais sapatos. A tripla vitória.

Agora vemos esse alinhamento acontecer nos níveis EU, NÓS e COMUNIDADE em todas as empresas de maneiras ainda mais significativas. Na Parte III, compartilhei os grandes esforços que a Starbucks fez para repensar e criar novas maneiras de fornecer valor de longo prazo para as partes interessadas e acionistas. Ao pensar em sua própria comunidade de partes interessadas, aqui estão algumas maneiras pelas quais tenho visto nossa repercussão de trabalho comunitário recentemente.

Como grande parte do mundo, os funcionários de nosso cliente Toyota na Espanha começaram a trabalhar de casa quando a Covid-19 chegou. Como uma alternativa a se sentirem desamparados em meio à incerteza, decidiram criar um programa de empréstimo de seus veículos para ajudar no transporte de doentes e idosos como um meio de contribuir com sua comunidade. As concessionárias da Toyota foram as que mais sofreram com a pandemia, porém, os mecânicos permaneceram

166   REPERCUTA PARA SUA COMUNIDADE

para priorizar os reparos nos veículos que prestavam serviços essenciais. Você pode imaginar o senso de propósito que isso deu às pessoas.

Quando o Airbnb se preparou para a sua abertura de capital, em 2020, a empresa reteve mais de 9 milhões de ações para financiar um fundo que esperava que crescesse acima de US$1 bilhão. A intenção era reservar o dinheiro para representar "a voz da comunidade anfitriã e garantir que as ideias dos anfitriões fossem ouvidas" sobre como esse dinheiro seria gasto. Isso ajudaria os anfitriões a enfrentarem tempos difíceis, como os que viram depois do alastramento da Covid-19. Em tempos econômicos melhores, ele poderia ser usado para doações, investimentos ou educação para anfitriões que mais desenvolveram a missão e o propósito do Airbnb de fazer as pessoas — clientes e anfitriões — sentir que estão vivendo a declaração de propósito da empresa de "se sentir em casa em qualquer lugar".

Isso significava que os anfitriões permaneceriam mais leais à Airbnb do que a outras empresas. A qualidade geral do serviço fornecido pelos anfitriões aumentaria, e, como resultado, aumentaria a felicidade do cliente e a receita da Airbnb e dos anfitriões. Vitória tripla.

Repense Suas Partes Interessadas

A pergunta: "O que todos ganham?" suscita a questão sobre quem é o "todos" em sua COMUNIDADE.

O conceito de "capitalismo de partes interessadas" não é novo, mas estava adormecido até recentemente. Mesmo que o termo soe como linguagem corporativa, a realidade é que cada entidade interessada é como se fosse uma pessoa. Assim como podemos mapear os ciclos de vida dos clientes ou funcionários para mostrar todos os pontos de contato que temos, podemos fazer o mesmo com parceiros, fornecedores e todos em nossas COMUNIDADES. Alguns exemplos que uso envolvem empresas progressistas, que não estão necessariamente usando a mesma terminologia que eu, mas sabem que estão fazendo a coisa certa ao viver seus Propósito + Valores.

A ideia básica do capitalismo acionista existe há mais tempo ainda. Há muito tempo, ela vem enchendo os bolsos dos acionistas como a razão principal da existência de empresas e corporações. Mas a maré está finalmente mudando para o conceito de que cada parte interessada — clientes, fornecedores, funcionários, acionistas e comunidades locais — deve receber sua fatia do bolo. Se as empresas continuarem a adotar essa noção, estarão indo na direção certa, passando do ganho de curto prazo para os acionistas à criação de valor de longo prazo para cada um que com elas contribui. Essa reconfiguração também reduz a desigualdade de renda que vemos no mundo.

Mas, certamente, a palavra que mais está em vigor é *se*.

168 REPERCUTA PARA SUA COMUNIDADE

Em 2019, a Business Roundtable, uma associação dos principais CEOs nos EUA, divulgou uma *Declaração sobre o Propósito de uma Corporação* finalmente aberta às partes interessadas. Jamie Dimon, CEO do JPMorgan Chase, disse que a comunidade empresarial está "pressionando por uma economia que sirva a todos os norte-americanos". O filantropo bilionário e CEO da Salesforce, Marc Benioff, acredita que "o capitalismo, como o conhecemos, está morto" e pensa que o sucesso da Salesforce decorreu da opinião de que as partes interessadas devem ser tratadas com a equidade em mente.

Mas as grandes corporações, as empresas internacionais e as instituições financeiras farão mudanças substanciais, especialmente quando não há nada que as responsabilize? Nada além de marcarem presença nas redes sociais fazendo o que já vêm fazendo há décadas? Essa era a pergunta que fazíamos antes de uma pandemia global e recessão. Durante a pandemia e a recessão, a questão tornou-se ainda mais brutal, assim como as desigualdades e divisões exacerbadas que vinham sendo feitas há séculos. Essas realidades estavam nas notícias diárias, em nossas ruas, em nossos rostos. Houve uma onda de convicção de que as coisas precisavam mudar, ou não teríamos ninguém para culpar pela nossa morte (e pela morte deste planeta), exceto a nós mesmos.

Empresas como Apple, Akamai Technologies e UPS renovaram seu compromisso com o capitalismo das partes interessadas, o que inclui:

- Pagar salários justos.
- Reduzir a proporção de salários entre CEOs e funcionários.
- Garantir a segurança no local de trabalho.
- Oferecer um bom atendimento ao cliente.
- Investir nas comunidades locais.[71]

Embora essas sejam declarações na direção certa, sinceramente, quando eu estava escrevendo esses exemplos de compromissos, meu primeiro pensamento foi: *Você está brincando? Não progredimos além disso?* Posso ter sido mal acostumada por minhas experiências ao trabalhar com empresas com propósitos que consideram esses pontos primordiais, mas essa é uma das minhas razões para ter escrito este livro: mostrar como podemos evoluir do valor de curto prazo para as poucas etapas acionáveis que criam valor de longo prazo para todos. Com isso, e priorizando Propósito + Valores em nossas empresas, podemos mudar a forma como o capitalismo global funciona, uma empresa por vez.

A boa notícia é que, uma vez que você consiga seu alinhamento EU e NÓS, a repercussão que terá para todas as partes interessadas é muito mais fácil de identificar. Seu Propósito + Valores se tornam uma linha direta que conecta as ações de forma significativa. Empresas que doam para instituições de caridade que não têm relação com seus negócios (ou, pior, que doam simplesmente porque é o que todos fazem, como tantos fizeram com o movimento Black Lives Matter) apenas deixam um gosto ruim na boca das pessoas. Mas, na equação de uma vitória tripla, uma vez que você já tem duas vitórias planejadas entre o EU e o NÓS, tudo o que precisa descobrir é como a terceira obterá o valor real do relacionamento.

É impossível esconder a sinceridade (ou falta dela) das ações de uma empresa hoje em dia, porque qualquer um com internet pode ser um denunciante. Mas, especialmente em tempos de caos, o verdadeiro caráter dos indivíduos e das empresas aparecerá. O fator que determina se uma certa ação é percebida como genuína ou um golpe de RP é se ela se origina de seu Propósito + Valores ou não.

Em empresas como a TOMS Shoes e sua relação com a caridade, o propósito é claro e está diretamente relacionado à forma como os clientes interagem com a marca. Ao comprar um par de sapatos, alguém que precisa também ganha um. Ao arrecadar fundos para água potável no seu aniversário, você recebe fotos de pessoas sorrindo com as coordenadas GPS do poço que você ajudou a construir.

De que maneiras sua equipe e empresa podem começar a imaginar como você joga o jogo da soma positiva com todas as partes interessadas em seu ecossistema? Como fazer isso de modo a reforçar seu Propósito + Valores para suas equipes e os transmitir com orgulho para seus clientes e sua COMUNIDADE... e os deixar orgulhosos também?

170 REPERCUTA PARA SUA COMUNIDADE

Aqui está um exercício simples para iniciar a concepção de possibilidades.

EXERCÍCIO 1: A REPERCUSSÃO DAS PARTES INTERESSADAS COM MOMENTOS QUE SÃO IMPORTANTES

No livro *Satisfação Garantida*, Tony escreveu sobre o atendimento ao cliente WOW. O conceito foi baseado na crença de que a maior parte da experiência do cliente é motivada pela emoção. Um estudo mais recente da Capgemini mostrou que 70% dos clientes com alto envolvimento emocional gastam o dobro ou mais em marcas às quais são leais.[72] E, como Maya Angelou disse: "As pessoas esquecerão o que você disse e o que fez, mas nunca esquecerão como você as fez se sentir." (Insira aplausos aqui.) Mais do que nunca, sabemos que o sentimento gera lucros, lealdade e felicidade para clientes e funcionários igualmente.

Agora que entramos em uma nova era com o futuro do trabalho, é hora de aplicarmos os mesmos princípios a *todas* as partes interessadas em nossos negócios, a cada estufa em nossos ecossistemas pessoais e a *cada* repercussão de impacto que sabemos que podemos causar, começando com o EU e NÓS, para *todos* na nossa COMUNIDADE.

Ao se preparar para esse exercício, pense nos momentos de sua vida pessoal em que você ficou impressionado. Quando você foi surpreendido pelo hotel que distribuiu picolés em um dia quente. Ou quando seus vizinhos levaram flores e pizza no dia em que você se mudou. Ou quando você falou com um representante de atendimento ao cliente e parecia que estava falando com um velho amigo. Foram momentos importantes e significativos para você — o tipo de sentimento que queremos despertar em nossos clientes, parceiros e fornecedores.

Para cada momento decisivo no ciclo de vida da COMUNIDADE, existem oportunidades para criar uma experiência forte, positiva (ou negativa) e deixar uma impressão duradoura. Do ponto de vista de uma equipe ou empresa, o que cada uma das partes interessadas em seu ecossistema deseja ou precisa que vai além de transação e quesitos básicos?

Pense nas interações que você tem com os fornecedores todos os dias. Com cada ponto de contato e interação, pense em maneiras de surpreendê-los, tornar os momentos significativos e colocar uma conexão emocional pessoal. Pense em como você pode causar uma boa impressão:

- Exercitando *empatia*.
- *Ouvindo* ativamente.
- Dando a eles uma sensação de *controle*.
- Fornecendo uma sensação de *progresso*.
- Compartilhando um senso de *propósito*.
- Tomando medidas *proativas* para que saibam que você está cuidando da estufa deles.

Lembre-se de que esse é o estágio de ideação para levar as coisas do impessoal ao pessoal. Estamos tentando avaliar as decisões através de uma lente humana, não transacional. Tenho certeza de que as finanças ou seu diretor financeiro terão uma palavra (muito importante) sobre como os novos processos e interações são implementados; mas, com a vitória tripla em mente, juntos vocês podem criar aquelas repercussões que diferenciam a maneira como você trabalha, com humanidade no centro de tudo.

VALORES A SERVIÇO DE UMA COMUNIDADE EM CRISE

No México, uma empresa chamada Estafeta (o equivalente aos Correios) estava enfrentando desafios causados pela Covid-19. Mas, felizmente, ela teve a precaução de trabalhar em seus valores. A Estafeta é uma empresa familiar com uma cultura forte e valores sólidos, e nos últimos anos tem centrado seus esforços na construção de uma relação mais forte com seus clientes e parceiros estratégicos. Quando procurou Jorge Rosas Torres e Noemi Zozaya, da DH do México, a Estafeta lhes pediu que a ajudassem a atualizar seus valores e definir seu propósito superior para enfrentar os desafios imprevistos do futuro.

172 REPERCUTA PARA SUA COMUNIDADE

Esses elementos já estavam funcionando quando a Covid-19 chegou. Como as empresas de entrega enfrentaram uma demanda sem precedentes, a Estafeta estava pronta para se adaptar.

Solicitou à DH do México que ajudasse a elaborar uma declaração de propósito adequada a uma pandemia. Durante a execução desse projeto, a DH fez questão de ouvir as necessidades de todos na empresa, principalmente dos motoristas de entrega. A DH descobriu que os motoristas sabiam viver um de seus valores existentes, eficiência, muito bem (na entrega de pacotes o mais rápido possível), mas que a segurança não era discutida. Depois que a DH apresentou esses resultados ao conselho, a Estafeta concordou em acrescentar segurança como um valor.

Visto que foram considerados trabalhadores essenciais, os entregadores foram atingidos após a disseminação da Covid-19. A segurança rapidamente se tornou o valor número um da empresa, não apenas para os entregadores, mas para a comunidade de clientes, que queria saber se os pacotes que estavam recebendo não levariam o vírus até sua porta. Com a redefinição de Propósito + Valores, ocorreram menos acidentes, os trabalhadores se sentiram mais valorizados, e a reputação da marca melhorou. As pessoas sabiam que a liderança se preocupava com suas vidas, não apenas com os pacotes. Nesse caso, há uma boa chance de viver pelo Propósito + Valores da empresa salvando vidas.

Integre Trabalho e Vida para Criar Totalidade

Em 2018, fui palestrar em Tóquio ao lado de Marty Seligman, o padrinho da psicologia positiva. Quando Marty e eu terminamos e abrimos para perguntas e respostas, a sala ficou silenciosa (em comparação com o que estávamos acostumados no Ocidente), mas ficou claro pelas perguntas feitas que o público estava sintonizado e atento. Por mais curiosidade que tivessem sobre a felicidade no trabalho (e na vida), senti uma tensão: eles estavam se perguntando como alguém pode ser feliz *e* produtivo/ eficaz *e* priorizar comunidades e país, tudo ao mesmo tempo. Em outras palavras, como alguém poderia cumprir seu EU/NÓS/COMUNIDADE.

Havia um conflito óbvio entre o que eu estava apresentando e o que eles ouviam, que não constava na equação. Ocorreu-me que tudo pelo que o país passou — desde a Segunda Guerra Mundial e as bombas em Hiroshima e Nagasaki aos ciclos de crescimento econômico (global) e recessão em um país do tamanho da Califórnia — teve um impacto duradouro sobre como todos naquela conferência estavam aparecendo para o trabalho (e para a vida) todos os dias.

A noção de nossas repercussões EU/NÓS/COMUNIDADE não fazia sentido para aquele público. O eu em casa e o eu no trabalho na cultura japonesa são personas separadas do eu na comunidade. A maioria das pessoas que trabalham no Japão (exceto as crianças curtindo nas ruas de Shibuya) tem um profundo respeito pelo país — a tal ponto, que o amor prevalece sobre o amor por si mesmo e pelos outros. Embora o público entendesse e aceitasse o que as pessoas, as conexões importantes e o propósito significavam, estavam em discordância com os valores culturais que as pessoas acreditavam dever priorizar.

Mas, à medida que aprofundamos a discussão, houve uma revelação na sala. Os tempos estão mudando drasticamente, e a sensação era de que o público começava a perceber como EU, NÓS e COMUNIDADE podiam coexistir em harmonia. O amor pelo país *podia* ser conciliado com o amor por seu próprio bem-estar pessoal *e* senso de integridade.

Tendo nascido nos Estados Unidos, às vezes me esqueço de como "a busca pela felicidade" está enraizada nessa cultura como um dos registros mais populares da Declaração de Independência. Esqueci como a interpretação dessas palavras vem do individualismo e da meritocracia específicos do país. Mas, em tantos outros países, como no Japão, as pessoas não priorizam a felicidade individual. Essa filosofia não poderia ser mais óbvia quando desastres naturais ou caos nos atingem. Quando os tsunamis atingem o Japão, as pessoas esperam em filas organizadas para receber sua parte dos alimentos e suprimentos deixados nas prateleiras. Quando terremotos ou outras crises como a Covid-19 atingem os EUA, torna-se uma corrida para ver quem consegue estocar mais papel higiênico (ou, pior, quando as injustiças tinham sido especialmente ampliadas, as pessoas saquearam e roubaram as lojas de grandes redes, pequenos negócios, e umas às outras). Nosso direito estabelecido de buscar nossa própria felicidade se torna uma mentalidade de cada um por si.

Mas as mudanças culturais e de mindset que observei em Tóquio — aquelas que juntaram o EU, NÓS e a COMUNIDADE — não estavam acontecendo apenas no Japão. Elas também estavam acontecendo em empresas no mundo todo (até mesmo nos Estados Unidos, em que as pessoas estavam aprendendo que a felicidade individual não era a única coisa que valia a pena focar). O estereótipo de que as empresas ocidentalizadas seriam as únicas em busca da felicidade (porque a felicidade pessoal não é tão importante no mindset oriental) não era verdade. Nossa lista de clientes em todo o mundo era uma prova disso. As empresas que priorizavam felicidade, humanidade e integridade eram *aquelas* — independentemente da geografia, nacionalidade ou cultura — que sabiam que tinham que se comprometer a operar de forma diferente, não para ganhar mais dinheiro, mas porque tinha que haver algo mais para trabalhar e viver. E estavam determinadas a começar a convivência do EU, NÓS e da COMUNIDADE.

Conheci Yuka Shimada, chefe de RH e pessoal da Unilever Japão, naquela conferência. A Unilever é uma das multinacionais mais orientadas para cultura e propósito; então, quando Yuka me procurou, após a chegada da Covid-19, para dizer que teve uma revelação, achei interessante.

"O conceito de totalidade expressa nossa situação", disse ela. "A maioria das pessoas agora trabalha de casa, e gosta. O mindset do líder e dos funcionários mudou muito. Ele tem ajudado as pessoas a pensarem: 'O que é importante para mim? Qual é o sentido da vida? Qual é o significado do trabalho? Por que a conexão é importante?' Essa situação ajudou as pessoas a se questionarem também: 'Quem sou eu?'"

Yuka viu as pessoas perceberem que conexão e totalidade são essenciais para a vida, incluindo o trabalho. Embora isso soe como uma história do EU-para-NÓS, o impacto para COMUNIDADE veio da percepção de Yuka de que seu papel não era apenas trabalhar com as estrelas mais brilhantes de sua equipe e organização. Tratava-se de ajudar a conectar a galáxia de estrelas da comunidade, que se expande diariamente. Ela viu que sua função não era falar sobre completude; mas, como toda a equipe, *vivê-la*. Isso não estava nas costas de uma ou duas pessoas — como um executivo ou dela, como chefe de RH e pessoal. A obrigação era de todos, pelo senso de responsabilidade compartilhada, porque todos nós temos nossas próprias funções.

De nosso EU para o NÓS e para a Via Láctea, a revelação era a de que estamos todos interconectados. E precisamos nos tratar como tal.

EXERCÍCIO 2: SEIS GRAUS DE IMPACTO: COMO VISUALIZAR SEU FUTURO

Estou convencida de que os "seis graus de separação" foram reduzidos para três. Não apenas por causa das redes sociais e internet, mas porque Kevin Bacon[1] parece que ficará vivo e ativo por um bom tempo.

REPERCUTA PARA SUA COMUNIDADE

O exercício dos Seis Graus de Impacto consiste em prever o futuro da sua empresa. Mencionei o conceito da jornada do herói, de Joseph Campbell — e todos os filmes épicos de Hollywood que você ama seguem o mesmo caminho. Dessa vez, imagine que você é o diretor do filme que está prestes a fazer, o ator no papel de herói e o amante do cinema que não vê a hora do filme estrear.

1. Comece com seis folhas de papel. Em uma, esboce onde você está hoje como equipe ou empresa. Escreva uma breve descrição.

2. Agora, imagine a cena final do filme — o lugar a que deseja que sua equipe ou empresa chegue. Você está sonhando com seu futuro, com Propósito + Valores sob controle e sem restrições. Escreva a cena final em outra folha.

3. A seguir, faça um roteiro do que acontece nas quatro cenas entre o começo e o fim. O objetivo é registrar o que será necessário para chegar lá. Será um total de seis cenas do início ao fim.

4. Em seguida, faça um brainstorming das pessoas (nomes ou funções) com as quais deseja entrar em contato ou trabalhar para concretizar a visão da sua empresa. É um exercício de percepção, portanto, você pode sonhar com qualquer pessoa.

5. Para cada uma das cenas, pergunte-se:
   ° Como represento um papel na história? Como isso cria um impacto?
   ° Como os Propósitos + Valores do EU e NÓS estão presentes em cada cena?
   ° Como minha(s) equipe(s) desempenha(m) um papel nisso também?
   ° Que ações podemos tomar amanhã para que esse enredo épico se torne realidade?

Integre Trabalho e Vida para Criar Totalidade   177

Seis Graus de Impacto

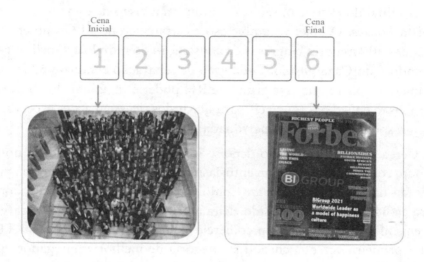

Quando fizemos esse exercício com os líderes de RH no BI Group (uma empresa de construção com setenta líderes de RH em cinco empresas), adaptamos e pedimos que se concentrassem em três coisas:

1. Quais são os valores do BI Group nessa visão?
2. Quais são as cinco ou seis ações principais comuns que você precisa realizar para alcançá-los?
3. Qual é o seu papel pessoal para alcançar esse impacto?

O propósito deles já estava definido ("Construímos felicidade"), de modo que elevamos o sonho do que a felicidade significa para incluir não apenas os funcionários da empresa, mas a região como um todo.

Com esse exercício, eles pensaram na sua relação com a COMUNIDADE como um fator de sucesso para o programa interno. Mesmo que tenha sido um exercício de visão para o que eles queriam internamente, cada grau (ou repercussão) de impacto os levou a uma conexão maior com a comunidade. Eles queriam mostrar aos recém-for-

178 REPERCUTA PARA SUA COMUNIDADE

mados que as empresas não representam mais apenas lucros; também se preocupam com o bem-estar das pessoas.

Ao final do exercício, seu sexto grau era a visão de estar na capa da revista *Forbes*. O objetivo ambicioso e estratégico do BI Group era ser uma das 100 maiores empresas de construção do mundo e a melhor empregadora do Cazaquistão. Cada grau de separação conduziu à história de maior impacto que esse grupo de RH poderia imaginar. Então, dividiu a visão em etapas tangíveis para que todos tivessem ações específicas (com responsabilidade compartilhada) para tal.

Cerca de um ano e meio depois, Sofiya, a chefe da felicidade no BI Group, contatou-nos com um entusiasmo sem igual: a empresa fora apresentada na *Forbes Kazakhstan* como uma das melhores empregadoras para estudantes. Ela havia sido eleita a primeira para alunos nos cargos de engenharia, a terceira em comércio de negócios e a sétima em TI.[73] Foi a primeira vez que chegou à categoria de melhor empregador, que contava com nomes como Microsoft, Samsung e KPMG. Logo depois, em novembro de 2020, seu CEO, Aman, também foi capa da *Forbes Kazakhstan*. A empresa vivia seu propósito de construir felicidade para seus funcionários e recém-formados na comunidade.[74]

Ela havia tornado sua visão de seis graus realidade.

Esse exercício cria a semente para fazer as condições de estufa da COMUNIDADE crescer, ao potencializar a criatividade e o desejo de todos de causar um impacto com Propósito + Valores. Um dos mantras lendários de Tony era: "O que quer que você esteja pensando, pense maior", e esse exercício mostra tanto o que significa quanto como agir. Ao fazer um roteiro de seis graus e conectá-los a relacionamentos, você expressa como é um futuro melhor *e* as ações necessárias para alcançá-lo. Com Propósito + Valores a tiracolo, você está equipado para tomar melhores decisões no dia a dia, com você e sua equipe como os heróis em uma jornada coletiva para gerar um impacto maior do que você poderia imaginar (ou fazer) sozinho.

Alinhamento do EU/NÓS com a COMUNIDADE: DMG e Automattic

CONSTRUINDO A FELICIDADE: DMG

Assim que nosso cliente DMG no Egito percebeu como o alinhamento do EU e NÓS havia catapultado sua empresa para outro nível de sucesso, ele sabia que queria expandir essa repercussão para seus clientes e comunidades locais. Por ser uma empresa de construção, imobiliária e de arquitetura, sua transformação cultural a inspirou a projetar e construir uma sede que refletisse fisicamente seu Propósito + Valores, o modelo de estufa, e, o mais importante, a cultura e as pessoas que vivem ali.

180 REPERCUTA PARA SUA COMUNIDADE

Quando conversamos pela primeira vez sobre o projeto, achei a ideia incrível e inspiradora. O empreendimento mostrava como as estufas florescem de forma única e criativa, quando as sementes e as condições são adequadas. Enquanto faziam a apresentação, vislumbrei a ideia arquitetônica e os primeiros esboços da nova sede.

Então eles me mostraram fotos reais. Ela já havia sido construída.

Fiquei no chão (trocadilho intencional; Tony estaria balançando a cabeça ou orgulhoso). A intenção da empresa de adotar nosso modelo em sua cultura era uma coisa, mas ver a concretização de Propósito + Valores na forma como as pessoas trabalham e se conectam era outra. O CEO, Amr Soliman, com seu capacete de segurança, percebeu que seu propósito envolvia as pessoas, o lugar e os caminhos físicos que as conectam. Ele viu como escritórios e espaços podem refletir a cultura da empresa de maneira interativa e dinâmica. A visão da equipe era construir uma estrutura icônica no Egito — não em pouco tempo, já que as pirâmides egípcias não estavam muito longe, no Cairo.

As salas de reuniões foram projetadas a fim de refletir cada um dos valores da empresa, para lembrar a todos que entrassem naquele espaço o que deveriam priorizar e incorporar, por exemplo: "Ei, pessoal, dez minutos, vamos nos reunir na sala da Gratidão." Os lugares eram intitulados como MENTE, CORPO e ALMA, em grandes letras maiúsculas, para dar às pessoas a opção de trabalharem sozinhas ou em conjunto em prol de suas mentes, usar as estações de exercícios na zona do corpo ou meditar na sala da alma. Ao contrário de muitos edifícios no Vale do Silício, não se supôs que as pessoas sempre teriam vontade de colaborar.

Quando um funcionário entrava em um corredor usando seu cartão de segurança pessoal, o sistema de áudio tocava uma de suas músicas favoritas ou parabéns, se fosse seu aniversário. Os espaços externos foram projetados com base nos padrões climáticos, de modo a encorajar as pessoas a tomar ar fresco durante os intervalos ou na hora do almoço, sem serem submetidas a rajadas de vento do norte ou aos pontos mais ensolarados do edifício. Passarelas conectavam várias torres para encorajar a interação entre diferentes equipes e tornar as conversas mais multifuncionais. Em outras palavras, a DMG estava construindo pontes literais para relacionamentos significativos.

À medida que a DMG via a produtividade, o engajamento e os lucros aumentarem, sabia que todos os empreendimentos residenciais e comerciais que criara precisavam ser projetados tendo em mente a conexão, os valores e o bem-estar. A felicidade, a integridade e o sucesso sentidos em sua empresa não podiam ser contidos. Cada um de seus projetos multimilionários desde então tinha sido planejado tendo esses aprendizados em mente. Nas comunidades residenciais, a empresa projeta para equilibrar a necessidade dos inquilinos de seu próprio espaço com o desejo de se sentirem conectados a outras pessoas. Para os empreendedores, projeta igualmente para flexibilidade, criando escritórios que podem chamar de seus, enquanto também podem se conectar a outros empreendedores em um espaço compartilhado de pessoas com ideias semelhantes. A DMG é capaz de compartilhar seus novos insights e sua filosofia com a comunidade em geral por meio das estruturas físicas que constrói.

Mesmo quando o país estava no auge da instabilidade e incerteza, durante a revolução de 2011, a liderança conduziu a empresa com humanidade. Em vez de demissões, como a maioria faz, todos concordaram em reduzir seu salário pela metade para evitar a demissão de colegas. A empresa sobreviveu e, em apenas seis meses, estabilizou suas receitas, e nos anos que se seguiram (antes da Covid-19) viu alguns de seus maiores crescimento de receita. A consistência nas decisões da liderança, mesmo nos tempos mais incertos, construiu a confiança e ajudou a manter o amor e a lealdade que as equipes tinham pela DMG.

A repercussão não parou, mesmo quando a empresa sofreu um grande golpe, em 2020. Depois de uma série de dilemas após a propagação da Covid-19, a DMG tomou "decisões corajosas", priorizando seu Propósito + Valores. Embora as receitas estivessem caindo, Amr ainda agia com o coração. A empresa se concentrou em cuidar primeiro de seu NÓS, de sua gente. Cumprindo seu valor de segurança, a liderança interrompeu as construções para certificar-se de que seu pessoal estaria o mais seguro possível. Para apoiar a inovação, outro de seus valores, a empresa foi pioneira em novos protocolos de segurança chamados PVP

182   REPERCUTA PARA SUA COMUNIDADE

("as pessoas vêm primeiro") antes de retomar os negócios. A fim de manter o valor do espírito de família durante a quarentena, enviou kits aos funcionários e residentes (seus clientes) com jogos para estimular a conexão e itens para ajudá-los a se manter seguros e higienizados.

À medida que a Covid-19 avançava, ao longo de 2020, ela continuou a fazer doações para sua comunidade externa, incluindo aqueles que estavam na linha de frente, como o "Exército Branco" de médicos e enfermeiras, bem como aqueles que perderam seus empregos. Embora as receitas ainda não tivessem se recuperado, a empresa não cancelou sua parceria com um dos maiores bancos de alimentos e instituições comunitárias do Egito. Estava empenhada em fazer o máximo possível.

Dado seu nível de compromisso com as comunidades interna e externa, não é surpresa que a DMG tenha sido a primeira empresa egípcia a ser certificada pelo Top Employers Institute em toda a sua região. Ou que tenha conseguido dobrar suas receitas, aumentar a retenção em 50% em três anos e diminuir o absenteísmo em 40% nos anos em que trabalhávamos juntos, antes da Covid-19. Sabendo como a empresa se adaptou e prosperou após a revolução, estou confiante de que o fará novamente na próxima vez que surgir uma crise.

Shereen Eltobgy (líder do projeto DMG, coachsultora® DH, e nossa orquestradora de experiência cultural) descreveu a jornada da empresa: "O auge de um sonho de uma vida inteira para servir ao meu país de origem com nosso objetivo de proporcionar felicidade mensurável ao mundo. Fui à DMG para inspirá-los com nossa visão da DH, e, quase cinco anos depois, eles me inspiraram de um jeito que somente fachos de luz e líderes como a DMG podem fazer."

Pessoas em todos os níveis da empresa experimentaram o que significa repercutir seu EU autêntico no NÓS para a COMUNIDADE. Elas foram inspiradas a espalhar a felicidade e a humanidade que sentiam em seu próprio escritório para todas as pessoas que tocavam com seu ecossistema. Os clientes agora moram em casas projetadas com a felicidade científica integrada à vizinhança. Querendo aumentar ainda mais o impacto no Oriente Médio, a DMG se certificou como parceiro oficial da DH, e nasceu a DH do Egito. Depois de ver seu próprio sucesso, ela quis expandir os programas em toda a região com os mesmos objetivos em mente.

A COMUNIDADE ESTÁ NO CÓDIGO: AUTOMATTIC

Quando se trata de prever o futuro e impactar a comunidade, os líderes e empreendedores mais respeitados já têm todas as partes interessadas em mente desde o dia em que as ideias nascem. Matt Mullenweg, fundador do WordPress e CEO da Automattic, que mencionei na Parte NÓS, é um desses líderes.

Suas raízes eram o desejo de fornecer uma ferramenta gratuita e de código aberto para ajudar as pessoas a construir sites e compartilhar seu conteúdo com relativa facilidade. Ele começou com a comunidade em mente — dando a todos que tocou em seu ecossistema o máximo de liberdade e flexibilidade que pôde desde o primeiro dia. Agora, 21 anos depois, incríveis 40% dos usuários da web usam o WordPress, com cerca de 75 milhões de estufas, e isso só está crescendo.

Como compartilhei na Parte NÓS, Matt construiu uma das mais antigas e bem-sucedidas empresas distribuídas (também conhecidas como remotas), com sua equipe de 1.300 pessoas. Seu próximo nível de impacto repercutiu naturalmente para ele. Recentemente, ele me disse:

Acredito que a liberdade é o mais fundamental dos direitos humanos. À medida que mais das nossas leituras, publicações e até mesmo quem namoramos é influenciado por computadores e algoritmos, é mais importante do que nunca que tenhamos a capacidade de assumir o controle de nosso destino digital. O código aberto é uma Declaração de Direitos digital para software, e, por fazermos opções de código aberto... estamos aumentando a liberdade da internet. Espero poder trabalhar na WordPress pelo resto da minha vida, mas, mesmo que não o faça, com certeza continuarei a trabalhar no código aberto. É a missão da minha vida e me sinto muito sortudo por poder atuar nela todos os dias.

184 REPERCUTA PARA SUA COMUNIDADE

Com os propósitos de seu EU/NÓS/COMUNIDADE alinhados diariamente, seus valores de liberdade e direitos humanos estão causando um impacto ainda maior na sociedade.

Parte V

AS NOVAS REPERCUSSÕES: SOCIEDADE + PLANETA

EXPANDINDO A REPERCUSSÃO DE IMPACTO

Quanto mais a DH trabalhava com diferentes empresas em várias localizações e atividades, mais provas tivemos de que as organizações que adotaram o modelo EU/NÓS/COMUNIDADE estavam florescendo. O que não previ foi um novo padrão de oportunidade. Quando uma empresa mudava suas prioridades para Propósito + Valores, tinha efeitos colaterais inesperados: também afetavam a sociedade e o planeta.

Essa repercussão de impacto me surpreendeu, porque sempre acreditei que a mudança só é eficaz quando você tem um conjunto controlado

AS NOVAS REPERCUSSÕES: SOCIEDADE + PLANETA

de variáveis em seu sistema. As empresas podem admitir e demitir tomando por base o alinhamento com valores ou desempenho. Esse tipo de controle não é fácil de exercer quando se trata de sistemas mais complexos, como a sociedade e a própria Terra.

Mas ficou evidente que o impacto do nosso modelo se estendeu além das paredes de qualquer organização e até mesmo além da comunidade imediata de clientes e outros negócios. A primeira vez que observei isso foi quando as sementes de uma forma mais humana de trabalhar foram plantadas na Zappos, há cerca de 15 anos. Não muito tempo depois que comecei a produzir seus Livros de Cultura — livros físicos que capturavam sentimentos (transparentes e não editados) sobre o que a cultura da Zappos significava para os funcionários —, um deles estava fazendo compras em um supermercado e percebeu que o homem na frente dele na fila não podia pagar todas as compras. Conforme escreveu em uma das edições do Livro de Cultura, ele olhou para a camiseta da Zappos, que estava vestindo, e decidiu viver de acordo com os valores da empresa. Ele se ofereceu para pagar o resto das compras do homem. Como a empresa incutiu um senso de valores em seus funcionários, um deles causou um impacto positivo concreto na sociedade.

Foi quando me dei conta: o capitalismo e as empresas são muitas vezes demonizados por serem desalmados e movidos pelo lucro, mas a nova oportunidade mostrou o contrário. A responsabilidade não está apenas nas mãos de pais, escolas e igrejas. As empresas podem fazer uma escolha consciente de inspirar as pessoas a serem *melhores seres humanos também*. Ao estimular Propósito + Valores, as empresas podem nos lembrar de fazer o bem dentro ou fora do trabalho e, em seguida, aumentar nosso impacto no bairro em que vivemos, nas pessoas com quem nos identificamos e na mãe de todas as estufas, nosso planeta.

Quando as estufas são bem estabelecidas — com as condições ideais estimuladas e baseadas em Propósito + Valores —, EU/NÓS/COMUNIDADE coexistem de forma simbiótica, todas as repercussões amplificam as outras. Quando vemos o alinhamento, todos os envolvidos podem responder com segurança às perguntas: "O que eu ganho com isso?" e "O que todos ganham?" Estamos basicamente cultivando uma rede interconectada de estufas que forma os maiores ecossistemas de pessoas de nossa sociedade e de nosso planeta.

Isso levanta uma pergunta: "Como o modelo de estufa pode se difundir além de nossos EUs e NÓS?" Dentro da estufa de um indivíduo, as condições são controláveis. Todos nós fazemos nossas escolhas sobre o propósito que queremos definir para nós mesmos, os valores pelos quais queremos viver e as paixões a que aspiramos. O mesmo se aplica às empresas. As variáveis são controláveis, porque há uma estrutura funcionando. Algumas estruturas estão problemáticas, algumas funcionam melhor do que outras, mas, independentemente disso, alguma delas configura o modo como o negócio opera.

Mas o que acontece quando você tenta ultrapassar as condições controladas de estufas individuais e empresariais? Não podemos nos aproximar das pessoas e dizer que elas não podem ficar na rua porque não estão usando máscara ou respeitando o distanciamento social no meio de uma pandemia. Não podemos banir um gerente de nosso restaurante favorito porque ele faz *mansplaining* com cada mulher com quem interage. E não podemos dispensar um cliente de um hotel porque ele está acusando outra pessoa de roubar seu iPhone por causa da cor da pele. Por mais que queiramos brincar de Whac-A-Mole e bater na cabeça das pessoas com um martelo de senso, o que resta a fazer se não podemos excluir os que não se alinham com nossos valores e crenças básicas?

Por mais irritante ou enfurecedor que seja se deparar com coisas desse tipo no nosso cotidiano, é aqui que tenho visto a humanidade que criamos no trabalho se espalhar para a humanidade que esperamos ver na sociedade. Ao construir nossas estufas, permitimos a nós mesmos e a aqueles com quem nos conectamos causar um impacto na sociedade *por meio de nosso trabalho e local de trabalho*. Sempre haverá coisas além do nosso controle, e é aqui que precisamos de nossa capacidade de aceitar e nos adaptar a qualquer circunstância imprevista. É aqui que nosso compromisso de viver nosso Propósito + Valores é posto à prova.

O papel das empresas na sociedade continua evoluindo, e, embora tenhamos visto alguns dos piores momentos em 2020, também vimos um vislumbre de esperança por tempos melhores no futuro. O mundo e, portanto, o papel das empresas dentro dele, mudava para sempre. Vimos empresas como Proctor & Gamble, IBM, Pfizer e Moderna fazer mudanças, inovar e ajudar o mundo com Covid-19 a velocidades vertiginosas. Executivos da Starbucks e CEOs como Dan, da Gravity, priorizam pessoas. As empresas tornaram-se mais eloquentes sobre suas posturas em fenômenos sociais como Black Lives Matter, #MeToo e no combate a crimes de ódio contra asiático-americanos. A Google e a Microsoft subiram o nível ao se comprometer publicamente a fazer sua parte com as mudanças climáticas. Os maiores investidores do mundo, como BlackRock e T. Rowe Price, estão colocando a mão na massa focando carteiras ambientais, sociais e de governança (ASG). Em uma ação ousada (e polêmica), o Twitter tirou o megafone do presidente Trump para "reduzir o risco de mais um incitamento à violência". Cuidado, gentileza e amor não eram mais palavras indizíveis no escritório.

AS NOVAS REPERCUSSÕES: SOCIEDADE + PLANETA

Por mais inconstante que o mundo esteja, é impossível não reconhecer que esse novo anormal é uma oportunidade de fazer melhor uso de nossos ecossistemas de pessoas e nossas vozes, nosso poder e privilégio, nossa resiliência e nossos recursos. A importância das empresas para a sociedade e humanidade nunca foi tão forte, e a *hora de fazer algo a respeito é agora.*

Construa Estufas na Sociedade

Nos anos depois que a história do funcionário que pagou as compras de um estranho no supermercado foi publicada no Livro de Cultura da Zappos, a DH ajudou os clientes a construir culturas e estufas felizes para sermos fiéis ao nosso (estranho) autêntico eu no trabalho e agir no mundo como esse mesmo eu. Nosso propósito se tornou muito mais do que oportunidades únicas de pagar as compras de alguém ou trabalhar como voluntário em uma ong. Fomos inspirados pelo impacto de longo prazo que *cada um de nós* pode ter, com base nas escolhas que fazemos no dia a dia ao viver nosso Propósito + Valores.

Temos visto a repercussão na sociedade acontecer repetidas vezes nas empresas grandes e pequenas, em vários setores e inúmeros países e culturas. Começamos a ver como esse processo gera mudanças positivas em equidade, inclusão e pertencimento para todas as pessoas e o planeta inteiro. Quando os níveis de EU, NÓS e COMUNIDADE são estabelecidos, as repercussões para a sociedade podem crescer, adaptar-se e assumir vida própria naturalmente.

EXERCÍCIO 1:
MAPA DE EMPATIA

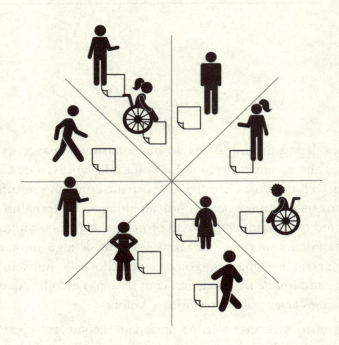

O objetivo do Mapa de Empatia, inspirado por nossos amigos da DSIL Global, é o de você e sua equipe expandirem sua capacidade de compreensão mútua e ampliarem sua consciência coletiva de várias partes interessadas em sua COMUNIDADE e sociedade.

1. Comece criando um "mapa" usando fita adesiva para fazer uma torta no chão.

2. Com sua equipe, crie uma lista de várias partes interessadas em seu ecossistema ou estufa particular (por exemplo, vendas, marketing, entrega, clientes, parceiros, comunidade local, membros da sociedade, grupos ambientais). Anote cada parte interessada e as coloque no mapa.

Construa Estufas na Sociedade   193

3. Peça às pessoas que vagueiem pelo mapa em silêncio e que escolham uma posição de parte interessada que não seja a sua própria função, a fim de "experimentá-la".

4. Incentive as pessoas a entrar na perspectiva dessa parte interessada e a refletir silenciosamente sobre as seguintes questões enquanto você as lê em voz alta:

   ° O que eu tenho em mente?

   ° Que desafios eu tenho?

   ° Quais são meus objetivos e minhas prioridades?

   ° O que estou sentindo?

   ° O que quero que esse grupo ou equipe saiba sobre mim?

5. Em seguida, peça a algumas pessoas que compartilhem as ideias que tiveram. Incentive-as a desenvolver o hábito sincero de ouvir (ninguém está certo ou errado, todos estão apenas explorando juntos).

6. Depois de alguns compartilhamentos, incentive as pessoas a andarem por aí e encontrarem uma nova função para assumir.

7. Repita.

Esse exercício é muito poderoso na construção da empatia entre uma diversidade de partes interessadas. Se as pessoas conseguem sentir, mesmo que um pouco, como a situação é para seus colegas e reconhecer os desafios que enfrentam, o progresso pode ser feito. Muitas vezes, é um processo muito sincero. De executivos a funcionários, tenho visto pessoas derramarem lágrimas ao saber o quanto foram compreendidas por outras, mas nunca souberam disso; no final, elas só precisavam de espaço para ouvir, compartilhar e ser ouvidas. Ele também gera insights sobre clientes, membros da comunidade local e a sociedade em geral, se você reservar um tempo para estar totalmente presente enquanto se coloca no lugar dos outros.

Repercuta com Diversidade, Equidade, Inclusão e Pertencimento (DEIP)

O tema diversidade, equidade, inclusão e pertencimento (DEIP) em nossas organizações, comunidades e sociedade tem surgido ultimamente de forma urgente, tornando-se impossível ignorá-lo.

O que exatamente queremos dizer com DEIP?

Pense na festa do DEIP sexta à noite. A diversidade é convidada para a festa. A inclusão é convidada para dançar. O pertencimento é poder dançar como quiser. A equidade é ter a oportunidade de escolher o DJ.

Se você desejar uma versão do dia a dia, um pouco diferente, ainda simplificada, a diversidade tem a ver com representação. Ela garante que as organizações incluam pessoas das várias comunidades que as cercam, que representam identidades diferentes em termos de raça, gênero, orientação sexual, idade, educação, geografia e crenças (apenas para citar algumas). A inclusão envolve a criação de uma cultura de que todos possam participar ativamente. A equidade, que é o conceito mais difícil de entender, significa garantir tratamento justo, acesso e promoção para todas as pessoas. E pertencimento, como sabemos agora, é sentir-se aceito como você é autenticamente.

Conforme tem sido denunciado pelos movimentos sociais por equidade, as mulheres são assediadas no trabalho e desacreditadas, pessoas *queer* se privam de ser quem são por medo de serem demitidas, asiáticos-americanos são espancados e mortos em crimes de ódio, e o tratamento cruel — até mortal — da polícia faz com que os negros se sintam inseguros só de estar vivos. Vemos que existem diferenças inegáveis em nossas experiências que impedem a equidade. Portanto, cabe a nós identificar e eliminar as barreiras que impedem todos de participarem plenamente. É isso o que traz esperança de justiça.

Esta é outra maneira de ver isso:

Tal como acontece com o ROI (retorno sobre o investimento) de cultura e felicidade, que compartilhei na Parte I, vimos um impacto semelhante do DEIP em produtividade, inovação e adaptabilidade no resultado de todas as organizações. Quando você adiciona as razões sociais e morais pelas quais isso deveria estar em primeiro plano, não é de admirar que mais empresas priorizem a humanidade no local de trabalho.

Sei que algumas empresas resistem e esperam que outras continuem liderando o caminho. Mas, sabendo que viveremos em um mundo com graus variáveis de equidade por um tempo imprevisível, *não podemos* esperar que outras pessoas ou instituições comecem a fazer algo a respeito. Nem podemos esperar por um sinal maior. Devemos simplesmente começar... agora. Assim como não existe um momento ideal para trazer um bebê ao mundo ou para trabalhar no aperfeiçoamento de sua cultura, não existe uma maneira ou hora perfeita para começar a tornar o mundo mais justo.

Assim como fazemos com a transformação da cultura, podemos fazer um instantâneo de onde estamos com o DEIP, analisar o que está funcionando e o que não está, criar um plano para testar coisas novas para um resultado melhor e medir para ver qual é a diferença. E repetir.

O RESULTADO INTENCIONAL

Ouvi um dos argumentos mais poéticos para explicar por que o DEIP é de interesse na conferência Summit, no centro de LA, no inverno de 2019. Houve uma conversa junto à lareira entre Tracee Ellis Ross (cantora, atriz, empresária e filha de Diana Ross) e Roz Brewer (CEO da Walgreens, COO da Starbucks na época) em um teatro histórico lindamente restaurado, e era hora das perguntas e respostas. O local estava cheio de pessoas de todas as cores (incluindo brancos), e uma mulher em um hijab caminhou pelo corredor com uma bengala, acompanhada por um amigo. Ela era cega e precisava de ajuda para encontrar o microfone. A mulher de hijab fez comentários eloquentes sobre sua perspectiva sobre a equidade no mundo, afirmando pontos sobre sua identidade e experiências, que eram óbvios devido à sua aparência, e outras coisas que nunca teríamos adivinhado, porque eram internas a ela.

Então ela disse algo que nunca esquecerei, uma síntese perfeita de sua presença. Seu pedido simples e persuasivo foi:

Nada sobre nós sem nós.

Roz e Tracee se entreolharam, porque sabiam que o microfone havia sido deixado para eles por alguém na seção de perguntas e respostas de sua palestra. A mulher estava se referindo a uma frase, popularizada por ativistas em prol de pessoas com mobilidade reduzida e movimentos políticos mais recentemente, que remonta ao século XVI, na Europa

AS NOVAS REPERCUSSÕES: SOCIEDADE + PLANETA

Central. O que ela estava dizendo é que não devemos presumir que sabemos como ajudar as pessoas sem as incluir diretamente, ouvindo suas reais necessidades e deixando que assumam a liderança. As pessoas muitas vezes pensam que estão sendo bons samaritanos ao fazer aquilo que lhes causa uma sensação de bem-estar, em vez de se concentrarem na pessoa que está recebendo o que oferece.

Esse é um pequeno exemplo de um problema muito maior. Um amigo meu achou que era uma boa ação dar um hambúrguer a uma pessoa em condição de rua em Oakland. O homem disse educadamente: "Não, obrigado, cara, sou vegano." O fato é que não devemos tentar "ajudar" sem nos questionar se nossas ações são úteis, em primeiro lugar.

As palavras da mulher no centro de LA foram poderosas naquela época, mas a maneira como Roz viveu essa verdade em sua carreira foi igualmente inspiradora. Eu vi Roz trabalhar como uma líder servidora, propagando o que ela acredita sobre mulheres, negros e todas as pessoas — que todos merecem a chance de se tornar quem devem ser.

Ela tem sido honesta de modo animador sobre os "ingredientes" de seu sucesso. O trabalho árduo levou a resultados bem-sucedidos. Os relacionamentos com pessoas no poder (social/político/institucional) deram a ela oportunidades maiores. Mais visibilidade, mais responsabilidade e mais experiência também foram adicionadas. Mas foi a compreensão, quando se tornou mãe, de que não podia separar partes de si mesma *e* ser seu melhor ao mesmo tempo, que a levou à maior mudança. Imagino que foi porque trocar fraldas e limpar golfadas não era algo muito diferente entre uma creche e uma reunião. Ela sabia que precisava se mostrar fiel a si mesma e mostrar a todos o que tinha ido realizar... o que pode ser diferente do que os outros queriam que ela realizasse.

Em seu discurso de formatura para uma turma de graduação no Spelman College (uma faculdade historicamente negra na Geórgia), em 2018, ela disse:

> Você está hoje em uma interseção entre quem você tem sido e quem deve se tornar — cheio de esperança e conhecimento, encarando um desafio assustador. Mais forte do que nunca, e também

aprendendo a cada respiração. A geração de mulheres Spelman que vieram antes de mim foram todas as primeiras do gênero. A primeira mulher negra a... o primeiro líder negro a... o primeiro juiz negro a... o primeiro cirurgião negro a... uma geração de criadores de caminhos. Minha geração é o que se pode chamar de "Geração P", e esse P é de *perseverança* — tivemos o trabalho de manter a chama pela qual nossas avós e mães lutaram, viveram e morreram.[75]

É simples e profundamente sábio assim. Senti a importância de manter a chama acesa quando estava com meus avós e pais em nossa aldeia, em Toisan. É o que todos nós sentimos quando somos gratos por tudo o que foi feito e sacrificado por nós... quando recebemos o bastão sagrado e antecipamos o que faremos por todos aqueles que sobreviverem a nós.

"Nada sobre nós sem nós" é a declaração mais sensata para nos manter avançando, arrancando as ervas daninhas da história, iluminando o que podemos fazer de diferente para fazer a diferença já. Seja uma questão de nacionalidade, etnia, gênero, deficiência ou filiação a qualquer grupo marginalizado de oportunidades políticas e socioeconômicas, a maneira de continuar avançando em direção a uma luz mais brilhante e mais justa é convidar as pessoas — todas — a se juntarem a nós. É quando vamos além de apenas expressar nossas vozes, é quando nos tornamos uma parte da mudança que perdurará.

A JORNADA DE UMA MULHER PARA UMA FELICIDADE CHEIA DE PROPÓSITO (E INCLUSIVA)

Como mulher não branca que se identifica como negra, Jeannine Carter percebeu que ocupa o que a poeta Gloria E. Anzaldúa chamou de "La Frontera", a vaga e indeterminada fronteira entre dois grupos étnicos, devido à sua ascendência birracial e por ter sido criada tanto nos EUA quanto no exterior. Quando menina, ela observava seu pai, um dos primeiros e poucos neurocirurgiões negros nos Estados Unidos, e sua mãe,

200 AS NOVAS REPERCUSSÕES: SOCIEDADE + PLANETA

uma enfermeira pediatra branca. Como vê agora, eles estavam criando seus próprios caminhos de justiça e igualdade racial, enquanto também exerciam basicamente o que agora chamamos de "comportamentos de liderança inclusivos" — compromisso, coragem, humildade, vulnerabilidade — e abriam caminho pela vida como um casal birracial em Nova York nos anos 1960. Ela viu como, ao compartilhar histórias, expor pessoas a diferenças (na cultura, raça, etnia, geografia, gênero, trabalho/vida/escolhas familiares etc.) e demonstrar empatia, compaixão e outros comportamentos inclusivos, ela poderia mudar o mindset das pessoas, revelando uma verdadeira mudança cultural e sistêmica.

Essas observações de infância estavam entre as muitas experiências que a colocaram na própria jornada do herói para livrar o mundo de nossos sistemas corporativos e costumes arcaicos. Por meio de seus próprios Batimentos Cardíacos de Felicidade de altos e baixos, ela decidiu que queria orientar as pessoas no mundo corporativo através de um processo de cura, dando espaço para que as pessoas que se sentiam mal representadas pudessem ser contempladas e ter conversas desafiadoras e continuar a lutar.

Depois de se formar em Stanford, com bacharelado em relações internacionais, e na Kellogg School of Management, com MBA, ela perseguiu sua paixão por trabalhar no espaço de diversidade e inclusão (D&I) em uma época em que esse ainda era um campo desconhecido. Seus colegas de classe se perguntavam por que ela havia tomado essa decisão, já que muitos ocupavam cargos cobiçados em grandes corporações. Alguns até diziam: "Você não foi para a Kellogg construir uma empresa desconhecida em uma área desconhecida!" As perguntas não paravam: "Por que diversidade... e, espere... o que é isso mesmo?"

Mas ela seguiu sua paixão e começou um negócio na D&I — uma empresa de consultoria que a colocou em um caminho incrível de ajudar organizações com seus esforços de DEIP. E então teve a oportunidade de sua vida — uma chance de promover diversidade e engajamento no Facebook. Culminando com um momento em que tinha tido todas as realizações da vida. Ela se casou, teve uma filha, ocupou outros cargos de liderança, participou e liderou muitos esforços importantes e viajou o mundo fazendo algo em que acreditava. Como alguém que sempre ouviu dos pais: "Você pode ser o que quiser e fazer o que quiser", ela pensava que estava fazendo e, até certo ponto, sendo. Sua paixão se tornou o trabalho de sua vida... e o trabalho se tornou sua vida.

Externamente, Jeannine tinha tudo, mas, internamente, algo começou a incomodá-la. Um crescimento excepcional, pressão e demandas aumentavam na cultura de "consumo rápido" de uma das empresas de rede social mais visíveis do mundo. Apesar de toda a sua experiência, ela começou questionar a si e o trabalho que fazia. O conflito entre seu EU e NÓS começou a pesar em todo o seu ser, em muitos níveis — emocional, mental, físico e espiritual. Ela começou a se questionar (algo que tinha evitado por um tempo) se isso era "síndrome da impostora" — ironicamente, algo que ensina as pessoas a superar — ou outra coisa. Seria essa a "síndrome da super-mulher" — ser uma mulher não branca, se esforçar para melhorar as coisas para as comunidades não brancas e se deparar com velhos sistemas que não mudaram? Ou ambos? Ou era algo relacionado a propósito, valores e a necessidade de fazer algo diferente? Ela percebeu que tinha essa sensação desagradável antes. E, portanto, sabia no fundo de seu coração que isso era algo que precisava explorar, mas lutou para criar o espaço para isso.

Ela não queria ser uma desertora; queria continuar a ser uma defensora e fazer o bom trabalho que ela e sua equipe vinham fazendo. Afinal, estava em uma das "melhores empresas para se trabalhar" e tinha grandes oportunidades de causar um determinado impacto significativo, que vinha fazendo dentro da empresa. E, no entanto, ela continuava esbarrando na sua intuição de que havia outras maneiras potencialmente mais significativas de fazer o trabalho.

Jeannine estava em um impasse e não tinha certeza do que fazer ou do que precisava. Tudo o que sabia era que ela sempre superava seus desafios e seguia o caminho menos usado. Ela percebeu que poderia haver outros caminhos para explorar maneiras de implementar mudanças sistêmicas de DEIP, mas isso significaria deixar uma organização extraordinária e as pessoas para quem ela trabalhava. Foi uma época solitária. Esse período de solidão gerou um nível de dor que ela não sentia há muito tempo. Em um de seus Batimentos Cardíacos mais baixos, ela percebeu novamente que não havia um manual para seu dilema. E notou que o verdadeiro apoio de que precisava tinha que vir de dentro de si mesma.

Ela percebeu que a maioria de suas decisões prévias de vida foram reflexos de seu propósito, seus valores e o alinhamento entre eles. Ela aprendera que, enquanto permanecesse reflexiva, quando qualquer uma dessas motivações internas estivessem em conflito com seu cargo ou com o trabalho, era hora de mudar. Decidiu se concentrar em sua área de atuação e no que estava sob seu controle — seus comportamentos —, desse modo, poderia se recompor novamente, o que era necessário para criar o impacto positivo que desejava. Ela sabia que primeiro tinha que cuidar da sua estufa, e também sabia que isso beneficiaria o entorno.

Então, ela pediu demissão.

Algumas pessoas ficaram chocadas com o fato de alguém deixar o emprego dos sonhos. Ela estava no Facebook há muito tempo (pelos padrões do setor de tecnologia), ajudou a construir a infraestrutura e as estratégias de D&I, e tinha uma equipe incrível e colegas que ainda considera muito importantes. Mas aqueles que eram próximos a ela, que sabiam que tinha sido uma das decisões mais difíceis de sua vida, também sabiam que ela não estava mais vivendo seu EU autêntico. Então, quando deu a notícia a seus amigos e familiares, eles a parabenizaram. Alguns até choraram de alegria.

Jeannine não tinha certeza de como seria a próxima fase, mas tinha uma visão geral em sua mente e sabia que tinha que voltar para seu Propósito + Valores. Tinha que voltar a cuidar de sua estufa do EU.

Ao voltar a cuidar de sua própria estufa, ela se lembrou de outra lição aprendida ao longo de sua vida: a importância da comunidade. Pensou na comunidade que a cercou e apoiou quando fazia um trabalho que amava, mesmo que o trabalho pudesse cansá-la e às vezes derrubá-la. A comunidade foi essencial por reconhecer como o trabalho a afetava. Jeannine cultivou relacionamentos fortes, que encorajaram e apoiaram sua visão e seu trabalho. Era hora de voltar para eles.

Ela percebeu que, quando cuidou de seu EU — exercitando a autopercepção, "o trabalho antes do trabalho", como diz — e manteve sua comunidade próxima, foi capaz de causar um impacto tremendo. Mesmo que às vezes seus objetivos parecessem inatingíveis e fugazes, quando combinava um EU saudável com NÓS e COMUNIDADE, ela sentia um efeito estufa de felicidade.

Nessa época, reconectei-me com Jeannine. Nós nos conhecemos quando ela me levou como palestrante para o Global Women's Summit anual do Facebook, vários meses antes, e então nos encontramos em uma festa na tarde de sábado, em San Francisco, tendo como DJ Snoop Dogg. É fácil pensar que um encontro fortuito envolvendo Snoop Dogg leve a algo épico, embora não tivéssemos certeza do que seria. Nós nos conectamos novamente depois que ela deixou "o Face" e falou sobre suas décadas de experiência na D&I e nossos esforços para uma mudança cultural sustentável.

Embora partíssemos de pontos de vista diferentes, reconhecemos que nossas abordagens eram semelhantes. Ambas acreditávamos no alinhamento da liderança, com valores e comportamentos preestabelecidos, avaliando lacunas, estabelecendo responsabilidades, medindo as coisas importantes e comunicando essas prioridades. Éramos como duas adolescentes bobas porque tínhamos a mesma banda favorita, mas a música que amávamos era diversidade, equidade, inclusão, pertencimento, cultura e felicidade. Nossa terminologia era diferente, mas o ponto em que coincidiu foi o que mais nos empolgou: *mudança sistêmica*.

A mudança sustentável nunca aconteceu por causa de uma única conferência, palestra ou workshop. Se as organizações estivessem realmente se comprometendo com uma mudança positiva, teriam que oferecer mais do que um dia de treinamento animado. Precisavam se comprometer com uma jornada ao longo da vida de incorporação do DEIP, felicidade e humanidade em sua cultura.

Jeannine voltou às suas raízes empreendedoras e reiniciou a segunda empresa que havia criado após se formar na Kellogg, com a nova marca Incluvations (uma fusão das palavras em inglês Inclusive e Innovations, que ela havia fundado no início dos anos 2000), começou a colaborar estrategicamente com outros dentro de sua área e tornou-se parte da família da DH como nossa principal inovadora e consultora DEIP. Atualmente, ela ajuda nossos clientes na incorporação da mudança de cultura sistêmica com as informações mais atuais sobre como o DEIP pode afetar as organizações.

Desde que começamos a colaborar, Jeannine, quando está inspirada, bate em sua mesa durante as reuniões em momentos de animação (algo que fazemos e valorizamos muito na DH), o que nos faz querer bater na nossa também. Em uma ligação aleatória no Zoom que tivemos outro dia, ela simplesmente começou a balançar a cabeça e dizer: "Mmhm mmhm mmhm" baixinho.

Inicialmente, fiquei preocupada. "Tem alguma coisa errada?"

Mas ela disse, com um sorriso: "Sei que todos nós estamos passando por tanta coisa agora, isso só me deixa feliz!"

Depois de dar o seu próprio salto de fé para voltar ao seu EU e encontrar um NÓS com o qual pudesse estar mais alinhada neste capítulo de sua vida, ela se transformou no exemplo ideal de alguém que se adapta para prosperar. Ela continua com seu compromisso de fazer sistematicamente a diferença no DEIP e na sociedade, e, fazendo isso, como seus pais sempre disseram, sendo quem ela quer ser.

A JORNADA DE UMA EMPRESA PARA A MUDANÇA DE CULTURA DE DEIP EM ESCALA GLOBAL

Quando se trata de melhoria sistêmica de DEIP em uma multinacional tradicional, a mudança está diretamente relacionada ao nível de comprometimento. Não é fácil, mas, com dedicação, é possível.

Uma das empresas líderes mundiais no setor de energia queria iniciar sua jornada estratégica de D&I. E contratou Jeannine para desenvolver e orientar esses esforços. Ela recebeu uma folha de papel em branco e a tarefa de criar um programa de diversidade em grande escala a partir do zero. Tal como acontece com todos os grandes projetos de gestão de mudanças, seria necessário alinhar as pessoas para realizá-lo.

Para estabelecer confiança e relacionamentos, Jeannine decidiu fazer sua avaliação inicial — pesquisa e coleta de dados — por meio de um "espetáculo itinerante" de avaliação em vários locais em que a empresa trabalhava, incluindo regiões como América do Norte, Europa, América Central e do Sul, e Ásia-Pacífico. O espetáculo itinerante foi projetado para obter informações enquanto começava a educar os funcionários sobre a D&I e reuni-los para construir conexões mais fortes.

"O trabalho não teria sido feito sem o cuidado, a preocupação, a paixão e o comprometimento das pessoas", disse ela. "Foram muitos os exemplos de humanidade nesse processo. Nunca esquecerei a vez em que entrei em um caminhão enorme com uma das trabalhadoras, uma mulher naquela empresa dominada por homens, para conduzir uma conversa cara a cara. Ainda posso ouvi-la dizer que amava seu trabalho porque precisava ficar ao ar livre e queria me ajudar para que mais mulheres e pessoas não brancas soubessem que outras pessoas, iguais a ela, podem conseguir esses trabalhos também."

Após essa fase, Jeannine voltou aos Estados Unidos e reuniu uma equipe multifuncional para criar a estratégia e o *business case* para a organização. Com contribuições contínuas da equipe de liderança e da diretoria, ela trabalhou para integrar a diversidade na estratégia e nos valores gerais da empresa.

Essa parte do trabalho era mais desafiadora, porque exigia a modificação de normas e práticas culturais que existiam há décadas. Mas, ao estimular relacionamentos, educação e dados, ela fez a diferença e começou a integrar a D&I na organização com *roadmaps* de Pessoas, Gestão de Talentos e Aprendizado e Desenvolvimento. Em apenas alguns meses, em colaboração com outras mentes brilhantes e almas generosas, eles construíram uma estratégia sobre a força de trabalho, locais de trabalho e comunidades com alinhamento do conselho e adesão dos executivos. A estratégia global desdobrou-se em cascata com uma estratégia de comunicação em todo o resto da organização multinacional.

206 AS NOVAS REPERCUSSÕES: SOCIEDADE + PLANETA

Foi um dos trabalhos mais difíceis que Jeannine já fez, mas ela começou a aprender lições rapidamente:

- O comprometimento de todos os níveis — alta liderança, gestão e funcionários — é essencial para a implementação bem-sucedida e a sustentabilidade.

- A inclusão tem que fazer parte da equação, e tanto a diversidade quanto a inclusão precisam ser incorporadas aos valores da organização.

- A D&I precisa ser tratada como uma prioridade de negócios, assim como outras prioridades de negócios.

- Os grupos de recursos para funcionários/negócios podem fornecer informações essenciais e ajudar a criar locais de trabalho ainda mais inclusivos.

- Comportamentos inclusivos precisam ser praticados e demonstrados por todos.

- Dados quantitativos e qualitativos são essenciais para ganhar adesão e monitorar o sucesso de estratégias e programas.

- Os esforços da D&I são permanentes.

"Para este trabalho, peguei tudo o que tinha no meu kit de ferramentas de diversidade. Canalizei coisas que aprendi na infância, faculdade e pós-graduação, como uma consultora na primeira empresa que fundei e, mais tarde, quando tive que promover conversas difíceis sobre diferenças raciais e/ou interculturais entre os membros." Jeannine também se lembrou do que era mais importante: "O que meus mentores me ensinaram sobre confiar em mim mesma e no processo e me dedicar ao trabalho."

O espaço da D&I oferece muitas oportunidades de receber diferentes formas de reconhecimento, como a Melhor Lista de Cidadãos Corporativos em Diversidade, o Índice de Igualdade Corporativa da Human Rights Campaign Foundation e o Women's Choice Awards. Desde que embarcou em sua jornada da D&I, a empresa recebeu inúmeros reconhecimentos e mereceu seu lugar em muitas das listas principais, demonstrando que, se você adotar a filosofia de Jeannine de "Se não agora, quando?", pode obter resultados positivos em seu esforço de D&I.

Jeannine levou seu melhor EU para o trabalho e transformou uma empresa de um dos setores mais tradicionais em uma estrela notável nas práticas de D&I.

Com todos os altos e baixos que Jeannine viu ao longo dos anos, é nisto que ela acredita: "As pessoas podem dar o exemplo sobre justiça racial e DEIP por meio de conversas e diálogo, colaboração e inovação. O futuro do trabalho requer ser mais intencional... demonstrando comportamento respeitoso e inclusivo, e estabelecendo relações autênticas e produtivas."

Para exemplificar como tudo se resume a pessoas e intenção, quero compartilhar um exemplo marcante de uma conversa desafiadora que Jeannine teve em um de seus workshops. A certa altura do evento, um dos participantes deixou escapar que era contra o casamento inter-racial.

Como uma mulher birracial, Jeannine se sentiu profundamente afetada pela declaração, mas recuperou a compostura ao ver os rostos confusos dos outros participantes e mais uma vez percebeu que era o que ela chama de um "momento de diversidade" — algo com que toda a sala poderia aprender e, não apenas o homem que se expressara com tanta ousadia.

O homem continuou a dizer que não entendia como uma pessoa branca poderia cruzar as linhas raciais e "misturar-se" com uma negra. Ele chegou ao ponto de compartilhar muitos estereótipos nos quais acreditava. Esse poderia ter sido um diálogo pouco construtivo, mas Jeannine fez tudo o que pôde para sondá-lo e parafraseá-lo em busca de algum tipo de compreensão.

Ela finalmente teve que perguntar: "Por que você está me dizendo isso, visto que sou birracial?"

Ele disse: "Você parece normal e legal. Você sabe... você se parece comigo, e nunca tive a oportunidade de conhecer alguém como você. Só vi pessoas como você na TV. E estou dizendo isso porque minha filha se casou com uma pessoa negra, e eles acabaram de ter um filho. E quero ser parte da solução, e não o problema para eles."

A revelação foi tal, que se podia ouvir o destrancar da fechadura da sala. Ele estava descobrindo por si mesmo e estava disposto a expor seus próprios preconceitos a fim de romper com eles. E, em vez de deixar sua raiva emergir e conduzir a conversa, Jeannine tentou exemplificar o que precisava acontecer em conversas difíceis como essa. Ela transformou o impacto negativo em curiosidade e questionamento para ver se o diálogo poderia ir mais fundo.

A conversa continuou com força e impacto. No final da sessão de dois dias, Jeannine, esse homem e o resto do grupo foram capazes de aprofundar mais conversas ainda mais difíceis, aprender uns com os outros e criar laços. Esse processo gerou as condições de estufa necessárias para continuar a jornada.

Eu me inspiro em histórias como a de Jeannine, porque sei que fomos apoiados por aqueles que lutaram e prepararam o caminho para que estejamos na posição em que estamos hoje. Existem mais caminhos para pavimentar, mas já chegamos até aqui. Não importa quantas injustiças encontremos no mundo, podemos ter fé de que os raios de Sol continuarão alimentando todas as nossas estufas, enquanto a humanidade, a inclusão e o amor mantêm nossas rotas iluminadas todos os dias.

OU NOS APROXIMAMOS OU NOS AFASTAMOS

Histórias como a de Jeannine são vitais de compartilhar, porque nos lembram de que a necessidade de mudança sistêmica acontece no cotidiano das pessoas. Estamos sempre nos aproximando ou nos afastando, e constantemente temos oportunidades de fazer essa escolha. Quando se trata de situações que ferem a essência de quem somos, essas decisões raramente são fáceis.

Tive uma experiência semelhante à de Jeannine em um 4 de julho no idílico Lago Flathead, em Montana. É uma tradição que velhos amigos se reúnam no Flathead Lake Lodge de Averill (um rancho familiar) no Dia da Independência. Passeamos de barco no lago, andamos a cavalo e comemos os famosos feijões cozidos da Maureen (mãe de Averill) na churrasqueira — nos divertindo e criando memórias.

Um dos pontos altos da viagem é sem dúvida o desfile anual na cidade vizinha, Bigfork. É uma daquelas experiências típicas de uma pequena cidade norte-americana. Você sempre pode contar com uma abundância de caminhões de bombeiros, cervejas Coors Light e todas as decorações em vermelho, branco e azul que se possa imaginar. Não importa para onde você vire, há uma natureza incrível na forma de enormes montanhas e o acampamento Big Sky. Você praticamente ouve "America the Beautiful" tocando em sua cabeça.

Bigfork é 90% branca,[76] mas nunca me senti como se estivesse em minoria — até 2018. Naquele ano, minha paciência com as iniquidades em nosso país e no mundo estava por um fio, então, no dia do desfile, decidi fazer um pequeno ato de rebeldia sobre como os imigrantes estavam sendo tratados. Usei uma camiseta preta que dizia EU SOU IMIGRANTE. Coloquei um chapéu de cowboy e óculos de sol made in China sombreados com a bandeira norte-americana que comprei na Amazon por US$3. (Pelo menos eu poderia rir de mim mesma da ironia da minha roupa.)

Senti de imediato uma vibração diferente no ar, e eu não sentia mais que me misturava enquanto caminhava por um mar de chapéus MAGA (Make America Great Again) vermelhos com camisetas MFGA (Make Families Great Again) combinando. Meu corpo estava tenso pela necessidade de ficar vigilante. Em todos os anos anteriores, os gritos de "U-S-A" me fizeram sorrir com patriotismo, mas, naquele ano, eles me causaram calafrios. Senti a diferença entre ler uma opinião diferente online e estar cara a cara com ela. Eu ainda era a mesma norte-americana orgulhosa, mas meu orgulho ficou obscurecido pela cisão evidente.

As reações à minha camiseta foram de olhares de desaprovação até alguém que parecia Sue Ellen Ewing saída diretamente do programa de TV *Dallas* gritar: "Amei sua camiseta!" Outra mulher (branca) me disse como estava feliz por eu tê-la usado, porque ela tinha suas próprias ansiedades sobre a conjuntura cultural atual. Logo após o desfile, ela voltou para seu quarto e vestiu a camisa que não tinha certeza se deveria

210 AS NOVAS REPERCUSSÕES: SOCIEDADE + PLANETA

usar: dizia TODAS AS FAMÍLIAS IMPORTAM, uma referência à prática de separação familiar em nossa fronteira sul. Já que podíamos ficar juntas, ela se sentiu segura para expressar sua discordância sobre como os filhos dos imigrantes estavam sendo tratados.

Quando voltei para o rancho, um cara que eu conhecia há anos gritou para mim, incrédulo: "Você não é imigrante! Você nasceu aqui!" Ele estava usando um chapéu MAGA vermelho, e meu corpo ainda estava tenso, então tentei responder da maneira mais calma: "Sim, nasci aqui, como você. O que significa que provavelmente você também é imigrante."

Ele tinha uma expressão confusa no rosto, então contei a ele o que minha camiseta significava: que quase nenhum de nós é realmente indígena. O cara tentou explicar seu ponto, usando frases como *nós contra eles* e dizendo que temos que lutar "por causa do que é nosso, não deles". Quando disse "nós", ele se referia às pessoas que amava e faria qualquer coisa para proteger. Ele gesticulava para dizer que eu estava no mesmo barco do "nós" com ele, como cidadão norte-americano, como se quisesse me convencer de que estávamos juntos nessa luta "nós contra eles".

Repassamos alternadamente alguns de nossos pensamentos mais fervorosos e chegamos à conclusão de que não mudaríamos de opinião sobre nossas crenças. De alguma forma, conseguimos entrar em um acordo e começamos a brincar. Um amigo apareceu e fez uma foto de nós dois sentados juntos — um cara branco mais velho com um chapéu MAGA e uma garota asiática-americana com uma camiseta pró-imigrante e um chapéu de cowboy. Estávamos ambos sorrindo sinceramente.

Ao me afastar, comecei a imaginar como nossa conversa teria sido diferente se não nos conhecêssemos há muitos anos. Eu tendo a querer ser um Mike Tyson e metaforicamente socar a cara das pessoas quando elas não veem o que significa ser o oprimido, mas, naquela tarde, houve uma mudança em mim. Não concordávamos em muita coisa, mas sempre vou me lembrar de como me senti ao passar da ansiedade e do mal-estar para uma sensação de paz. Ambos estávamos falando nossas verdades em um dia simbólico que celebrava a nossa liberdade. Saí de Montana com uma sensação mais profunda de que não importa no que cada um de nós acredita, todos nós realmente queremos ser vistos, ouvidos e compreendidos.

Esses tipos de encontros não costumam terminar em grande estilo. Os crimes de ódio contra asiático-americanos em cidades dos EUA aumentaram 150% em 2020, mesmo com a queda do número geral de crimes de ódio.[77] O secretário-geral da ONU, António Guterres, encorajou os governos a "agirem agora para fortalecer a imunidade de nossas sociedades contra o vírus do ódio"[78] porque "a pandemia continua a desencadear um tsunami de ódio e xenofobia, bodes expiatórios e alarmismo".

Como funciona esse ódio? Em março, uma chinesa de 75 anos foi atacada em San Francisco de forma violenta em uma esquina enquanto esperava o sinal ficar verde, do outro lado da baía de onde moro. Eu me senti mal quando vi o resultado: seus olhos sangrando porque um branco de 39 anos deu um soco na cara dela. Mas a mulher idosa, Xiao Zhen Xie, revidou com uma tábua de madeira que encontrou na rua, e o agressor acabou ensanguentado em uma maca enquanto ela ainda estava de pé. Tive que menear a cabeça e sorrir da sua resiliência ferrenha. "Imigrantes", pensei, "*ainda* damos conta do recado".

O neto de Xie criou um GoFundMe para arrecadar US$50 mil a fim de cobrir suas despesas médicas e tratamentos de terapia para o trauma que ela experimentou. Em uma semana, quase US$1 milhão foi arrecadado. A campanha recebeu doações de 26 mil pessoas de todos os 50 estados dos EUA e 42 países, surpreendentemente se tornando a arrecadação de fundos mais vista na plataforma GoFundMe na época.[79] Apesar do impacto que US$1 milhão poderia ter em sua vida, ela disse a seu neto para doar todo o dinheiro à comunidade asiático-americana de modo a combater o racismo, insistindo que o problema era maior do que ela. Imaginei todas as pessoas que ela acabou encorajando.

Enquanto assistia ao noticiário, ouvi Xie falar no dialeto cantonês do chinês tradicional, a língua que meus avós e ancestrais falavam. Fiquei emocionada, sabendo que poderiam ter sido meus pais e avós sendo espancados e mortos. Foi a mesma sensação que tive quando George Floyd e Breonna Taylor morreram, e Ahmaud Arbery foi perseguido e baleado. Podia ter sido meu amigo, minha irmã ou meu irmão de outra mãe.

Esses eventos fazem meu sangue ferver, mas também me lembro desta verdade: ser humano é um fato, mas manter a humanidade viva é nossa escolha. Estamos sempre nos juntando ou nos separando. Todos querem lutar por justiça pelas pessoas que amam, e, não importa quantas iniquidades ainda enfrentemos, temos que buscar constantemente oportunidades para compartilhar e falar nossas verdades, enquanto alcançamos outras pessoas para ouvir e ser ouvidas.

EXERCÍCIO 2:
COMECE O DIÁLOGO PARA INCORPORAR DE FORMA SISTEMÁTICA UMA CULTURA DEIP

Jeannine acredita que o tipo certo de comunicação conduz ao tipo certo de confiança, que leva ao tipo certo de ação. Quando as pessoas confiam umas nas outras, são mais capazes de se comunicar e colaborar para o bem-estar de todos. Acolher equipes, comunidades e organizações torna-se o antídoto para a desconfiança da comunidade. Mas muitas peças precisam estar no lugar para que essas coisas aconteçam: acordos de trabalho, alinhamento entre os executivos e a organização, sistemas equitativos e mudanças de cultura que exigem consideração, paciência, compromisso e liderança.

Não, essas coisas não acontecem da noite para o dia.

Mas, no cerne de tudo isso, está uma coisa simples: pessoas.

Recomendo chamar alguém o mais objetivo possível (externo à sua equipe ou organização) para promover esse exercício. Fazer isso com alguém interno é como pedir a seus pais para resolver uma disputa acalorada entre você e um irmão com quem está brigando. Como tudo termina depende de como os pais estão se sentindo naquele dia, ou das suposições que eles tenham de brigas anteriores.

Então, em vez de uma abordagem gradual, aqui estão algumas coisas para se ter em mente quando você estiver pronto para iniciar o diálogo sobre o DEIP de uma forma real e sustentável.

Para construir um ambiente produtivo e seguro, que incentive diferentes vozes e perspectivas:

- Crie o espaço para as conversas com os acordos e condições certas de trabalho.

- Seja claro sobre qual aspecto do DEIP você deseja abordar no momento, e quais lições tirar ou não.

- Estabeleça um Pacto de Cultura de grupo (um exercício da Parte III) — um conjunto de acordos de trabalho para a conversa, por exemplo, como a confidencialidade será tratada.

- Incentive comportamentos do tipo demonstrar confiança, demonstrar respeito e valorizar as diferenças.

- Reconheça que as pessoas podem estar em diferentes estágios de consciência e engajamento nesses tópicos.

- Reconheça que as pessoas podem sentir desconforto e que esse trabalho trata de "ficar à vontade com o desconforto" (como diz Jeannine).

- Certifique-se de que as pessoas saiam prontas para a ação e, de alguma forma, façam um relato sobre a responsabilização.

O objetivo dessas conversas é revelar as diferenças entre nós — de experiências e perspectivas. Elas devem levar à empatia, o que, em última análise, leva à adaptabilidade e à transformação.

Repercuta para a SOCIEDADE

Quando aplicamos o modelo certo — com nosso autêntico impacto do EU/NÓS/COMUNIDADE nos ecossistemas das pessoas — não precisamos perder tantas noites de sono nos estressando com alguns dos maiores problemas do nosso tempo. As empresas que se alinham com nosso Propósito + Valores fazem parte do trabalho pesado usando o lucro para o bem. Elas resolvem problemas que os seres humanos causaram a si e ao planeta. *Ou seja, as empresas não devem ser sempre consideradas parte do problema; elas podem ser as líderes de mudanças globais significativas com soluções.* E podemos nos alinhar com elas.

A GBfoods é uma dessas líderes. É uma empresa de 1,2 bilhão de euros com uma equipe de 3.300 funcionários e presença em mais de 50

AS NOVAS REPERCUSSÕES: SOCIEDADE + PLANETA

países na Europa e África. Foi fundada em Barcelona em 1937, e algumas de suas marcas estão nas cozinhas dos consumidores há mais de 60 anos, a ponto de agora integrarem a cultura local. Pense em maionese, ketchup e molho; GBfoods é a Kraft Heinz de nossos vizinhos do hemisfério oriental. Seu negócio atinge um bilhão de pessoas anualmente.

Com 18 fábricas e produtos em 50 países, como Itália, Alemanha e Nigéria, a empresa é sua própria mistura de sabores globais. O desafio (e a curiosidade) de trabalhar para ela se devia à presença internacional e necessidade de fortalecer as tradições, como uma comunidade global por meio da linguagem do amor universal pela comida. A GBfoods acredita que a comida é nos lembra de nossos rituais e remove barreiras para nos concentrarmos nas nossas raízes compartilhadas, não nas diferenças.

Alex Dilme, líder de propósito e cultura, falou conosco sobre a jornada de transformação da cultura da empresa recentemente: "Gosto da ideia de humanizar as empresas. Como podemos ser produtivos e humanos? As empresas estão começando a perceber que a gestão transcende os funcionários. Elas precisam se conectar a uma grande quantidade de partes interessadas, ongs e outras empresas. O mundo está se tornando mais complexo, [e precisamos] mudar a maneira como nos gerenciamos como empresas."

Alex, a GBfoods e a DH pareciam, desde o começo, ter os mesmos pontos em comum. A cultura e a transformação da marca que a empresa executou provou o quão longe e profundo as repercussões podem chegar.

O que Alex deixou claro ao compartilhar a história da GBfoods é que ele não é o herói da história — a liderança da GBfoods e a empresa como um todo o são. Submeter-se a uma mudança como essa requer uma empresa, antes de tudo, aberta e com vontade de evoluir. Alex compartilhou: "Sou imensamente grato pela oportunidade de mudar uma 'cultura de trabalho'. A cultura é um processo de alinhamento no qual as pessoas que visam mudá-la precisam respeitar a cultura atual. A partir desse ponto de respeito e compreensão mútuos, as culturas evoluem."

Repercuta para a SOCIEDADE   217

Como sempre, é preciso ter uma aldeia. E o que ele compartilhou deu uma ideia de como isso pode ser feito.

Um dos aspectos únicos da organização era que Alex e sua pequena, mas hábil, equipe de Propósito + Valores já tinha a repercussão e a estratégia das partes interessadas de forma conceitual em mente. Eles queriam definir os valores essenciais da empresa de modo que agregasse valor aos funcionários, à sociedade e ao planeta. "Se você fizer isso, poderá ser compartilhado por toda a [sociedade] e ser universal. É importante definir seus valores essenciais, mas no geral o objetivo é escolher [aqueles] que agregam valor ao seu negócio e à sociedade como um todo."

A equipe percebeu que, para um lançamento bem-sucedido, era necessário (1) evidência no *business case* de porquê os lucros deveriam ser reinvestidos nas pessoas e na sociedade e (2) alinhamento dos executivos.

Para o *business case*, a equipe adotou uma abordagem dupla, demonstrando o impacto nos negócios e na sociedade e, em seguida, conectando-os com uma abordagem lenta e constante de longo prazo. "Cada um de nós tem suas motivações. Você precisa ter certeza, ao iniciar esse tipo de jornada, de apelar para os dois lados. Você apela para a mente impulsionada por vendas, crescimento e lucro e para outras pessoas que estão motivadas a tornar o mundo um lugar melhor. Você deve certificar-se de que seu discurso seja inclusivo para adesão."

Desse modo, uma vez que sua estratégia esteja alinhada com ambas as prioridades, você pode transmitir a seguinte mensagem: "Não podemos esperar ter um grande talento e eficiência se nosso pessoal não estiver feliz. Os clientes não ficarão se não estiverem comendo coisas nutritivas, saborosas e prazerosas." Ao combinar o impacto dos negócios nos lucros com o impacto social para as pessoas e o planeta, a equipe foi capaz de levar adiante a agenda Propósito + Valores.

CRIANDO SUAS PRÓPRIAS CONDIÇÕES DE ESTUFA

Aqui está uma visão do trabalho de Alex pelas lentes das condições da estufa:

1. **Alinhamento:** A maior transformação que Alex viu foi no mindset dos líderes quando a equipe de Propósito + Valores alinhou os executivos. Embora a GBfoods acreditasse em "sabores locais vivos", precisava de um alinhamento mais amplo. Juntos, a equipe e os executivos foram capazes de codificar uma visão mais além, que já existia no negócio. A visão era ser uma empresa com impacto social e crescimento de negócios. Com essa clareza, o mindset deles começou a evoluir. "Foi uma evolução, não uma revolução, que foi a chave para o nosso sucesso", diz Alex.

   Mantendo a ideia da culinária local, a DH ajudou a GBfoods a alinhar os executivos e definir valores para sua cultura. A fase seguinte foi conscientizar toda a empresa de porquê Propósito + Valores são importantes e quais valores são fundamentais:

   ° **Essência da GBfoods:** Cuidamos do que importa — nossa equipe, nossos clientes e o planeta.

   ° **Proximidade:** Praticamos um mindset local.

   ° **Alegria:** Celebramos e somos apaixonados pelo que fazemos.

   ° **Autenticidade:** Oferecemos a melhor versão de nós mesmos todos os dias.

   ° **Propriedade:** Elevamos muito o nível! Confiamos e empoderamos nossos funcionários.

   A GBfoods formou uma equipe de cultura dedicada a realizar "Dias de Propósito" em dezenove escritórios ao redor do mundo, explicando às pessoas por que Propósito + Valores do

Repercuta para a SOCIEDADE   219

EU e NÓS foram escolhidos (com exemplos específicos de como esses valores já estavam beneficiando os negócios e a sociedade). Alex e sua equipe certificaram-se de que foram ousados ao comunicar o que a cultura significava para a empresa e sua visão.

2. **Pertencimento:** Após o alinhamento, veio a condição de pertencimento à estufa. O desafio de Alex era criar um senso de propriedade para que o lançamento de Propósito + Valores fosse reconhecido não só de cima para baixo, mas de baixo para cima também. Ele testou maneiras lúdicas para a abordagem: "Eu via como The Sims, com balões na cabeça de todos. Eu precisava entender as ideias que cada um tinha e acender a lâmpada." Cada funcionário, por conta própria, começava a se conectar com a ideia maior. "Não poderíamos dimensionar lançando mil coisas para as pessoas fazerem mil vezes, com todos tendo ideias diferentes em suas cabeças. Precisávamos que todos se sentissem empoderados para [dar os próximos passos] por conta própria!"

   Com unidades em 50 países, a equipe sabia que deveria incorporar o pertencimento aos valores. "Um dos nossos valores é proximidade — ficar perto, entender as realidades locais, coisas às quais todos podem se conectar... isso é amor!" Outro valor é a felicidade, e eles viram suas distinções culturais em diferentes contextos. Na África, a felicidade fluiu, então a equipe não precisou colocar muita energia lá. Em outros países, porém: "Trabalho é trabalho, e você não deve ficar feliz no trabalho, então tivemos que colocar mais energia nisso. Mas, mesmo em contextos culturais diferentes, você pode encontrar um denominador comum."

3. **Responsabilidade:** Como em todas as organizações, a equipe encontrou resistência à mudança. Mas tinha fé que a persistência daria certo com o tempo. "Se você se esforçar para mudar uma cultura, haverá resistência, mas isso é bom, protege a cultura. A resistência também se transforma em compreensão, porque é uma coisa viva, não fixa. Sem resistência, não há mudança.

   Tivemos que perceber isso muito cedo. Às vezes é frustrante, porque você quer mudar as pessoas e não consegue. Não é que as pessoas não queiram [causar um impacto social], elas apenas sentem que têm outras coisas mais importantes para fazer. Com o tempo, elas lidam com seus medos, e, se você for persistente o suficiente, elas chegarão lá. Como o exemplo de The Sims, no devido tempo [a lâmpada brilha] e se acende em sua cabeça!"

A equipe obteve sucesso em "micro e macrogestão". Eles foram conversar com alguns dos astros internos (os líderes cujas opiniões os outros valorizavam), essencialmente, fazer coaching. A equipe os colocou estrategicamente em painéis e os tornou publicamente responsáveis. "Quando um astro fala sobre atenção plena e diversidade, isso manda um sinal forte para todo o resto."

4. **Compromisso:** Para delegar poder às pessoas e lhes dar um senso de responsabilidade compartilhada de Propósito + Valores, a equipe de Alex abordou a implementação com mindset descentralizado, programa padrão, comunicação aberta e um manual de estratégia cheio de ideias para os líderes criarem as próprias.

"Lançamos várias ferramentas, [como] Workplace do Facebook, para abrir linhas de comunicação. Não só para a equipe de comunicação, mas para qualquer um se manifestar. Também lançamos programas que deram muita liberdade, para que cada herói ou embaixador local e suas unidades de negócios se sentissem empoderados para agir." Seis meses após o lançamento, os funcionários geraram mais de cinquenta iniciativas por conta própria. A alta comunicação e o mindset descentralizado foram essenciais para a GBfoods. "Queríamos muitas maneiras de nos conectar com as pessoas, mas não sabíamos o que as afetaria. Essa é a terceira vez que mudamos nossos valores, então queríamos mostrar que, dessa vez, era real. Ainda estamos nessa jornada, mas estamos comprometidos."

Como a equipe percebeu que não poderia fazer tudo sozinha ou obter um verdadeiro investimento no empreendimento impondo-o, ela trabalhou para capacitar as pessoas, dando-lhes o controle sobre a adaptação do novo programa para suas equipes individuais. Cada gerente regional e de RH recebeu manuais e apoio para que se sentissem capazes de lançar o programa, e os gerentes continuaram a criar iniciativas por conta própria.

GBFOODS REPERCUTE EXTERNAMENTE

A próxima repercussão — e, nesse caso, a mais intencional — é aquela para a sociedade.

Embora essa seja uma jornada contínua, a GBfoods começou internamente com sua equipe de RH a redefinição de sua proposta de valor para os funcionários visando inspirar e atrair candidatos com interesses semelhantes a se juntarem à equipe. A empresa também começou a trabalhar com consumidores e marcas para definir um propósito para cada marca que se conecta ao propósito organizacional maior. Ao começar a agir, percebeu como isso afeta positivamente os clientes, criando relacionamentos mais íntimos e leais com os mercados locais.

Para a sociedade e sustentabilidade, a GBfoods se via como uma comunidade de pessoas que *podem* e *vão* resolver questões sociais, enquanto garantem não criar mais problemas para a sociedade resolver. Agora, as estratégias sociais e ambientais são uma parte dos esforços mais amplos da empresa e estão focadas em quatro áreas: funcionários, nutrição, comunidades e meio ambiente. Essas estratégias incluem melhora da qualidade nutricional dos ingredientes nos produtos GBfoods, construção de fábricas, criação de novos empregos, redução das emissões de carbono da empresa e utilização de menor quantidade de água.

Isso é só o começo; a empresa trabalha agora em uma estratégia de sustentabilidade unificada para durar pelos próximos anos. Esse compromisso diz respeito ao que a GBfoods acredita: "Queremos ser uma empresa que resolve um problema social real e tem um propósito ousado. Também queremos ser uma empresa que minimize os problemas que criamos e resolva outros problemas ao longo do caminho."

"Um indivíduo tem só um certo impacto, mas a GBfoods me deu uma plataforma para criar um impacto maior." Alex sorriu com gratidão. "Se eu trabalhar com nossos 3.300 funcionários e [o] um bilhão de consumidores a cada ano que atingimos, é um presente. Não sei quem me deu a oportunidade de participar disso, de ser um coordenador líder de toda essa iniciativa, mas é incrível. Poder impulsionar mudanças nessa escala é inacreditável. Eu não tinha ideia de no que estava me metendo, mas é o maior presente que já recebi em um ambiente profissional."

Alex está vivendo a vida de um gigante sobre os ombros de uma empresa multinacional de um bilhão de dólares, originando o propósito em sua vida ao afetar de forma tangível o mundo por meio do trabalho que ele faz todos os dias.

Ao refletir sobre a GBfoods e o papel que Alex desempenhou em sua transformação, você pode pensar: "Sim, mas isso nunca funcionaria na minha empresa" ou "Os demais da minha equipe executiva nunca aceitariam". Felizmente, temos ouvido menos isso ao longo dos anos, mas, se esse ainda for o seu caso, promova o impacto comercial e social como Alex fez. A maneira como você atrai um público com motivações mistas é encontrando uma vitória tripla (ou quádrupla!) para o propósito, lucros, pessoas e o planeta.

Em vez de tentar vender a ideia, mostre como funciona. Execute protótipos menores com equipes selecionadas, em vez de toda a empresa. Usando dados que a empresa já coleta (por exemplo, sobre vendas ou burnout), mostre o aumento da produtividade das equipes que estão conectando seu trabalho às questões sociais. Usando os dados novos que saem todos os dias, mostre como práticas ASG (ambientais, sociais e de governança) positivas podem reduzir despesas a longo prazo, melhorar a eficiência operacional e o desempenho das ações.[80]

Desse modo, conforme você reflete sobre sua própria vida, essa se torna outra oportunidade de se tornar real consigo mesmo. Caso, depois de ter se esforçado ao máximo para delinear os benefícios de se tornar mais orientado por Propósito + Valores, a empresa com a qual você está trabalhando ou que está administrando ainda não estiver aberta, disposta e receptiva como a GBfoods, essa empresa pode não ser o lugar certo para você. Isso se aplica independentemente da sua posição ou cargo, porque é *o seu legado em vida*, não o deles. Se você não consegue encontrar alinhamento de propósito onde está, seu talento e impacto ficarão mais bem alocados em outro lugar. Como o perfil de Alex no LinkedIn diz: "Encontre algo que você ama, faça isso todos os dias pelo resto da sua vida, e, finalmente, o mundo mudará."

Repercutir para o PLANETA

REPERCUTA PARA UMA NAÇÃO: O PAÍS DAS BARRAS DE OURO E DA FELICIDADE

Antes de começarmos nosso projeto com os Emirados Árabes Unidos (EAU), eu costumava brincar que Dubai era o equivalente a Las Vegas... com esteroides. Pegue um grande terreno de areia, acrescente bilhões de dólares, convide as mentes mais inventivas do mundo para ajudar a desenvolvê-lo, asse ao Sol ao longo de vários anos e veja o que sai do forno. Como Vegas, parecia um lugar em que tudo estava no reino das possibilidades. Voe de helicóptero até o Burj Khalifa, o prédio mais alto do mundo. Fique no primeiro hotel sete estrelas do mundo, que tem um balcão de concierge em todos os andares (seis estrelas não bastavam). Saque dinheiro ou barras de ouro no caixa eletrônico. Tire cara ou coroa

AS NOVAS REPERCUSSÕES: SOCIEDADE + PLANETA

para escolher entre comprar água e gasolina — custam quase o mesmo. Mas, ao contrário de Vegas, o que acontece em Dubai não fica lá.

Quando dois representantes do Programa Nacional para Felicidade e Bem-estar do país me abordaram, após uma palestra que fiz em Madison, Wisconsin, e explicaram que gostariam de explorar as possibilidades de nosso trabalho conjunto, pareceu tão normal quanto acordar no banheiro de um hotel com um tigre, como acontece em *Se Beber, Não Case!*

Dubai é um mundo fascinante de paradoxos e extremos. Situa-se em um dos países mais ricos do mundo (os Emirados Árabes Unidos), e, embora a maioria presuma que a economia de Dubai seja impulsionada pelo petróleo, como a dos vizinhos, a receita do petróleo é superada pela do turismo. As diferenças culturais entre locais e expatriados são perceptíveis ao andar pelas ruas, por restaurantes e hotéis. (Um indicador claro da diferença é o álcool que os expatriados consomem, mas que é *haram*, proibido para os muçulmanos.) Existem também os extremos étnicos da porcentagem desproporcionalmente grande de expatriados asiáticos e ocidentais misturados com habitantes locais dos Emirados Árabes Unidos e visitantes de países árabes. É o exemplo típico de uma mistura com uma base de sabor de ações do Oriente Médio.

Pensei comigo: *Se podemos proporcionar felicidade em uma cidade tão diversificada e cheia de nuances como esta, provavelmente podemos fazê-lo em qualquer lugar do mundo*. Minha curiosidade sobre o propósito dos representantes do governo foi aguçada.

Em nossas primeiras interações, fiquei animada ao saber que mais da metade do governo era composto por mulheres, muito longe da descrição estereotipada dos países árabes na mídia ocidental. A equipe da DH participou e falou em eventos elaborados, como a Cúpula do Governo Mundial, e tivemos a honra de servir no Conselho Global de Felicidade e Bem-estar. Parecia que a intenção do governo dos Emirados Árabes Unidos era ser o centro global de inovação e progresso. Ele tinha a melhor divulgação para muitas atrações turísticas da cidade (arranha-céu mais alto, maior shopping, quadra de tênis mais alta, maior xícara de chá) e parecia entusiasmado para levar pessoas famosas, do monge francês Matthieu Ricard e do barão britânico Richard Layard a Goldie

Hawn e Robert De Niro, para proporcionar as melhores experiências em suas conferências.

Alguns meses depois de começarmos a trabalhar juntos, o governo dos Emirados Árabes Unidos anunciou oficialmente uma posição ministerial que agora é chamada de ministro de estado da felicidade e bem--estar. Notícia que gerou manchetes internacionais de que os Emirados Árabes Unidos estavam levando a felicidade muito a sério e queriam elevá-la a um novo nível. Trabalhamos com o ministro, Ohood bint Khalfan Al Roumi, e um grupo de pessoas que estavam claramente entusiasmadas com o que uma iniciativa pioneira para a felicidade poderia fazer por sua região e talvez pelo mundo inteiro.

Logo percebemos o porquê de sua busca pela felicidade.

O xeique Mohammed bin Rashid Al Maktoum (vice-presidente e primeiro-ministro dos Emirados Árabes Unidos e governante do Emirado de Dubai) foi claro em suas crenças: "O papel do governo é criar o ambiente no qual as pessoas possam realizar seus sonhos e ambições por si próprios. Nossa parte é criar esse ambiente e não o controlar." Em 2017, ele publicou *Reflexões sobre Felicidade e Positividade*, compartilhando suas ideias sobre estratégias de liderança e maneiras de promover relacionamentos entre membros de equipes. "Nosso objetivo é fazer da felicidade um estilo de vida na comunidade dos EAU, bem como o objetivo nobre e supremo do governo."[81]

Como o objetivo da felicidade vinha do maior líder da região, todos queriam fazer parte dele. Parecia a corrida do ouro na Califórnia na década de 1800, exceto que a corrida era pela felicidade (e o ouro estava nos caixas eletrônicos).

Ao longo dos anos que passei trabalhando em Dubai, vi um governo dedicado a abordar a felicidade à sua própria maneira — queria ser pioneiro com positividade no setor público, depois no privado. Queria fazê-lo de forma científica e mensurável, sem poupar despesas, para criar uma nação mais feliz, que inspirasse o mundo.

Começamos como sempre fazemos: com base no propósito, nos valores e nos comportamentos. A partir daí, ajudamos a construir um programa para a felicidade sustentável, visto pelas lentes das pessoas que lideram o governo dos Emirados Árabes Unidos. Além do propósito, valores e comportamentos, a estrutura incluía crescimento e desenvolvimento, saúde e bem-estar, relacionamentos positivos e o ambiente físico. Essas eram as fatias da torta na Roda da Totalidade, que o governo chamava de Estrutura de Felicidade e Positividade. Logo depois, a implantação começou em centenas de agências dos Emirados Árabes Unidos para dimensionar essa estrutura em todas as estufas governamentais que tocava.

Teve sucesso? Como em todo empreendimento inovador, houve sims e nãos.

No Relatório de Felicidade Mundial de 2020, os EAU ficaram em primeiro lugar em sua região pelo 6º ano consecutivo. Vimos um aumento na criatividade em aplicativos e formas concretas para capturar e medir o que significa ser feliz como nação. O governo se concentrou em projetar experiências felizes para clientes (seus cidadãos) e funcionários. Por exemplo, em 2015, ele lançou um medidor de felicidade em Dubai para medir vários pontos de contato com o cliente em toda a cidade. Alguns anos e 22,5 milhões de votos depois, o governo obteve 90% em seu índice de felicidade nos setores público e privado.[82]

O governo também acaba de lançar a Estratégia Nacional de Bem-estar 2031,[83] um plano de dez anos com foco no bem-estar como uma ferramenta para alcançar a felicidade ao longo da vida. Ele está treinando oficiais de felicidade e bem-estar em todas as entidades do governo federal, visando implementar a agenda, bem como estabelecer um Negócio para o Conselho do Bem-estar[84] a fim de criar uma plataforma a ser usada pelo governo e setor privado para promover o bem-estar no trabalho. (Embora tudo isso seja impressionante, um dos meus favoritos ainda é como o governo redesenhou os corredores de um de seus escritórios com grama falsa em vez de carpete.)

Mas também vimos o outro lado das coisas. O governo percebeu que a felicidade sustentável não é uma série de lançamentos de um conceito, mas um estilo de vida que consiste em escolhas que as pessoas fazem diariamente à medida que se adaptam ao mundo ao redor. Ele viu como as pessoas podem ser inicialmente felizes, mas que os níveis diminuem à medida que as coisas se tornam rotineiras, de modo que os programas precisam ser atualizados constantemente para manter os níveis de felicidade altos.

Os EAU estão comprometidos com o progresso. Continuam a fazer avanços surpreendentes para criar uma mudança sistêmica no que acredita ser um direito — não um privilégio — de seu povo. E, constantemente, o progresso mensurável volta ao compromisso, à intenção e ao alinhamento do EU para NÓS, não importa onde você esteja em uma COMUNIDADE, nossa SOCIEDADE ou nosso PLANETA.

Incluí essa história porque é uma incumbência muito ambiciosa para uma nação, que pode nos inspirar e mudar sistematicamente a maneira como vivemos neste planeta. Também a compartilhei porque existem estigmas sobre trabalhar com os setores público e privado, e, até certo ponto, eles são baseados em fatos. O excesso de burocracia e formalidades pode ser generalizado no setor público; excesso de liberdade e ganância pode ser exagerado no privado. Nesse caso único, os EAU não são muito diferentes das empresas mais lucrativas do mundo, como a Apple e a Amazon — todas têm dinheiro, são movidas pela inovação e se esforçam para fornecer valor a suas diversas partes interessadas.

O que aprendi é que resultados favoráveis nunca dizem respeito a estereótipos dos diferentes setores ou indústrias em que trabalhamos. Os resultados voltam-se aos líderes em todos os níveis e às intenções que os orientam. Líderes que escolhem cuidadosamente suas condições de estufa efetuam as maiores mudanças — alcançando um impacto positivo para seu povo, em vez de causar um impacto negativo ao liderar para o seu EU, não para todos. Os limites entre organizações públicas e privadas, a sociedade e nosso planeta estão se misturando a um ponto em que vemos que estamos todos interconectados... como pessoas.

Vimos a felicidade e o bem-estar se tornarem imperativos em mais e mais empresas, e, de maneiras semelhantes, vimos nações como EAU, Butão, Finlândia, Islândia, Dinamarca, Costa Rica e Holanda priorizarem programas que criam vidas melhores para seus cidadãos. Embora políticas e nações divididas sempre existirão, isso me mantém otimista-realista de que as pessoas se concentrarão no que é mais importante para a humanidade e o planeta, à medida que externalizarmos nossas crenças e valores compartilhados. Seja como primeiro-ministro ou funcionário público, empregador ou funcionário, continuaremos avançando em direção à positividade, conforme percebemos que somos simultaneamente cidadãos e clientes em nossas próprias estufas — e estamos todos a serviço uns dos outros.

Como uma pandemia, instabilidade econômica, mudança climática e Walt Disney continuam nos lembrando, este é um mundo pequeno, apesar de tudo.

É difícil não se sentir sobrecarregado ao contemplar os efeitos globais das mudanças climáticas, que parecem estar aumentando a cada dia. Mas imagine se você desligasse esse ruído de vez em quando, sem culpa. Não porque você queira se esconder da realidade, mas porque a informação, a desinformação e a falta de informação só podem ajudar você até certo ponto *a fazer* algo a respeito.

Então imagine, nesses momentos de tranquilidade, que você poderia acordar todas as manhãs, aparecer para trabalhar e — sem nem mesmo parar para pensar sobre questões globais — *saber com paz e segurança* que está afetando o planeta de maneira positiva. De tal modo que, quando sua cabeça encostar no travesseiro naquela noite, você saiba que sua mera e poderosa existência está fazendo a diferença. Ao manifestar todo o seu ser intencional, você dorme sabendo que empurrou o mundo para um lugar melhor.

Parece mais uma frase de efeito maluca e desinformada circulando nas interwebs, mas sei que está acontecendo *todos os dias*. E, se você se comprometer a fazer o trabalho, não apenas em seu emprego, mas *dentro de si mesmo*, também manifestará isso.

REPERCUTINDO PARA O PLANETA
A JORNADA DE UM HOMEM RUMO
A UM PROPÓSITO DE FELICIDADE

Sam Kass admite que não nasceu com uma paixão para cuidar de pessoas ou do planeta. Julgando um livro pela capa, você poderia facilmente confundi-lo com um jogador de rúgbi que é enviado para o jogo faltando poucos minutos para acabar a partida, derrubar todos e marcar uma vitória. Ele é apaixonado e decidido, e você sabe instintivamente que ele dará conta do trabalho. Você só não sabe que massacre será deixado no final, em qualquer equipe.

Mas, se você lesse as páginas do livro de Sam, veria que sua natureza de buldogue por fora é complementada por uma curiosidade infantil sobre qualquer coisa nova — pessoas, experiências, lugares, ideias — e uma tonelada de ambição e coração. Você provavelmente ficaria um pouco chocado com o fato de que sua curiosidade o levou a se tornar o conselheiro sênior de políticas do presidente Obama para políticas de nutrição e diretor-executivo do programa Let's Move!, da primeira-dama, Michelle Obama, e um chef assistente na Casa Branca.

Conheci Sam quando Danny e Annie (a dupla dinâmica da Starbucks) reuniram um grupo heterogêneo de personalidades e experiências para ajudar a assumir o próximo nível de projetos de inovação na empresa de café. Depois de fazer um exercício de Propósito + Valores com ele, descobri rapidamente que, por baixo da aparência de um buldogue precisando de um petisco, Sam tinha um lado suave. Isso é o que acontece quando você reúne todos em uma sala e cria um espaço seguro para compartilharem os altos e baixos de suas vidas e se atualizarem sobre seus Propósitos + Valores.

Aprendi como Sam passou do governo Obama para outros empreendimentos, como lançar a Trove, uma empresa de consultoria em tecnologia de alimentos criada para transformar a saúde, o clima e o planeta por meio dos alimentos, e se tornar um parceiro em um fundo de capital de risco projetado para apoiar e desenvolver projetos com foco na transparência, saúde e sustentabilidade no sistema alimentar global.

Mas, se você lhe perguntar como se descreve agora, ele simplesmente dirá: "Sou aquele cara da política alimentar que preparava o jantar para os Obama e agora estou tentando ser investidor." Em seu tom de voz, você pode ouvir como ele está tentando se provar novamente. Pode parecer inacreditável com toda a experiência de rua, na gastronomia e em Washington, D.C., que tem em seu currículo, que ainda esteja se perguntando como pode causar um impacto sustentável no mundo. Embora ele ainda esteja se esforçando, percebeu o quão transformador foi tornar sua paixão propósito.

E, com isso, ele sabia que tinha a coragem de assumir mais riscos na vida, de iniciar outra volta na jornada do herói.

Na adolescência, Sam não tinha certeza do que queria fazer da vida. Em geral, essas são as histórias que mais amo. Ele apenas sabia que a paixão não "caía do céu" para ele. Mas também sabia que era bom no beisebol e mais à frente queria aprender a cozinhar. Em vez de seguir o caminho da escola de culinária tradicional, compartilhou seu interesse com amigos e, após uma série de apresentações — alguma coisa do tipo "o primo do carteiro do filho do tio do marido do meu amigo tem um restaurante" —, ele se viu em Viena treinando sob o comando "deste maluco sobre rodas em uma bike irada de corrida", que por acaso era o chef Christian Domschitz.

"Foi um desastre", disse Sam, "mas aprendi muito". Sam era pago em comida à medida que acumulava conhecimento culinário. Ele mal tinha dinheiro, vivia de suas parcas economias, e o trabalho e a exaustão acabavam com ele... mas ele estava feliz.

Ele finalmente percebeu que não queria passar a vida cozinhando para os ricos. Em vez disso, viu a comida como uma ponte para explorar as questões ambientais e de saúde. Essa compreensão não aconteceu da noite para o dia, de forma alguma, mas através de um ciclo da sua jornada do herói. E, ao dar esses passos com curiosidade, ele finalmente percebeu que aqueles crème brûlées perfeitamente executados não eram suficientes para ele. Sua paixão era política alimentar e política em geral.

Sem pensar que afetaria diretamente e de maneiras positivas o planeta, ele percebeu seu propósito na mudança climática e na saúde. Tudo o que ele tem feito desde então gira em torno dessas grandes ideias. Em 2015, ganhou o prêmio James Beard Foundation por seu trabalho em saúde e alimentação — um prêmio de prestígio, que ele não tinha a intenção de ganhar.

O Fórum Econômico Mundial o nomeou para a classe de Jovens Líderes Globais de 2017. Com nossa equipe na Starbucks, ele tem desempenhado um papel fundamental na empresa, vislumbrando e se comprometendo com um futuro Planeta Positivo, que inclui novos investimentos em operações ecologicamente corretas, práticas agrícolas regenerativas e um novo menu com metas ambientais para 2030 visando reduzir as pegadas de carbono, água e resíduos da Starbucks.

Nada mal para um bulldog com um grande coração que até pouco tempo atrás não tinha paixão pelo planeta. Mesmo que ele continue a levar sua vida em novas direções e sinta que está começando tudo de novo, também sabe que foi sua curiosidade que o levou a seu propósito e a um senso mais profundo do que valoriza hoje.

Você não precisa ser uma Greta Thunberg de 16 anos que impressionou a Cúpula de Ação do Clima da ONU para sentir que está fazendo a diferença na mudança climática. A voz de Greta continua reverberando pelo mundo, mas o que a maioria de nós não tem ouvido são as coisas do dia a dia com as quais ela convive.

Em suas palavras: "Fui diagnosticada com síndrome de Asperger, TOC e mutismo seletivo. Basicamente, isso significa que só falo quando acho necessário. Agora, é um desses momentos."[85]

Essa declaração representa sua aceitação vulnerável e honesta da totalidade de quem ela é — mente, corpo e coração. Ela continuou com uma chamada à ação que criticava a todos por só pensarem e dizerem, e nada fazerem: "Acho que, de muitas maneiras, nós, autistas, somos normais, e o resto das pessoas são muito estranhas, especialmente quando se trata de crise de sustentabilidade, quando todos ficam dizendo que a mudança climática é uma ameaça existencial e a questão mais importante de todas, e ainda assim seguem normalmente com suas vidas."

Ela manteve o discurso real, ao declarar a verdade de seu autêntico EU e manter sua defesa da ação contra a mudança climática — seu propósito — como o ponto focal.

Você não precisa estar no mesmo nível de Sir David Attenborough para provar seu ponto de vista. Mas pode continuar compartilhando sua riqueza pessoal de conhecimento, como ele fez mais recentemente em seu livro e documentário *A Life on Our Planet* [*Uma Vida em Nosso Planeta*, em tradução livre] (sem o meu conhecimento até escrever isto, compartilhamos a mesma editora ☺). Ele admitiu que perdeu a fé em nosso futuro não faz muito tempo. No entanto, agora, na casa de seus 90 anos, teve uma revelação e descobriu uma nova esperança para os seres humanos se reformularmos esse futuro: Não se trata de salvar o planeta. Ou mesmo a natureza. Como vimos historicamente, a natureza sempre vence, porque continua se regenerando, e o cosmo continuará a existir, então não precisamos nos preocupar muito com isso.

Trata-se de nós. Você e eu. Concretizando seu argumento pessoal, Attenborough pergunta: "Nós nos importamos o suficiente conosco para fazer escolhas diferentes *como pessoas, com humanidade*, para que possamos provar que queremos sobreviver junto com nosso planeta?"

O objetivo é acordar sabendo, independentemente das más notícias que possam estar nas manchetes do dia, que estamos enraizados em nossos mundos internos. Que estamos colocando nosso tempo e nossos talentos da melhor forma a serviço de nós mesmos, das pessoas que amamos e desta única Terra em que vivemos.

Traga de Volta para o EU

> Eu vejo as ondas mudarem seu tamanho
> Mas nunca deixarem o riacho
> — DAVID BOWIE, "CHANGES"

Tenho dito ao longo deste livro que o trabalho é feito de cima para baixo, de baixo para cima e de dentro para fora. Fomos do EU para o NÓS, para a COMUNIDADE, para a SOCIEDADE e o PLANETA — e agora voltamos para o EU. Sempre se volta para o EU. É como uma versão (na vida real) da série *Choose Your Own Adventure* [*Escolha Sua Própria Aventura*, em tradução livre], se você teve a sorte de ler esses livros na adolescência. Você ainda é o personagem principal fazendo escolhas e vendo as ações que vêm delas, mas a grande — e bastante significativa — diferença nessa versão é que você toma decisões com base em seu Propósito + Valores. Nada é roteirizado para nenhum de nós, mas, se

234 AS NOVAS REPERCUSSÕES: SOCIEDADE + PLANETA

nossas decisões ao longo do caminho forem baseadas no que é essencial para nós — nosso EU —, viveremos aquela vida que todos desejam... de significado, na qual não nos importamos que o tempo esteja voando, porque cada momento parece completo. Temos certeza de que fizemos coisas que deixaram nosso coração bater mais rápido e podemos olhar para trás sem um pingo de arrependimento.

É tão fácil olhar para a carreira de sucesso de alguém e pensar que ele tinha tudo acertado. Ninguém tem. Mas seguir sua curiosidade e descobrir os lugares em que você e outras pessoas podem honrar e valorizar seu (estranho) eu autêntico nunca é um mau caminho para chegar aonde deseja. Isso é o que o leva ao topo e o conduz nos baixos.

Shawn Achor, um dos palestrantes do TED mais vistos de todos os tempos, acabou em Flint, Michigan, onde levou a pesquisa de psicologia positiva que vinha usando em empresas para escolas públicas de baixa renda a fim de a usar com os professores. Sua paixão por ajudar as pessoas a se sentirem mais positivas em ambientes organizacionais o animou para tornar os professores mais felizes. Ele descobriu que não só os professores ficavam mais tempo no emprego e menos esgotados, mas também que os resultados das provas aumentavam. Os níveis de felicidade e otimismo entre pais e responsáveis também aumentavam.

Seu trabalho com os professores repercutiu quando eles faziam atos aleatórios de gentileza para a comunidade, ao levar cestas básicas para equipes de construção de estradas e crianças com câncer em hospitais. No ano seguinte, as mesmas pessoas quiseram fazer algo generoso pelas escolas em retribuição. Shawn fica mais animado com esse tipo de círculo virtuoso, no qual as repercussões voltam e continuam causando impacto. A pobreza está relacionada a notas baixas nas provas, mas, após uma intervenção semelhante no subúrbio de camadas populares de Schaumburg, na periferia de Chicago (em que um terço da população estudantil é de famílias abaixo da linha da pobreza), os resultados nas provas foram da posição 82º para os 2% do topo do país. Embora Shawn fosse do mundo do treinamento organizacional, soube direcionar seu aprendizado para melhorar a vida dos professores. Esse projeto foi especialmente significativo para ele, porque seus pais eram educadores.

Ninguém pensa em permacultura quando é criança; a maioria das pessoas nem sabe o que é isso. Mas foi para onde o propósito de Tim Chang o levou. Tim é um importante investidor e sócio da Mayfield, uma das mais antigas empresas de capital de risco do Vale do Silício. Mas para mim ele é um dos caras mais legais do setor, que por acaso é um investidor inteligente com coração, um músico de três bandas e muito bom em persuadir as pessoas a usarem seus superpoderes. Mesmo que, antes de investir, sua experiência fosse em operações, gerenciamento de produtos e engenharia, suas últimas aventuras o fizeram se interessar pela permacultura (ecossistemas naturais que florescem), implementando modos de aprender fazendo e criando economias regenerativas.

Ao usar padrões e princípios universais no cosmo, Tim e seus amigos estão construindo sistemas mais sustentáveis como modelos de design econômico. Ele está criando economias baseadas em saúde e riqueza holísticas, equilíbrio de vida e relacionamentos corretos, com participação adaptável e responsiva.

Como Tim, Jim Kwik nunca poderia ter previsto onde causaria impacto. Por ter sofrido um traumatismo cranioencefálico aos 5 anos, Jim teve problemas de concentração e memória, e os professores tinham que se repetir constantemente. Esse problema fez com que ele demorasse três anos a mais para aprender a ler, e muitas vezes era provocado pelos colegas de classe. Apontando para ele na frente de toda a classe um dia, a professora disse: "Esse é o menino com o cérebro quebrado. Deem um tempo para ele." Suas intenções eram boas, mas, até hoje, essa é a única sensação de que Jim se lembra: ele era o menino com o cérebro quebrado.

Recentemente, Jim me enviou uma mensagem dizendo que seu último livro, *Sem Limites*, estava na lista de best-sellers do *New York Times* e tinha sido o livro de não ficção número um na Amazon a semana inteira. Superou até o livro de Barack Obama, disse ele, orgulhoso e incrédulo. Ser chamado de menino com o cérebro quebrado foi um dos pontos mais baixos em seus Batimentos Cardíacos de Felicidade, mas ele transformou a luta em força ao estudar a teoria da aprendizagem de adultos e a teoria das inteligências múltiplas. "Eu queria entender como o cérebro funciona", disse ele, "assim, poderia fazer meu cérebro funcionar, para que não ficasse mais quebrado".

Depois de anos aprendendo e trabalhando em sua memória, Jim chegou a essa conclusão: "Não se trata do quão inteligente você é. Trata-se de como você é inteligente. Não o quão inteligente sua equipe é. Mas como. Todo mundo tem gênio dentro de si. E, quando descobre, podemos ajudar a desenvolvê-lo. É por isso que meu propósito é ensinar outras pessoas a aprender. Os limites são aprendidos e, por serem aprendidos, também podem ser desaprendidos." Agora, a missão de sua equipe é trazer mais cérebros (ou borboletas, já que estamos falando de ecossistemas de estufa) online para ensinar e enfrentar seus próprios desafios e os desafios grandiosos que este mundo enfrenta. "Este é um mundo muito empolgante para estarmos."

Você pode ler esta lista de notáveis e pensar que eles são sortudos porque acordam todas as manhãs amando seu trabalho. Você pode pensar que esse tipo de satisfação está disponível apenas para alguns poucos sortudos — e talvez não para você. Mas o motivo pelo qual sou tão apaixonada pelo trabalho que faço é que vejo como as pessoas — não importa qual função tenham — podem fazer escolhas para ser os líderes de suas vidas e gerar impacto. Em todo o mundo, pessoas de todas os estilos de vida encontram realização em lugares e de formas inesperadas todo dia.

Naya Camelia trabalhou no aeroporto principal de Curaçao como diretora de RH, com desenvolvimento da organização e comunicações. Por dez anos, sua esperança era encorajar a DH para a transformação da cultura e, quando aconteceu, ficou empolgada ao ver o progresso. A liderança estava alinhada, Propósito + Valores estavam funcionando e os funcionários, inspirados. Então, a pandemia chegou. O aeroporto entrou em modo de sobrevivência, o CEO saiu e demissões tiveram que acontecer. Como diretora estratégica de nível médio, Naya tinha opções — podia salvar seu emprego —, mas não parecia certo dispensar pessoas estratégicas quando a organização mais precisava delas. Ela se ofereceu para sair para que sua equipe ficasse intacta. Guiada por seu propósito, ela fez um movimento assustador, mas sabia que era a coisa certa a fazer.

"Por mais difícil que tenha sido, eu me sinto melhor do que nunca. Meu corpo estava me dizendo: 'Naya, você precisa de um tempo.' Dediquei 10 anos à empresa e agora tenho a liberdade que procurava."

Nesse período, ela obteve clareza e iniciou seu negócio de coaching. Agora, seus antigos colegas a estão contratando e, com a economia se recuperando lentamente, ela está trabalhando em projetos maiores. Ao trazer seu trabalho de volta para o EU, ela foi para uma parte diferente da estufa: "Sou empresária e me sinto muito feliz e orgulhosa."

O pai de Gerard sofria de Parkinson e demência, que são doenças degenerativas. Quando ele caiu e quebrou o ombro, teve que ser internado em um hospital de Northwell para se recuperar. Embora a hospitalização fosse um desafio do ponto de vista pessoal de Gerard, seu pai não conseguia parar de falar sobre quão fantástico aquilo era para ele.

"O que foi tão bom na sua estadia?", perguntou Gerard. Ele estava curioso para saber como alguém poderia gostar de estar em um hospital. Seu pai não hesitou em responder: "Foi por causa do Luiz."

Luiz não era médico nem enfermeiro. Ele era o zelador que limpava seu quarto todos os dias. Luiz fazia questão de levar para o pai de Gerard a seção de esportes do *New York Times* para que ficasse por dentro das últimas notícias, e eles pudessem brincar e se conectar falando sobre seu time, o Mets. Luiz fez com que ele se sentisse seguro, em casa, e lhe deu algo para se motivar.

Esses atos pequenos de gentileza são os que tornaram a experiência grande e memorável para o pai de Gerard. Pelos próximos dois anos e meio de sua vida — até sua morte —, ele se lembrava desses tempos. Sem nem mesmo planejar isso, Luiz causou um impacto no pai de Gerard, depois na sua família e amigos, e, agora, em qualquer outra pessoa no mundo que ouve sua história.

Luiz é apenas um exemplo dos 75 mil membros da equipe do Northwell que têm a oportunidade de ser um herói da saúde. São pessoas como Luiz que exemplificam e levam a cultura de C.A.R.E. da Northwell para a vida, todos os dias. A equipe sabe que tem liberdade e confiança para influenciar uma circunstância, uma experiência e uma vida (ou morte) da melhor maneira que puder, não importa quão simples ou inesperada seja a interação.

Fez diferença que a Northwell Health estivesse comprometida com uma cultura que recompensa e reconhece as pessoas com base em seus valores de C.A.R.E.? Claro. Se líderes como Sven Gierlinger (o diretor de experiência) não seguissem seu discurso, preocupando-se pessoalmente e priorizando as pessoas, pacientes e famílias do Northwell, o pai de Gerard teria tido uma experiência diferente. E o mesmo pode acontecer com os outros 5,5 milhões de pacientes a que a Northwell atende anualmente.

Dito isso, embora a liderança tenha criado as condições certas de estufa, Luiz e os outros membros da equipe da Northwell continuam escolhendo trabalhar em um lugar que honra seu EU e facilita essas conexões significativas com o NÓS. Luiz continua se apresentando e fazendo seu trabalho com paixão e empatia, agora conhecendo todo o potencial do que isso significa para sua equipe e seus pacientes.

Há uma razão pela qual a Northwell Health continua a subir na lista das Melhores Empresas para Trabalhar, da *Fortune*. Cada membro da equipe, do profissional de saúde ao zelador, acredita que os momentos são o que causam um impacto duradouro. Esse conhecimento da repercussão é o que os leva a dar tudo o que têm a cada momento em que estão no trabalho.

EXERCÍCIO 3:
SEU EU REPERCUTE PARA A SOCIEDADE + PLANETA

Todos os exercícios que fizemos até agora nos trouxeram a isso.

Reserve um momento para ler e ficar com o exercício de estufa de seu Propósito + Valores do EU, que fizemos na Parte III.

Em seguida, seu NÓS das equipes, empresa e organizações das quais você faz parte.

Depois, sua COMUNIDADE de clientes, parceiros e fornecedores em seu ecossistema.

A seguir, as pessoas com quem você tem contato diariamente, quer você as conheça ou não. As pessoas que você vê e com quem fala diretamente. Aqueles estranhos pelos quais passa na rua ou aqueles que entregam sua comida. Aqueles estranhos do outro lado do mundo que pode nunca conhecer, mas que você sabe que afeta de uma forma positiva por causa de seu Propósito + Valores.

Em seguida, repercuta isso para a maior estufa de todas, nosso planeta. Como?

1. Pense pequeno. No micro, no curto prazo, no dia a dia, o que você pode fazer que terá um impacto nas coisas de que você mais gosta neste mundo? Não nas pessoas nele, mas no próprio planeta. Talvez seja tomar Sol na praia, contemplar as estrelas, acampar na floresta, dirigir por um parque nacional inexplorado ou respirar ar puro. Em seguida, pense em *uma* coisa que você pode fazer hoje que poderá fazer de novo. Não analise demais essas ações diárias — podem ser tão simples quanto reciclar, fazer compostagem ou reutilizar as garrafas. Quando você não analisa demais, as coisas são mais fáceis de fazer.

2. Depois pense médio. A mudança semestral, mensal ou trimestral que você gostaria de ver em seu mundo. Não *no* mundo, apenas no *seu* mundo. Talvez você quisesse a chance de viajar livremente, sem se preocupar com pandemia, espionagem na internet ou recessão global. Abraçar seus entes queridos e cumprimentar seus amigos sem se perguntar se você está colocando sua vida, a deles e a de outros em perigo.

3. A seguir, pense grande. Não, ainda maior. Mas, novamente, não no mundo todo, apenas no *seu* mundo. Com o que você se preocupa *tanto*, que poderia passar o resto da vida investindo nisso, mesmo que nunca visse uma recompensa financeira? Algo que você queira fazer porque o faz se sentir *humano*? Faz você se sentir *você*? Permite que você ame autenticamente, porque está em paz com as imperfeições do mundo e com suas próprias imperfeições?

AS NOVAS REPERCUSSÕES: SOCIEDADE + PLANETA

É *assim* que funciona a repercussão do impacto. Você parte de suas raízes, da definição mais vulnerável, saudável e verdadeira de seu Propósito + Valores do EU. Então faz as escolhas da vida às vezes fáceis, muitas vezes difíceis, para ser fiel a isso. Você mantém o curso, sendo o seu próprio melhor e pior crítico, tentando ser gentil e paciente com o modo como você terá sucesso e falhará ao longo do caminho, sabendo que ficará cada vez melhor em esculpir seu EU em constante evolução.

Ao fazer essas escolhas, você começará a experimentar — visceral e cerebralmente — as diferenças dentro de você primeiro. Então verá com admiração como tudo emana, ondulação por ondulação, pessoa para pessoa, do seu EU para o seu NÓS, para a COMUNIDADE, para a SOCIEDADE e para o PLANETA.

Quando essa sensação de interconexão permear suas escolhas, você saberá que está construindo a estufa certa para você e a sociedade, para o planeta e as pessoas que ama.

O Que Vem Depois?

> Você percebe que o Sol não se põe. É apenas
> uma ilusão causada pelo mundo girando
> — THE FLAMING LIPS, "DO YOU REALIZE??"

Todos nós passamos por vários ciclos em nossas vidas, vivendo nossa própria jornada do herói de trabalho/vida. A jornada começa com o nosso EU quando nos tornamos verdadeiros conosco sobre o nosso Propósito + Valores. A jornada repercute no NÓS de nossas equipes e organizações e, em seguida, nossa COMUNIDADE, enquanto cuidamos de nossa estufa e ajudamos a construir outras ao longo do caminho. Para continuar crescendo, temos em mente o que é necessário para ser significativamente feliz, enquanto verificamos as condições da estufa para ter certeza de que ainda estão corretas.

Com EU/NÓS/COMUNIDADE alinhados, sabemos como nossa repercussão de impacto continua na SOCIEDADE e no PLANETA de forma natural e instintiva, porque vem de todo o nosso íntimo.

Como você viu nas histórias que compartilhei no livro, esse alinhamento nos capacita a acordar para o trabalho todos os dias, sabendo que nossa mera e poderosa existência está criando um impacto positivo. Essa meta está ao alcance de todos nós.

Então, o que vem a seguir, agora que você tem todas as ferramentas para fazer esse trabalho?

Vá com tudo.

Mesmo que você não jogue pôquer, essa aposta — sua vida e seu legado em vida — vale todas as fichas empilhadas na sua frente.

Mesmo que você esteja vivendo uma boa fase, porque sabemos que eventos imprevisíveis estão à espreita.

Mesmo nos piores momentos — principalmente neles —, quando estamos no fundo de nosso poço mais escuro e não temos ideia de como vermos a luz novamente, podemos encontrar clareza. Às vezes, continuamos procurando a luz no fim do túnel, então percebemos que já tem uma luz indicadora acesa lá dentro. Conformei-me com o fato de que a escuridão sempre será uma parte da vida, mas, a cada dia escuro que encontro, sei melhor onde encontrar a luz ainda piscando. Como Bruce Lee expressou nos escritos que ajudaram sua filha a entendê-lo melhor: "Agora vejo que nunca encontrarei a luz a menos que, como a vela, eu seja meu próprio combustível."

Quero voltar por um momento ao meu amigo Matt, CEO da Automattic. Nunca o vi sem seu sorriso calmo característico e otimismo agradável. Mas às vezes esquecemos que todos têm seu poço mais escuro. Aqui está como Matt descreve o seu:

Um dos períodos mais difíceis para mim foi quando meu pai ficou cinco semanas na UTI. Além do estresse da própria situação, ficar quase 24 horas por dia, 7 dias por semana em um quarto de hospital significava que eu estava dormindo mal e de forma irregular, comendo comida ruim de hospital, não me exercitando e me sentindo impotente e descontrolado, pois havia muito pouco que eu poderia fazer para ajudar a saúde do meu pai diretamente. Uma névoa cerebral se estabeleceu, o que tornou mais difícil acompanhar o que estava acontecendo, e comecei a ser grosso com aqueles ao meu redor.

Matt estava em uma situação extrema com vários desfechos. Seu pai estava à beira da morte e foi a primeira vez que Matt sentiu como a extrema falta de autocuidado afeta o corpo e a mente. Ele tinha que considerar seriamente o que era mais importante: passar os dias com o pai, sabendo que provavelmente seriam os últimos, ou cuidar de si mesmo.

Matt escolheu cuidar de sua estufa primeiro. Ele tirou algumas horas por dia para sair, fazer exercícios, tomar banho em casa, comer algo saudável e levar comida boa para o hospital. Ele conversou com seus entes queridos sobre a situação para que a empatia o ajudasse a carregar o fardo que todos estavam enfrentando: "Ainda foi o pior período da minha vida, mas fui capaz de ser uma versão muito melhor de mim mesmo para minha família naquele momento difícil, do que se eu não tivesse priorizado esse horário quase todos os dias."

Então Matt fez algo contraditório. Ele voltou a trabalhar. Do lado de fora, alguém pode ser rápido para julgar suas ações — quem escolhe trabalhar enquanto o pai está morrendo no hospital, quando todos os seus colegas de trabalho disseram-lhe que não precisava? Mas Matt não estava preocupado com o que os outros poderiam pensar dele; ele estava cuidando das estufas que mais importavam para ele.

"Uma grande fonte de minha felicidade é me sentir conectado a uma missão maior e ver o impacto de meu trabalho nela", diz ele. "Nos longos períodos de silêncio, quando nada estava acontecendo, em vez de ficar remoendo minha ansiedade, comecei a me ligar novamente ao trabalho, o que restaurou essa conexão com meus colegas incríveis e nossa missão compartilhada. Ninguém esperava que eu fosse trabalhar, e foi por minha própria vontade, mas ter algo com que pudesse contribuir ajudou a conter os sentimentos de impotência e descontrole."

Mesmo em seus momentos mais sombrios, Matt estava resolvido o bastante consigo mesmo e em seu propósito superior, o que lhe permitiu ficar em paz com a escuridão da iminência da morte do pai e deixar entrar sua própria luz. Guiado pela missão no trabalho e nos relacionamentos significativos que tinha com os colegas, ele levou o senso de controle e conexão de volta para sua vida, quando parecia que estava perdendo ambos com o pai doente.

Essa história não tem um final feliz. Embora o pai de Matt tenha recuperado a lucidez e a consciência, e Matt e sua família tivessem ficado esperançosos de que ele estava fora de perigo, ele pai sucumbiu à doença e faleceu. Mesmo que aquela época de sua vida tenha sido uma das mais difíceis e comoventes, Matt teve uma reflexão positiva sobre a experiência: "Fui capaz de estar lá para ele da maneira mais saudável que pude naqueles últimos dias. Eu sou grato."

Às vezes, a fragilidade da vida parece distante. Às vezes, toca a campainha quando você menos espera. Para meu amigo Travis, ela tocou no ensino médio. Para meu pai, tocou antes que seu primeiro neto nascesse. Para Tony, tocou durante o que pode ter sido o auge de sua vida.

A morte parece uma inspiração mórbida para a vida. Antes de você ler este livro, talvez ir para o trabalho lhe parecesse uma maneira masoquista de se inspirar. Mas, quando você os coloca lado a lado — morte e trabalho —, a justaposição traz um novo sentido de como o que fazemos com nossas vidas pode trazer significado. O significado vem quando você está positiva e inabalavelmente certo de que está vivendo seus dias ao máximo. E quando você sabe, sem qualquer dúvida, que sua estufa crescerá e que ajudará muitas outras a crescerem também.

Claro, você pode terminar de ler este livro, não implementar nenhuma dessas mudanças e voltar para sua vida como era em 2020, antes da Covid-19. Você pode se sair muito bem. Pode obter tudo o que deseja e riscá-lo em sua lista de tarefas pendentes de realizações. Existem muitas maneiras de viver a vida, mas a questão mais dura, real e vulnerável é se este é o jeito que você *deseja* vivê-la.

Não fazer o trabalho de condicionar sua estufa pode ser fácil em curto prazo, mas adiante você terá que responder a si mesmo. Você estava vivendo para o que queria ou para o que os outros esperavam de você? Fazer um autoexame mais profundo e uma colaboração em equipe pode ser difícil em curto, médio e longo prazo, mas você saberá, com uma sensação de paz, que deu tudo de si antes de qualquer que seja o próximo mundo.

Quando se trata dos maiores riscos da vida, apostar tudo não é apenas o mais seguro, é a aposta mais sábia que você fará.

O (Não Tão) Fim

Quando Tony faleceu, no final de 2020, perdi uma das minhas almas gêmeas, conversas sem segredos e observações silenciosas sobre a aleatoriedade da vida. Justamente quando pensei que um ano monstruoso não poderia trazer mais descrença e sofrimento, meu mundo virou de cabeça para baixo mais uma vez. Atingi o meu ponto mais baixo nos meus Batimentos Cardíacos de Felicidade, que eu não imaginava que poderia existir. Isso me fez refletir sobre os altos e baixos que Tony e eu tínhamos passado juntos e nossa curiosidade em comum sobre seres humanos, felicidade e integridade no trabalho.

Sentirei falta de suas tentativas de ser engraçadinho porque ele sabia que eu balançaria a cabeça, sorriria e suspiraria. Seus truques de mágica aleatórios, seu desejo de criar novos truques para tudo e as grandes panelas de sopa que ele fazia para que pudesse compartilhar com outras pessoas. Acima de tudo, vou sentir falta de seus lendários abraços e de nossos momentos de descontração lúdica, quando ele não sentia que precisava estar "ligado".

Depois de anos processando as mortes de meu pai e Travis, a morte de Tony parecia um teste para ver se eu entendia a beleza do que a vida e, portanto, a morte poderiam trazer se eu realmente abraçasse ambas. Cada encontro que tive com a perda continua a consolidar meu compromisso de nunca olhar para trás com arrependimento, para que eu não tenha medo de uma vida não vivida. Novamente, tive a convicção de que não somos definidos pelo dia em que chegamos ao mundo ou pelo dia em que o deixamos para ir para o outro, mas pelo que fazemos no meio. Aprendi que o tempo não cura todas as feridas, mas as cicatrizes residuais lembram-nos do quanto mudamos ao longo do tempo. Felizmente, abandonei a ideia de que não conseguiria conhecer melhor meu pai depois de sua morte, porque, quanto mais eu crescia, mais o conhecia também.

A autoindagação após cada perda ensinou-me que a beleza da vida vem quando podemos acolher cada emoção que chega à nossa porta como um visitante esperado. Quando nossa base é forte o suficiente para abrigar todas as emoções ao mesmo tempo — prazer e dor, alegria e medo, serenidade e pesar —, nossa luz indicadora interna brilha ainda mais. Mesmo quando a perda cava um poço bem fundo dentro de nós, nós nos tornamos mais sábios sobre o espectro mais amplo de nossos altos e baixos e sobre como nossas almas realmente são complexas.

Na infância, lembro-me de ganhar um doce depois da cerimonia de um funeral e de ouvir dos adultos que eu deveria comê-lo imediatamente. Achei que era um presente por me comportar bem, como ganhar um pirulito depois de ir ao dentista. Mas depois descobri que é uma tradição chinesa levar o doce para tirar o amargo. Descobri que uma vida com propósito não está muito longe dessa tradição: você aceita o doce com o amargo e segue adiante, em paz com os dois paladares duradouros.

Como Jack Kerouac descreveu em *Pé na Estrada*, há pessoas que "queimam, queimam, queimam, como fabulosos fogos de artifício, explodindo como constelações em cujo centro fervilhante pode se ver um brilho azul e intenso, até que todos 'aaaaaah!'" Essas palavras resumem meu pai, Tony e Travis. E eu sei que elas também descrevem pessoas que você conhece em sua vida. Porque acredito que descrevem quem somos *todos* nós por dentro. VOCÊ é isso também. Não precisamos ser extrovertidos para sermos fabulosos fogos de artifício. Quer sejamos introvertidos, extrovertidos ou uma combinação de ambos, nossa jornada é compreender as maneiras como deixamos esse centro fervilhante estourar e brilhar. E as maneiras pelas quais podemos fazer isso enquanto nos sentimos ouvidos, compreendidos e, acima de tudo… amados.

Saí da dor da perda e dos limites inconstantes da tristeza. Mas também cresci com as alturas arrebatadoras de escalar montanhas, construir estufas em que as pessoas amam o que fazem e sentir os laços incomparáveis da conexão humana. Cada experiência me traz uma convicção permanente de que as práticas que compartilhei neste livro são boas, certas e necessárias para navegar neste mundo imprevisível. Agora, mais do que nunca, sei que não há limites para os altos e baixos que a vida trará, e cabe a nós iluminar o que já está dentro.

Mesmo que não possamos prever quando será a próxima seca ou inundação em nossa estufa, podemos ter a certeza de que ela virá, e, quando acontecer, podemos usar nossos superpoderes simples, mas poderosos como seres humanos — como ser corajosos o suficiente para perguntar a um colega de trabalho que você mal conhece: "Você está bem?" se parecer que não — para levantar um ao outro.

Como o documentário *Powers of Ten* ilustra, cada um de nós pode se sentir como a menor partícula e a maior força em nosso universo pessoal, tudo ao mesmo tempo. Nosso mundo é feito de pessoas, empresas, comunidades, sociedade e o planeta, e tudo isso está mudando nesta Era Adaptável. Mas o mais importante é que, com o compromisso com nossas estufas, podemos manter um senso de conexão entre cada um de nós e o universo que nos rodeia.

Vale a pena o tempo e o esforço para ser arqueólogos e arquitetos em nossas vidas. Precisamos investigar bem dentro de nós mesmos, desentocar nosso Propósito + Valores e projetar nossas vidas para que possamos ver esse propósito e esses valores no trabalho que fazemos. Precisamos fazer essas mudanças para encontrar felicidade para nós mesmos e para as pessoas que amamos no planeta em que vivemos.

No mundo em mudança, o perigo de nos perdermos no caos é alto. Mas, por causa do nosso intenso potencial de conexão como seres humanos, estamos à beira de executar, atualizar e transcender mais do que jamais fomos capazes no passado. Simplesmente porque agora podemos ver as linhas e os pontos conectando pessoas e ecossistemas, biodiversidade e DEIP, trabalho e vida. Quando sentimos a repercussão, sabemos que as coisas estão se encaixando.

248   O (NÃO TÃO) FIM

É pela conexão que sobreviveremos e nos desenvolveremos como espécie neste planeta. É assim que viveremos o futuro do trabalho agora. É assim que acordaremos todos os dias nos sentindo reconhecidos, respeitados e celebrados o suficiente para ajudar a restaurar uma sociedade que às vezes parece quebrada.

Quando entendemos nosso *porquê*, adaptamo-nos sabendo que há mais na vida do que apenas existir. Pois trata-se de viver, amar e ser humano.

Após a morte de Tony, eu queria reexaminar as maneiras de expressar esse potencial e as etapas que precisamos trilhar para encontrar um significado coletivo. Enquanto escrevia este livro, eu fazia pausas para olhar para as palavras sobre minha lareira, algo que resume o que tenho compartilhado com vocês:

VIVA SEU LEGADO AMADO.

Houve momentos em que pensei que não havia maneira de fazer justiça a este livro. Ou ao legado de Tony. Ou às histórias de todos, que foram compartilhadas com honestidade e confiança. Ou à minha equipe, que deu um pouco de seu sangue, suor e sorrisos para ajudar a construir nossa empresa. Considerando tudo o que aconteceu, não há dúvida de que escrever este livro foi uma das montanhas mais difíceis que tive de escalar.

Mas já fiz caminhadas difíceis antes. Eu não tinha ideia de como minha viagem de 2002 à Tanzânia ficaria gravada na minha memória. Acho que Tony também não. Na época, parecia que o mundo estava desmoronando. Vi os extremos do excesso e da ganância no auge da bolha das empresas pontocom, com a montanha-russa culminando comigo sendo despedida. O 11 de Setembro e a queda das Torres Gêmeas testaram mais meu senso do que era "realidade". Então, meu pior medo — ter que viver sem os entes queridos, sem os quais não poderia imaginar a vida — bateu à minha porta quando meu pai foi diagnosticado com câncer de cólon em estágio três.

O dinheiro, o cargo e o status do meu trabalho no primeiro boom das pontocom me pareciam bons no momento, mas apenas me deixaram com um vazio que me fez pensar como eu o preencheria. Eu não tinha ideia de para onde queria ir; só sabia que não queria voltar para o mesmo mundo de trabalho de onde tinha vindo. Tinha que haver mais. Eu simplesmente não tinha ideia do que seria.

Então decidi fazer algo fora da minha área. Decidi escalar uma montanha — proverbial e fisicamente. Lembrei-me de um exemplar de *As Neves do Kilimanjaro*, de Hemingway, na estante de livros do meu pai quando eu era criança, então disse ao meu pai que tentaria chegar ao topo. Ele estava ficando gradativamente mais doente durante esse tempo, mas o que falei o fez sorrir. Ele disse: "Faça muitas fotos." Localizei Tony para ver se ele queria ir comigo, e, embora fosse um dos momentos mais estressantes de sua vida com a Zappos, ele topou.

Essa viagem foi uma das experiências mais cansativas, e mais espirituais, que já tive. Nos dias anteriores à nossa caminhada, tivemos que nos aclimatar, então caminhamos pela cidade de Arusha e sua vizinhança. Conversamos com famílias que moravam em cabanas de barro e palha, que ofereciam generosamente o pouco que possuíam em forma de chá ou biscoito. Mesmo não tendo muita riqueza material, eles pareciam ter uma felicidade intrínseca. Rugas de pés de galinha estampavam felicidade nos cantos de seus olhos. Não os sorrisos aparentes que as pessoas costumam dar no trabalho ou na rua, aqueles com os quais tristemente nos acostumamos.

Para mim, aqueles momentos de conexão humana trouxeram de volta uma sensação do que felicidade e humanidade significam. Aquelas pessoas não tinham ideia de quem éramos ou por que estávamos ali, mas nos fizeram sentir bem-vindos e nos deram um sentido de pertencimento. Estar com eles restaurou minha fé de que havia significado e propósito lá fora. Decidi descobrir o que isso significava para mim.

A jornada em si parecia um livro de geologia que havia ganhado vida. Entre a floresta tropical, o deserto e a neve glacial no topo, cada dia parecia um cenário de filme diferente. Passamos de *Nas Montanhas dos Gorilas* para Luke e Leia no deserto de *Guerra nas estrelas*. Escalamos

250   O (NÃO TÃO) FIM

por cinco dias em um ar cada vez mais rarefeito. Na madrugada de nosso sexto dia, estávamos prontos para o cume. Parecia que tínhamos acabado de deitar para tentar dormir quando nosso guia gritou do lado de fora da tenda: "Vamos!"

Embora ainda estivesse escuro como breu lá fora, subimos por uma série de ziguezagues de cascalho vulcânico — pequenas pedras quebradas que significam que a cada três degraus que você sobe, desce um ou dois deslizando. Era como escalar flocos de cereal, e a altitude estava nos atingindo com mais força a cada passo. Chegamos ao marco de Stella Point, onde paramos para ver o nascer do Sol iluminar lentamente as neves do Kilimanjaro. Eu disse a mim mesma: *Oi, papai.*

Após mais uma hora de caminhada, finalmente pudemos ver as famosas bandeiras do cume, Pico Uhuru, ao longe. Havia apenas cerca de cem metros nos separando do ponto mais alto da África quando minhas pernas começaram a parecer que pesavam 20kg cada uma. Lembrei-me de nosso guia nos ensinando *polepole* — "devagar, devagar", em suaíle — quando começamos nossa caminhada desde o acampamento base. Finalmente entendi o que ele quis dizer. A respiração estava ficando mais difícil à medida que o oxigênio diminuía e, a cada passo, parecia que demorava um minuto para reunir energia para dar outro. Foi bizarro ver o cume e me perguntar se eu conseguiria chegar lá.

Com cada pedacinho do meu corpo, da minha mente e com impropérios da alma, nós conseguimos. Olhei para Tony com alegria delirante e um sorriso. Ele estava usando óculos escuros e parecia que tudo o que queria era sair daquela maldita montanha. Mal sabia eu que era porque ele estava chorando. Foi a primeira vez que o vi de fato. Conforme ele descreveu em *Satisfação Garantida*, ele não acreditava que tinha conseguido: "Lembro-me de pensar que toda essa experiência fora, de longe, a coisa mais difícil que já fiz na minha vida. Estava testando cada grama de força de vontade que eu tinha." Naquele momento, Tony percebeu: *Tudo é possível.*

Escrever este livro, especialmente agora, foi estranhamente parecido. Mas, desta vez, sou eu quem chora enquanto escrevo isto.

Além da Felicidade foi meu mais recente Monte Kilimanjaro, e eu não tinha certeza se seria capaz de chegar ao cume. Em ambas as viagens, fiz tudo o que pude para alcançar o objetivo porque acreditei que poderia. Mas, droga, eu não tinha ideia de como seria difícil chegar. Kili parecia uma colina do interior comparado a isso.

Mas, em vez de escalar uma montanha, a esperança deste livro era eu escalar meu propósito. Se eu pudesse escolher um superpoder, seria a capacidade de me sentar com todos no mundo até que eles soubessem que vejo a luz neles. Eu ajudaria a compartilhar sua luz e impacto com todas as outras pessoas, conectando de forma significativa as estufas de todos. Esse é o meu propósito na vida, e pode evoluir, mas continuarei cuidando dele até o dia em que minha própria estufa morrer também.

Se este livro promover esse propósito de alguma forma, então tudo isso valeu a pena.

Já se passaram quase 20 anos desde aquela caminhada no Monte Kili. Meu espectro de altos e baixos se ampliou de maneiras inimagináveis, e sinto que meu coração se expandiu por causa disso. A maior diferença entre ontem e hoje é que eu sei que dei mais passos no sentido de aceitar tudo o que a vida pode trazer com amor e compaixão, admirada com o que é possível quando o fazemos... juntos.

> Além das ideias de certo e errado, existe um campo.
> Eu o encontrarei lá.
>
> —RUMI

Eu sempre encontrarei você lá.

Adendo

Adoraria continuar fazendo parte da sua jornada do herói enquanto você desenvolve estufas para si e para os outros. Para maiores fontes ou para compartilhar sua história comigo, acesse www.jennlim.com e www.deliveringhappiness.com. Você pode compartilhar suas próprias experiências de alinhamento (ou desalinhamento) EU/NÓS/COMUNIDADE, seu legado em vida ou as repercussões de impacto que você esteja causando. Juntos, podemos aumentar o impacto de nossas repercussões mais do que nunca [em inglês].

Um dos meus valores essenciais favoritos na DH é "inspirar e ser inspirado".

Obrigada, antecipadamente, por me inspirar.

Notas

1. Steve Jobs, "Discurso de Formatura de Stanford em 2005", 12 de junho de 2005, Universidade de Stanford, transcrição e vídeo, 15min04. Disponível em: <https://news.stanford.edu/2005/06/14/jobs-061505/> [Acessado em 7 de março de 2021].

2. Vinge, Vernor. 1993. *The Coming Technological Singularity*. Department of Mathematical Sciences, San Diego State University. Disponível em: <https://edoras.sdsu.edu/~vinge/misc/singularity.html> [Acessado em 8 de maio de 2021].

3. Klaus Schwab, "The Fourth Industrial Revolution: What It Means, How to Respond", *Agenda* (blog), Fórum Econômico Mundial, 14 de janeiro de 2016. Disponível em: <https://www.weforum.org/agenda/2016/01/the-fourth-industrial-revolution--what-it-means-and-how-to-respond/> [Acessado em 7 de março de 2021].

4. Diamandis, Peter H. 2012. *Abundance: The Future Is Better than You Think*. Nova York: Free Press. (Edição brasileira: *Abundância: o futuro é melhor do que você imagina*. Rio de Janeiro: Alta Books.)

5. Demetrios Pogkas, Claire Boston, Shannon Harrington, Josh Saul e Davide Scigliuzzo, "The Covid Bankruptcies: Guitar Center to Youfit", *Tracking COVID-19* (blog), Bloomberg, 9 de julho de 2020. Disponível em: <https://www.bloomberg.com/graphics/2020-us-bankruptcies-coronavirus/> [Acessado em 13 de maio de 2021].

6. Minda Zetlin, "The CEO Who Pays a $70,000 Minimum Wage Says Billionaires Should Do This with Their Money", *Icons & Innovators* (blog), *Inc.*, 25 de fevereiro de 2021. Disponível em: <https://www.inc.com/minda-zetlin/dan-price-70000-minimum-wage-ceo-billionaire-tax-philanthropy-washington-state-hb-1406.html> [Acessado em 8 de março de 2021].

7. "Your Special Blend: Rewarding Our Partners", Starbucks, 2014. Disponível em:<https://globalassets.starbucks.com/assets/589a80b922dd41809f7058eb146338cb.pdf> [Acessado em 8 de março de 2021].

8. Pogkas, "The Covid Bankruptcies: Guitar Center to Youfit."

9. Matt Stevens, "Starbucks C.E.O. Apologizes After Arrests of 2 Black Men", *New York Times*, 15 de abril de 2018. Disponível em: <https://www.nytimes.com/2018/04/15/us/starbucks-philadelphia-black-men-arrest.html> [Acessado em 13 de maio de 2021].

NOTAS

10. Quentin Fottrell, "Starbucks Drops to Lowest Consumer-Perception Level Since November 2015", *Personal Finance* (blog) MarketWatch, 21 de abril de 2018. Disponível em: <https://www.marketwatch.com/story/starbucks-drops-to-lowest-consumer-perception-level-since-november-2015-2018-04-18> [Acessado em 13 de maio de 2021].

11. Rebecca Ungarino, "Starbucks Jumps to Record High after Beating on Earnings and Raising Guidance", *Markets Insider* (blog), *Insider*, 25 de abril de 2019. Disponível em: <https://markets.businessinsider.com/news/stocks/starbucks-stock-hits -record-after-earnings-beat-raising-guidance-2019-4-1028140841> [Acessado em 8 de março de 2021].

12. Taylor Borden, Allana Akhtar, Joey Hadden e Debanjali Bose, "The Coronavirus Outbreak Has Triggered Unprecedented Mass Layoffs and Furloughs. Here Are the Major Companies That Have Announced They Are Downsizing Their Workforces", *Insider*, 8 de outubro de 2020. Disponível em: <https://www.businessinsider.com/coronavirus-layoffs-furloughs-hospitality-service-travel-unemployment-2020>.

13. Amelia Lucas, "Starbucks Says It Lost $3 Billion in Revenue in Latest Quarter Due to Coronavirus Pandemic", CNBC, 10 de junho de 2020. Disponível em: <https:// www.cnbc.com/2020/06/10/starbucks-says-it-lost-3-billion-in-revenue-in-latest -quarter-due-to-coronavirus-pandemic.html> [Acessado em 13 de maio de 2021].

14. Connor Perrett, "Starbucks Stores Are Reopening, But Fearful Employees Say They'd Rather Collect Unemployment Than Risk Their Health Returning to Work—Except They Can't", *Insider*, 3 de maio de 2020. Disponível em: <https://www.businessinsider.com/starbucks-workers-afraid-to-work-will-go-without-pay-2020-5> [Acessado em 13 de maio de 2021].

15. Justin Bariso, "Starbucks CEO's Emotionally Intelligent Pandemic Response", Inc. com, 20 de abril de 2020. Disponível em: <https://www.inc.com/justin-bariso/starbucks-ceos-letter-to-employees-about-covid-19-is-a-master-class-in-emotional-intelligence.html> [Acessado em 13 de maio de 2021].

16. Sophie Lewis, "Starbucks Commits to Paying All Workers for 30 Days—Even If They Don't Go to Work During Coronavirus", CBS News, 2020. Disponível em:<https://www.cbsnews.com/news/coronavirus-starbucks-pay-all-workers-30-days-stay--home-pandemic/> [Acessado em 13 de maio de 2021].

17. Nick G., "101 Artificial Intelligence Statistics [Atualizado para 2021]", *Blog*, TechJury. Disponível em: <https://techjury.net/blog/ai-statistics/#gref> [Acessado em 7 de março de 2021].

18. Fórum Econômico Mundial, *The Future of Jobs Report 2020*, Outubro de 2020. Disponível em: <https://cn.weforum.org/reports/the-future-of-jobs-report-2020> [Acessado em 7 de março de 2021].

19. Arianna Huffington, "The S.E.C. Makes History with a Major New Rule on Human Capital", *Wisdom* (blog), Thrive Global, 23 de fevereiro de 2021. Disponível em: <ht-

tps://thriveglobal.com/stories/arianna-huffington-recognizing-employee-well-
-being-key-performance/> [Acessado em 26 de março de 2021].

20. Dr. Saul McLeod, "Maslow's Hierarchy of Needs", Simply Psychology, atualizado em 29 de dezembro de 2020. Disponível em: <https://www.simplypsychology.org/maslow.html>. [Acessado em 5 de março de 2021].

21. "Rising Inequality Affecting More than Two-Thirds of the Globe, but It's Not Inevitable: New UN Report", UN News, 21 de janeiro de 2020. Disponível em: <https://news.un.org/en/story/2020/01/1055681> [Acessado em 8 de março de 2021].

22. Marguerite Ward, "The Upskilling Economy: 7 Companies Investing Millions of Dollars in Retraining American Workers so They Can Find Better Jobs", *Better Capitalism* (blog), *Insider*, 2 de novembro de 2020. Disponível em: <https://www.businessinsider.com/companies-investing-retraining-upskilling-reskilling-2020-10> [Acessado em 8 de março de 2021].

23. Chamberlain, Andrew e Zanele Munyikwa. 2020. *What's Culture Worth? Stock Performance of Glassdoor's Best Places to Work 2009 to 2019*. Disponível em:<https://www.glassdoor.com/research/stock-returns-bptw-2020/#> [Acessado em 26 de março de 2021].

24. Catherine Yoshimoto e Ed Frauenheim, "The Best Companies to Work for Are Beating the Market", *Commentary* (blog), *Fortune*, 27 de fevereiro de 2018. Disponível em: <https://fortune.com/2018/02/27/the-best-companies-to-work-for-are-beating-the-market/> [Acessado em 26 de março de 2021].

25. Jacob Morgan, "Why the Millions We Spend on Employee Engagement Buy Us So Little", *Harvard Business Review*, 10 de março de 2017. Disponível em: <https:// hbr.org/2017/ 03 /why-the-millions-we-spend-on-employeeengagement-buy-us-so-little#> [Acessado em 13 de maio de 2021].

26. Mark C. Crowley, "The Proof Is In The Profits: America's Happiest Companies Make More Money", *Fast Company*, 22 de fevereiro de 2013. Disponível em: <https://www.fastcompany.com/3006150/proof-profits-americas-happiest-companies-also-fare-best-financially> [Acessado em 8 de março de 2021].

27. Fink, Larry. 2019. *Larry Fink's 2019 Letter to CEOs*. BlackRock. Disponível em:<https://www.blackrock.com/americas-offshore/en/2019-larry-fink-ceo-letter> [Acessado em 8 de março de 2021].

28. Thomas W. Malnight, Ivy Buche e Charles Dhanaraj, "Put Purpose at the Core of Your Strategy", *Harvard Business Review*, setembro-outubro de 2019. Disponível em: <https://hbr.org/2019/09/put-purpose-at-the-core-of-your-strategy> [Acessado em 8 de março de 2021].

29. Janeane Tolomeo, "New Report: Workplace Well-Being and Business Value", *Lead* (blog), Indeed.com, 29 de julho de 2020. Disponível em: <https://www.indeed.com/lead/cultivating-workplace-happiness> [Acessado em 22 de março de 2021].

NOTAS

30. Jim Harter e Annamarie Mann, "The Right Culture: Not Just about Employee Satisfaction", *Workplace* (blog), Gallup, 12 de abril de 2017. Disponível em: <https://www.gallup.com/workplace/236366/right-culture-not-employee-satisfaction.aspx> [Acessado em 7 de março de 2021].

31. "Stress in the Workplace: Survey Summary", American Psychological Association, Março de 2011. Disponível em: <https://www.apa.org/news/press/releases/phwa--survey-summary.pdf> [Acessado em 7 de março de 2021].

32. Csikszentmihalyi, Mihaly. 1990. *Flow: The Psychology of Optimal Experience*. Nova York: Harper & Row.

33. Morgan McFall-Johnsen, "21 Science 'Facts' You Might Have Learned in School That Aren't True", *Science* (blog), *Insider*, 24 de julho de 2020. Disponível em:<https://www.businessinsider.com/science-facts-from-school-not-true-2019-9#myth-dino-saurs-were-scaly-earthy-colored-lizards-3> [Acessado em 22 de março de 2021].

34. Ryan, Richard M. e Edward L. Deci. 2001. "On Happiness and Human Potentials: A Review of Research on Hedonic and Eudaimonic Well-Being." *Annual Review of Psychology* 52, nº 1: 141–166. Disponível em: <https://doi.org/10.1146/annurev.psych.52.1.141> [Acessado em 22 de março de 2021].

35. McFall-Johnsen, "21 Science 'Facts' You Might Have Learned in School That Aren't True."

36. Alanna Petroff, "Volkswagen Scandal May Cost Up to $87 Billion", *CNN Business* (blog), CNN, 2 de outubro de 2015. Disponível em: <https://money.cnn.com/2015/10/02 /news/companies/volkswagenscandal-bp-creditsuisse/> [Acessado em 8 de março de 2021].

37. Conley, Chip. 2014. *Emotional Equations: Simple Steps for Creating Happiness + Success in Business + Life*. Nova York: Atria Books.

38. Seligman, Martin E. P. 2013. *Flourish: A Visionary New Understanding of Happiness and Well-Being*. Nova York: Atria Books. (Edição brasileira: *Florescer*. Rio de Janeiro: Objetiva.)

39. Karyn Twaronite, "The Surprising Power of Simply Asking Coworkers How They're Doing", *Harvard Business Review*, 28 de fevereiro de 2019. Disponível em:<https://hbr.org/2019/ 02 /the-surprising-power-of-simply-asking-coworkers-how-theyre--doing> [Acessado em 8 de março de 2021].

40. BetterUp. 2021. *The Value of Belonging at Work: New Frontiers for Inclusion in 2021 and Beyond*. Disponível em: <https://www.betterup.com/en-us/resources/reports/the-value-of-belonging-at-work-the-business-case-for-investing-in-workplace-in-clusion> [Acessado em 8 de março de 2021].

41. Jacob Morgan, "The 5 Types of Organizational Structures: Part 2, 'Flatter' Organizations", *Leadership* (blog), *Forbes*, 8 de julho de 2015. Disponível em: <https://www.forbes.com/sites/jacobmorgan/2015/07/08/the-5-types-of-organiza-tional-structures-part-2-flatter-organizations/?sh=1a9ff81a6dac> [Acessado em 8 de março de 2021].

NOTAS 259

42. Adam Jezard, "Depression Is the No. 1 Cause of Ill Health and Disability Worldwide", *Agenda* (blog), Fórum Econômico Mundial, 18 de maio de 2018. Disponível em: <https://www.weforum.org/agenda/2018/05/depression-prevents-many-of-us-from-leading-healthy-and-productive-lives-being-the-no-1-cause-of-ill-health-and-disability-worldwide/> [Acessado em 8 de março de 2021].

43. Hill, Terrence D., Krysia N. Mossakowski e Ronald J. Angel. 2007. "Relationship Violence and Psychological Distress among Low-Income Urban Women." *Journal of Urban Health* 84, nº 4: 537–551. Disponível em: <https://www.ncbi.nlm.nih.gov/pmc/articles/PMC2219565/> [Acessado em 8 de março de 2021].

44. Brie Weiler Reynolds, "FlexJobs, Mental Health America Survey: Mental Health in the Workplace", *Blog*, FlexJobs, 21 de agosto de 2020. Disponível em: <https://www.flexjobs.com/blog/post/flexjobs-mha-mental-health-workplace-pandemic/?utm_source=cj&utm_medium=VigLink&utm_campaign=affiliates&cjevent=96b064487d7811eb82ab00520a1c0e13> [Acessado em 8 de março de 2021].

45. Adam Hickman e Ben Wigert, "Lead Your Remote Team Away from Burnout, Not Toward It", *Workplace* (blog), Gallup, 15 de junho de 2020. Disponível em: <https://www.gallup.com/workplace/312683 /leadremoteteamawayburnoutnot-toward.aspx> [Acessado em 8 de março de 2021].

46. Saez, Emmanuel. 2020. *Striking It Richer: The Evolution of Top Incomes in the United States (Updated with 2018 Estimates)*, Econometrics Laboratory, Universidade da Califórnia, Berkeley. Disponível em: <https://eml.berkeley.edu/~saez/saez-US-topincomes-2018.pdf> [Acessado em 8 de março de 2021].

47. Campbell, Joseph. 2004. *The Hero with a Thousand Faces.* Princeton, N.J.: Princeton University Press. (Edição brasileira: *O Herói de Mil Faces.* São Paulo: Editora Pensamento)

48. "Be Pitiful." 26 de janeiro de 1898. *Zion's Herald* 76, nº4: 101. Boston: ProQuest American Periodical Series. Traduzido para o inglês moderno.

49. Motoko Rich, "Why Is This Man Smiling?" *New York Times*, 8 de abril de 2011, Fashion. Disponível em: <https://www.nytimes.com/2011/04/10/fashion/10HSEIH.html> [Acessado em 8 de março de 2021].

50. Ware, Bronnie. 2012. *The Top Five Regrets of the Dying.* Carlsbad, California: Hay House, Inc.(Edição brasileira: *Antes de partir: Os 5 principais arrependimentos que as pessoas têm antes de morrer.* São Paulo: Geração Editorial.)

51. Oprah Winfrey, "Eulogy for Rosa Parks", proferido em 31 de outubro de 2005, Metropolitan AME Church, Washington, DC. Disponível em: <https://www.americanrhetoric.com/speeches/oprahwinfreyonrosaparks.htm/> [Acessado em 8 de março de 2021].

52. Christopher John Farley, "'Oh Wow': What Do Steve Jobs's Last Words Really Mean?" *Wall Street Journal*, 31 de outubro de 2011, transcrição e vídeo, 4:11. Disponível em: <https://www.wsj.com/articles/BL-SEB-67713> [Acessado em 8 de março de 2021].

NOTAS

53. Laloux, Frédéric. 2014. *Reinventing Organizations*. 1st ed. Brussels, Belgium: Nelson Parker.(Edição brasileira: *Reinventando as Organizações: um Guia Para Criar Organizações Inspiradas no Próximo Estágio da Consciência Humana.* Belo Horizonte: Editora Voo.)

54. Robert Gabsa e Shruti Rastogi, "Take Care of Your People, and They'll Take Care of Business", *Workplace* (blog), Gallup, 23 de junho de 2020. Disponível em:<https://www.gallup.com/workplace/312824/care-people-care-business.aspx> [Acessado em 23 de março de 2021].

55. Carol Dweck, "Carol Dweck Revisits the 'Growth Mindset,' " *EducationWeek*, 22 de setembro de 2015, Student Well-Being. Disponível em: <https://www.edweek.org/leadership/opinion-carol-dweck-revisits-the-growth-mindset/2015/09> [Acessado em 24 de março de 2021].

56. Kate Heinz, "Dangers of Turnover: Battling Hidden Costs", Built In, 22 de março de 2020. Disponível em: <https://builtin.com/recruiting/cost-of-turnover> [Acessado em 24 de março de 2021].

57. Twaronite, "The Surprising Power of Simply Asking Coworkers How They're Doing."

58. Lieberman, Matthew D. 2014. *Social: Why Our Brains Are Wired to Connect.* Nova York: Crown.

59. Nick Tate, "Loneliness Rivals Obesity, Smoking as Health Risk", *Health & Balance* (blog), WebMD, 4 de maio de 2018. Disponível em: <https://www.webmd.com/balance/news/20180504   /loneliness-rivalsobesity-smoking-as-health-risk> [Acessado em 8 de março de 2021].

60. Jennifer Robison, "The Business Case for Well-Being", Gallup, 9 de junho de 2010. Disponível em: <https://news.gallup.com/businessjournal/139373/Business-Case-Wellbeing.aspx> [Acessado em 8 de março de 2021].

61. David Greene, Scott Horsley e William Spriggs, "Minority Workers See Highest Levels of Unemployment from COVID-19 Crisis", 5 de junho de 2020, de *Morning Edition*, programa de rádio, áudio MP3 e transcrição, 6:25. Disponível em: <https://www.npr.org/2020/06/05/870227952/minority-workers-see-highest-levels-of-unemployment-from-covid-19-crisis> [Acessado em 24 de março de 2021].

62. Anu Madgavkar, Olivia White, Mekala Krishnan, Deepa Mahajan e Xavier Azcue, "COVID-19 and Gender Equality: Countering the Regressive Effects", McKinsey & Company, 15 de julho de 2020. Disponível em: <https://www.mckinsey.com/featured-insights/future-of-work/covid-19-and-gender-equality-countering-the-regressive-effects> [Acessado em 24 de março de 2021].

63. "Labor Force Statistics from the Current Population Survey", United States Bureau of Labor Statistics, modificado pela última vez em 2 de abril de 2021. Disponível em: <https://www.bls.gov/web/empsit/cpsee_e16.htm> [Acessado em 24 de março de 2021].

64. Vivian Hunt, Dennis Layton e Sara Prince, "Why Diversity Matters", McKinsey & Company, 1º de janeiro de 2015. Disponível em: <https://www.mckinsey.com/busi-

ness-functions/organization/our-insights/whydiversity-matters> [Acessado em 25 de março de 2021].

65. Google, *Google Diversity Annual Report 2020*. Disponível em: <https://diversity.google/annual-report/> [Acessado em 25 de março de 2021].

66. Intel Corporation, *2019 Annual Intel Diversity and Inclusion Report*, 2019. Disponível em: <https://www.intel.com/content/www/us/en/diversity/diversity-inclusion--annual-report.html> [Acessado em 26 de março de 2021].

67. "Real Values." 2021. Jobs.netflix.com. Disponível em: <https://jobs.netflix.com/culture> [Acessado em 11 de maio de 2021].

68. "How Intelligent Are Whales and Dolphins?" Whale and Dolphin Conservation. Disponível em: <https://us.whales.org/whales-dolphins/how-intelligent-are-whales-and-dolphins/> [Acessado em 24 de março de 2021].

69. "Starbucks Solidifies Pathway to a Planet Positive Future", *Starbucks Stories & News* (blog), Starbucks.com, 9 de dezembro de 2020. Disponível em: <https://stories.starbucks.com/stories/2020 /starbucks-solidifies-pathway-to-a-planet-positive-future/> [Acessado em 13 de maio de 2021].

70. Schultz, Howard e Kevin Johnson. 2016. *2016 Annual Letter to Shareholders*. Starbucks Coffee Company. Disponível em: <https://s22.q4cdn.com/869488222/files/doc_financials/annual/2016/2016-Annual-Letter-to-Shareholders.PDF> [Acessado em 25 de março de 2021].

71. JUST Capital, "Here's Exactly How 7 CEOs Are Putting Stakeholder Capitalism into Practice", JUST Capital, 26 de fevereiro de 2020. Disponível em: <https://justcapital.com/news/how-ceos-are-putting-stakeholder-capitalism-into-practice/> [Acessado em 24 de março de 2021].

72. Capgemini Digital Transformation Institute, *Loyalty Deciphered—How Emotions Drive Genuine Engagement*, 2017. Disponível em: <https://www.capgemini.com/wp--content/uploads/2017/11/dti_loyalty-deciphered_29nov17_final.pdf> [Acessado em 24 de março de 2021].

73. "About", Universum Global, 2021. Disponível em: <https://universumglobal.com/about-universum/> [Acessado em 8 de março de 2021].

74. *Forbes Kazakhstan*. 2020. Disponível em: <https://forbes.kz/archive/155> [Acessado em 26 de março de 2021].

75. Rosalind Brewer, "Discurso de Formatura do Spelman College", 20 de maio de 2018, Spelman College, vídeo, 23:54. Disponível em: <https://www.spelman.edu/commencement/commencementspeaker/pastcommencementspeakers/rosalindbrewer> [Acessado em 8 de março de 2021].

76. "Bigfork, MT", Data USA. Disponível em: <https://datausa.io/profile/geo/bigfork-mt#> [Acessado em 27 de março de 2021].

262   NOTAS

77. Sy, Stephanie e Leah Nagy. "Asian American Community Battles Surge in Hate Crimes Stirred from COVID-19." *PBS NewsHour*, 16 de março de 2021. Transcrição e vídeo, 7:58. Disponível em: <https://www.pbs.org/newshour/show/asian-american-community-battles-surge-in-hate-crimes-stirred-from-covid-19> [Acessado em 25 de março de 2021].

78. Suyin Haynes, "'This Isn't Just a Problem for North America.' The Atlanta Shooting Highlights the Painful Reality of Rising Anti-Asian Violence around the World", *Time*, 22 de março de 2021. Disponível em: <https://time.com/5947862/anti-asian-attacks-rising-worldwide/> [Acessado em 25 de março de 2021].

79. Kellie Hwang, "The Most-Viewed GoFundMe Right Now Is for S.F. Asian American Woman Who Fought Off Attacker", *San Francisco Chronicle*, 19 de março de 2021. Disponível em: <https://www.sfchronicle.com/local/article/The-most-viewed-GoFundMe-right-now-is-for-S-F-16036503.php> [Acessado em 26 de março de 2021].

80. Tensie Whelan e Carly Fink, "The Comprehensive Business Case for Sustainability", *Harvard Business Review*, 21 de outubro de 2016. Disponível em: <https://hbr.org/2016/10/the-comprehensive-business-case-for-sustainability> [Acessado em 26 de março de 2021].

81. "Government's Mission Is to Create Conditions Conducive for Happiness of Individuals, Families and Employees, and to Promote Positivity: Mohammed bin Rashid", Ministério de Assuntos de Gabinete dos Emirados Árabes Unidos. Disponível em:<https://www.uaecabinet.ae/en/details/news/governments-mission-is-to-create-conditions-conducive-for-happiness-of-individuals-families-and-employees-and-to-promote-positivity-mohammed-bin-rashid> [Acessado em 8 de março de 2021].

82. International Telecommunication Union, United Nations Economic Commission for Europe, e United Nations Human Settlements Programme, *Smart Dubai Happiness Meter in Dubai, United Arab Emirates*, Outubro de 2019. Disponível em:<http://www.itu.int/pub/T-TUT-SMARTCITY-2019-2> [Acessado em 26 de março de 2021].

83. "National Wellbeing Strategy 2031 Introduces a New Approach for Government Work", Media, Programa Nacional para Felicidade e Bem-estar, 12 de junho de 2019. Disponível em: <https://www.hw.gov.ae/en/news/national-wellbeing-strategy-2031-introduces--a-new-approach-for-government-work> [Acessado em 25 de março de 2021].

84. "National Program for Happiness and Wellbeing Launches Business for Wellbeing Council", Media, National Programa para Felicidade e Bem-Estar, 18 de dezembro de 2019. Disponível em: <https://www.hw.gov.ae/en/news/national-programforhappinessand-wellbeinglaunchesbusinessfor-wellbeingcouncil> [Acessado em 25 de março de 2021].

85. Wikipedia, verbete"Greta Thunberg", modificado pela última vez em 20 de abril de 2021 às 17:50. Disponível em: <https://en.wikipedia.org/wiki/Greta_Thunberg> [Acessado em 24 de março de 2021].

Índice

Símbolos

#MeToo, 188

A

Accenture, 33

adaptação, 8

África, 219

Airbnb, 16

  Brian Chesky, 16

alinhamento, 222

Alinhamento de Valores, 146

Amazon, 14, 46

amor, 67

Arizona, 40

Ásia Central, 37

aspecto eudemonístico, 44

autocuidado, 138

autogestão, 138

Automattic, 183

autossuficiência, 138

avental verde, 160

B

Batimentos Cardíacos de Felicidade, 79

bem-estar subjetivo, 43

BetterUp, 57

BlackRock, 35, 188

BLM, 153

Burj Khalifa, 223

business case, 217

C

capitalização de mercado, 22

C.A.R.E., 238

Cazaquistão, 47

Chicago, 38

Choose Your Own Adventure, 233

circunstância imprevista, 188

circunstâncias hedônicas, 44

264 ÍNDICE

compaixão, 67

complexidade, 89

comportamentos desejados, 136

COMUNIDADE, 22, 39, 115, 163

condutas responsáveis, 51

conectividade, 55

conexão, 51

controle, 6, 55

Covid-19, 4, 20, 41

culturas sustentáveis, 47

Curaçao, 47

curiosidade, 89

D

Danny Brooks, 22, 151

Declaração de Propósito, 144

desigualdade de renda, 167

DH, 23, 25

dinheiro, 151

disposição herdada, 44

diversão, 45

DMG, 182

DNA, 39

Domino's, 14

Dubai, 24, 47, 224

E

ecossistemas, 163

efeito colateral, 139

Egito, 47, 179

Emirados Árabes Unidos, 226

empresas, 187

Era Adaptável, 12, 25, 33

Espanha, 47

estrelato, 13

Estrutura de Felicidade e
  Positividade, 226

EU, 22, 39, 77

Eurásia, 47

evolução, 240

F

felicidade, 43, 45

felicidade passageira, 13

florescimento, 43

fluxo, 44

Forbes, 17

Fortune, 238

Fórum Econômico Mundial, 12,
  66

funcionários, 186

futuro, 27

ÍNDICE   265

G

Gallup, 158

GBfoods, 215

Google, 6, 33

Greta Thunberg, 231

H

HAL 9000, 7

Hannibal Lecter, 7

Hiroshima, 173

I

iCloud, 6

IDEO, 22

Inc., 17

J

James Key Lim, 25

Japão, 47

Javier Munoz Mendoza, 83

Joie de Vivre Hospitality, 87

jornada do herói, 77

JPMorgan Chase, 33

K

KPMG, 178

Kraft Heinz, 216

Kuwait, 47

L

Larry Fink, 35

Las Vegas, 223

liberdade, 183

líderes, 51

Livro de Cultura, 186

M

Mãe Natureza, 11

mansplaining, 188

Mapa de Empatia, 192

Marty Seligman, 173

Maslow, 27

 amor/pertencimento, 29

 de bidirecional para
  unidirecional, 28

 hierarquia de necessidades
  humanas, 27

 realização pessoal, 29

 transcendência, 30

México, 47

Microsoft, 33

MID, 10

Mihaly Csikszentmihalyi, 42

modelo de estufa, 46

Mohammed bin Rashid Al
 Maktoum, 225

Monopoly, 116

266 ÍNDICE

mudanças, 8, 11
  exponenciais, 8
  globais, 215
  imprevisíveis, 8
mutismo seletivo, 231

N

Nagasaki, 173
Netflix, 14
NÓS, 22, 39, 115, 163
NPS, 37

O

Oakland, 198
Obama, 230
Ocidente, 173
O Dilema das Redes Sociais, 6
ong, 191
ONU, 231
operações reformuladas, 152
oportunidades únicas, 191

P

Pacto de Cultura, 143
paixão, 44
Peter H. Diamandis, 6
planeta, 115
poder, 189

Pokémon Go, 6
política alimentar, 230
possibilidade, 6
presença, 67
privilégio, 189
Programa Nacional para
  Felicidade e Bem-estar, 224
progresso, 55
propósito, 44, 49
Propósito + Valores, 169
psicologia positiva, 43

Q

Quarta Revolução Industrial, 5,
  12

R

reconfiguração, 167
recursos, 189
República de Seattle, 47
reset, 4
resiliência, 67, 189
Robert De Niro, 225
Roda da Totalidade, 226
ROI duplo, 46

S

sala da Gratidão, 180
  ALMA, 180

CORPO, 180

MENTE, 180

Sallie Mae, 146

Samsung, 178

Satisfação Garantida, 27, 45

Se Beber, Não Case, 224

Segunda Guerra Mundial, 173

Sem Limites, 235

sociedade, 184

Starbucks, 20, 24, 161

Steve Jobs, 4

superstição, 4

sustentabilidade, 33

T

TEPT, 142

Tesla, 17

TikTok, 3

TOC, 231

TOMS Shoes, 169

Tóquio, 173

trabalho árduo, 198

T. Rowe Price, 188

Turquia, 47

U

universo coletivo, 39

V

Verizon, 33

Vernor Vinge, 5

VICA, 10

Vietnã, 47

vitória tripla, 115

vulnerabilidade, 67

W

Walt Disney, 228

Washington, D.C., 230

Whac-A-Mole, 188

WordPress, 183

Y

Yuka Shimada, 39

Z

Zappos, 46

Projetos corporativos e edições personalizadas
dentro da sua estratégia de negócio. Já pensou nisso?

Coordenação de Eventos
Viviane Paiva
viviane@altabooks.com.br

Assistente Comercial
Fillipe Amorim
vendas.corporativas@altabooks.com.br

A Alta Books tem criado experiências incríveis no meio corporativo. Com a crescente implementação da educação corporativa nas empresas, o livro entra como uma importante fonte de conhecimento. Com atendimento personalizado, conseguimos identificar as principais necessidades, e criar uma seleção de livros que podem ser utilizados de diversas maneiras, como por exemplo, para fortalecer relacionamento com suas equipes/ seus clientes. Você já utilizou o livro para alguma ação estratégica na sua empresa?

Entre em contato com nosso time para entender melhor as possibilidades de personalização e incentivo ao desenvolvimento pessoal e profissional.

PUBLIQUE SEU LIVRO

Publique seu livro com a Alta Books. Para mais informações envie um e-mail para: autoria@altabooks.com.br

 /altabooks   /alta-books   /altabooks   /altabooks

CONHEÇA OUTROS LIVROS DA ALTA BOOKS

Todas as imagens são meramente ilustrativas.